"十四五"时期国家重点出版物出版专项规划项目
新能源与智能网联汽车新技术系列丛书
河南省战略性新兴领域"十四五"高等教育教材

智能电动汽车概论

主编 彭 晗
参编 郭丽娟 张楠楠

机械工业出版社

本书是"十四五"时期国家重点出版物出版专项规划项目。

本书主要介绍了智能电动汽车的"三电"系统和智能网联等核心技术的最新进展，探讨了智能电动汽车的商业模式和发展策略。本书的主要内容包括绪论、智能电动汽车的结构原理、智能电动汽车的"三电"系统、智能电动汽车智能网联技术、智能电动汽车的试验测试、智能电动汽车发展目标等。

本书可以作为智能车辆工程专业和车辆工程专业本科生和研究生学习的教材及教师参考用书，也可作为汽车企业人才培训和理工科院校人工智能、自动化、电子电气、机器人等专业的学习参考读物。

本书配有PPT课件，免费赠送给采用本书作为教材的教师，可登录www.cmpedu.com注册下载。

图书在版编目（CIP）数据

智能电动汽车概论 / 彭晗主编. -- 北京：机械工业出版社，2025.4. -- （新能源与智能网联汽车新技术系列丛书）（河南省战略性新兴领域"十四五"高等教育教材）. -- ISBN 978-7-111-77840-0

Ⅰ. U469.72

中国国家版本馆 CIP 数据核字第 20254831LQ 号

机械工业出版社（北京市百万庄大街22号　邮政编码100037）
策划编辑：宋学敏　　　　　　责任编辑：宋学敏
责任校对：贾海霞　李　婷　　封面设计：张　静
责任印制：常天培
北京联兴盛业印刷股份有限公司印刷
2025年6月第1版第1次印刷
184mm×260mm・9.5印张・222千字
标准书号：ISBN 978-7-111-77840-0
定价：35.00元

电话服务　　　　　　　　　网络服务
客服电话：010-88361066　　机　工　官　网：www.cmpbook.com
　　　　　010-88379833　　机　工　官　博：weibo.com/cmp1952
　　　　　010-68326294　　金　书　网：www.golden-book.com
封底无防伪标均为盗版　机工教育服务网：www.cmpedu.com

前言
Preface

随着全球能源危机的加剧和环境污染问题的日益严峻,传统内燃机汽车所带来的能源消耗和排放问题已经成为制约汽车产业可持续发展的重要瓶颈。电动汽车凭借其绿色环保、经济、节能等优势,已成为推动汽车产业变革的重要力量。与此同时,随着人工智能、物联网、大数据等前沿技术的不断发展,智能网联技术逐渐融入电动汽车领域,形成了智能电动汽车这一全新的产业形态。智能电动汽车不仅具备传统电动汽车的优势,还通过智能网联技术的应用,使汽车具有自动驾驶、智能交互、车联网等多种创新功能。智能电动汽车正逐步成为未来汽车产业发展的主流方向,推动着全球汽车行业的技术革新和产业升级。

本书是结合编者在汽车领域多年累积的研究经验的基础上编写的,重点介绍了智能电动汽车的基本概念、智能电动汽车的"三电"系统、智能网联技术及试验测试等方面的内容。

本书由华北水利水电大学彭晗担任主编,并编写了第3、5章,黄河交通学院郭丽娟编写了第1、6章,华北水利水电大学张楠楠编写了第2、4章。感谢华北水利水电大学机械学院王丽君教授、车辆工程系全体教师的大力支持与热情帮助。在编写过程中,华北水利水电大学研究生陈一柯、李燕池、杨灿、李嵩寅、赵德方等为全书的审核校对等做了大量的工作,在此表示由衷的感谢。

为了使教材系统全面、注重实用,编者仔细构思了本书的内容,但由于水平的限制,本书可能仍存在不足之处,敬请读者提出宝贵意见和建议,以便我们在今后的修订中进行改进和完善。

编　者

目 录
Contents

前言
第1章　绪论 ··· 1
 1.1　智能电动汽车概述 ··· 2
  1.1.1　智能电动汽车定义 ·· 2
  1.1.2　智能电动汽车分类 ·· 2
  1.1.3　智能电动汽车基本特征 ··· 4
  1.1.4　智能电动汽车的优势 ··· 5
 1.2　智能电动汽车的发展背景和研究现状 ·· 6
  1.2.1　智能电动汽车的发展背景 ··· 6
  1.2.2　国内外研究现状 ·· 8
 1.3　我国智能电动汽车产业的重要意义 ··· 12
 1.4　智能电动汽车的未来展望 ·· 14
  1.4.1　智能电动汽车的发展追求 ·· 14
  1.4.2　智能电动汽车的发展趋势 ·· 14
 思考与练习 ·· 15
第2章　智能电动汽车的结构原理 ·· 16
 2.1　纯电动汽车的结构原理 ·· 17
  2.1.1　纯电动汽车的基本结构 ·· 17
  2.1.2　纯电动汽车的驱动形式 ·· 19
 2.2　混合动力电动汽车的结构原理 ··· 20
  2.2.1　混合动力电动汽车的基本结构 ·· 20
  2.2.2　混合动力电动汽车的驱动形式 ·· 22
  2.2.3　混合动力电动汽车的结构特点 ·· 23
 2.3　燃料电池电动汽车的结构原理 ··· 24
  2.3.1　燃料电池电动汽车的基本结构 ·· 24
  2.3.2　燃料电池电动汽车的驱动形式 ·· 25
 思考与练习 ·· 27

目录

第3章 智能电动汽车的"三电"系统 …… 28
3.1 动力电池及其管理系统 …… 29
- 3.1.1 动力电池及电池组 …… 29
- 3.1.2 充电系统与动力电池性能 …… 33
- 3.1.3 电池管理系统 …… 37
- 3.1.4 能量回收系统 …… 42
- 3.1.5 其他 …… 43

3.2 电机及其控制系统 …… 44
- 3.2.1 驱动电机 …… 44
- 3.2.2 电机控制系统功能 …… 47
- 3.2.3 电机控制系统的组成 …… 49
- 3.2.4 电机控制系统工作原理 …… 50

3.3 整车控制系统 …… 52
- 3.3.1 整车控制系统的架构与组成 …… 52
- 3.3.2 整车控制器功能 …… 55
- 3.3.3 整车控制系统基本原理 …… 57
- 3.3.4 典型车型整车控制系统 …… 58

思考与练习 …… 59

第4章 智能电动汽车智能网联技术 …… 60
4.1 智能网联技术分级与构成 …… 61
- 4.1.1 智能网联技术分级 …… 61
- 4.1.2 智能网联技术构成 …… 62

4.2 智能电动汽车环境感知技术 …… 63
- 4.2.1 超声波传感器 …… 64
- 4.2.2 激光雷达 …… 65
- 4.2.3 毫米波雷达 …… 67
- 4.2.4 视觉传感器 …… 68
- 4.2.5 V2X 技术 …… 68

4.3 智能电动汽车智能决策技术 …… 69
- 4.3.1 智能决策技术概述 …… 69
- 4.3.2 智能决策技术架构与组成 …… 70

4.4 智能电动汽车安全保护技术 …… 71
- 4.4.1 安全保护技术概述 …… 71
- 4.4.2 安全保护相关技术 …… 71

4.5 智能电动汽车先进辅助驾驶技术 …… 73
- 4.5.1 车道保持辅助系统 …… 73
- 4.5.2 自动紧急制动系统 …… 74

- 4.5.3 自动泊车辅助系统 75
- 4.5.4 制动辅助系统 77
- 4.5.5 倒车辅助系统 78
- 4.5.6 行车辅助系统 80
- 思考与练习 82

第5章 智能电动汽车的试验测试 83

5.1 硬件电路设计 84
- 5.1.1 Multisim 软件 84
- 5.1.2 Altium Designer 软件 84
- 5.1.3 主 MCU 的芯片选型 86
- 5.1.4 从 MCU 的芯片选型 88
- 5.1.5 最小系统设计 89
- 5.1.6 电源模块设计 91
- 5.1.7 输入信号接口电路设计 93
- 5.1.8 功率驱动电路 96
- 5.1.9 通信模块 97

5.2 软件程序设计 98
- 5.2.1 上位机简介 98
- 5.2.2 上位机 UARTBSL 设计 99
- 5.2.3 整车控制器程序设计 103
- 5.2.4 PID 控制算法在智能电动汽车中的应用 106

5.3 试验测试 112
- 5.3.1 测试概述 112
- 5.3.2 持续测试工具 115
- 5.3.3 持续测试平台技术 121

5.4 汽车转向系统测试示例 122
- 5.4.1 汽车转向系统试验 122
- 5.4.2 线控转向系统性能测试 128
- 5.4.3 转向系统性能测试道路试验 132
- 5.4.4 转向系统性能测试台架试验 133

- 思考与练习 134

第6章 智能电动汽车发展目标 135

- 6.1 人机交互的智能电动汽车 136
- 6.2 高效分析路况的智能电动汽车 139
- 6.3 全工况无人驾驶智能电动汽车 140
- 思考与练习 143

参考文献 144

第 1 章 / Chapter 1

绪论

> **学习目标**
>
> - 理解智能电动汽车的概念及定义。
> - 了解智能电动汽车的发展背景和研究现状。
> - 了解我国智能电动汽车产业的重要意义。
> - 了解智能电动汽车的发展趋势。

1.1 智能电动汽车概述

随着社会经济的快速发展,以及技术的不断进步和环保意识的提高,人们对交通出行的需求日益增长,机动车保有量持续增加,但是随之出现的交通事故与拥堵等问题也给道路交通安全带来新的挑战,而驾驶人误操作已经成为重大交通事故的主要原因。为了保障交通安全,车辆主动安全技术得到了大量商业化应用,如防抱制动系统(Anti-lock Braking System,ABS)、汽车电子稳定程序(Electronic Stability Program,ESP)、自动紧急制动(Autonomous Emergency Braking,AEB)等,它们能够在特定的场景中保障车辆行驶安全。之后,各类先进驾驶辅助系统(Advanced Driver Assistant System,ADAS)也得到了一定的应用。在主动安全技术日臻成熟之际,汽车技术呈现出从安全辅助驾驶向智能驾驶方向发展的趋势。在此背景下,集成了先进传感器技术、信息技术、人工智能、控制技术等的自动驾驶技术应运而生。

1.1.1 智能电动汽车定义

智能电动汽车是相对传统电动汽车衍生的新类型,具有传统电动汽车不具备的功能,如智能定位、定速巡航、智能开锁,以及智能省电、动能回收等。智能电动汽车就是在一般电动汽车上增加了先进的传感器(如雷达、摄像头等)、控制器、执行器等装置,通过车载环境感知系统和信息终端,实现与人、车、路等的信息交换,使车辆具备智能环境感知能力,能够自动分析车辆行驶的安全及危险状态,并使车辆按照人的意愿到达目的地,最终实现替代人类操作目标的汽车。总体来说,智能电动汽车是搭载了先进传感系统、决策系统、执行系统,运用信息通信、互联网、大数据、云计算、人工智能等新技术,具有部分或完全自动驾驶功能,由单纯交通运输工具逐步向智能移动空间转变的新一代电动汽车。也就是说,智能电动汽车是在传统汽车的基础上,集成了先进的智能技术和电驱动系统的新型汽车。

1.1.2 智能电动汽车分类

智能电动汽车与一般电动汽车一样,按照车辆行驶动力来源的不同,可分为纯电动汽车、混合动力电动汽车、燃料电池电动汽车等。

1. 纯电动汽车

纯电动汽车(Battery Electric Vehicle,BEV)是一种驱动能量完全由电能提供、通过电机驱动的汽车类型。与传统内燃机汽车不同，纯电汽车不使用燃油，而是通过动力蓄电池储存的电能驱动电机运转。由于没有发动机，纯电动汽车运行时不会产生排放物，因此被认为是一种更为环保的交通工具。纯电动汽车的动力蓄电池通常采用锂离子电池，具有较高的能量密度和较长的使用寿命，但充电仍是纯电动汽车的核心需求，车主可以通过家庭充电桩或公共充电设施为车辆补充电能。随着充电基础设施的不断完善、动力蓄电池续驶能力的提高以及电动技术的进步，纯电动汽车的普及率逐渐增加，成为许多国家推进绿色交通和减少碳排放的重要手段。纯电动汽车的代表车型有特斯拉 Model Y（图 1-1）、蔚来 ES6、小米 SU7 等。

图 1-1　特斯拉 Model Y 纯电动汽车

2. 混合动力电动汽车

混合动力电动汽车（Hybrid Electric Vehicle，HEV）是一种结合了发动机和电机驱动的汽车，旨在提高燃油效率、减少排放并增强动力性能。混合动力电动汽车根据动力系统结构的不同，可分为串联式混合动力电动汽车（Series Hybrid Electric Vehicle，SHEV）、并联式混合动力电动汽车（Parallel Hybrid Electric Vehicle，PHEV）和混联式混合动力电动汽车（Series-parallel Hybrid Electric Vehicle，SPHEV）；按其充电方式的不同，分为插电式混合动力电动汽车（Plug-in Hybrid Electric Vehicle，PHEV）和非插电式混合动力电动汽车（Non-Plug-in Hybrid Electric Vehicle，NPHEV）。

与传统内燃机汽车不同，混合动力电动汽车能够根据驾驶条件在发动机和电机之间智能切换，以实现最佳的动力输出。在低速行驶、起步或制动时，电机会承担主要驱动任务，而在高速行驶时，发动机则提供主要动力，电机辅助工作。混合动力电动汽车的动力蓄电池通常采用镍氢电池或锂离子电池，虽然容量较小，但足以支持低速纯电行驶。动力蓄电池可以通过发动机或制动能量回收系统（KERS）进行充电，从而提升整体能效。混合动力电动汽车的代表车型有丰田普锐斯、本田雅阁混合动力（图 1-2）、福特 Fusion Hybrid 和现代途胜等。

图 1-2　本田雅阁混合动力电动汽车

3. 燃料电池电动汽车

燃料电池电动汽车（Fuel Cell Electric Vehicle，FCEV）是一种通过一种或几种化学燃料在燃料电池中发生化学反应，产生电力来驱动电机的汽车。与纯电动汽车不同，燃料电池汽车不依赖动力蓄电池储存电能。其核心系统包括燃料电池、燃料储存系统、电机和电控系统，其中，燃料储存系统负责将燃料高压储存并通过管道输送至燃料电池堆，在这里燃料发生反应，生成电力驱动电机。与其他电动汽车相比，燃料电池汽车的一个显著优势是燃料速度补给速度较快，一般只需几分钟便可完成燃料的添加。此外，燃料电池存储的能量密度较高，可以使汽车具有较长的续驶里程，这使得燃料电池汽车在长途出行方面具有一定优势。相比传统内燃机汽车，燃料电池电动汽车的温室气体排放也显著降低，是一种更为环保的出行选择。燃料电池电动汽车的代表车型有丰田 Mirai、本田 Clarity、现代 Nexo（图 1-3）等。

图 1-3　现代 Nexo 燃料电池电动汽车

1.1.3　智能电动汽车基本特征

智能电动汽车是融合了先进技术的新一代车辆，也是未来汽车发展的一个重要方向。其基本特征是具有电驱动系统、智能互联功能、高度自动化驾驶功能、智能能源管理系统、人工智能与机器学习能力、轻量化材料、安全与保护系统，且能实现环境友好与可持续性及用户个性化定制等。

1. 电驱动系统

智能电动汽车采用了电驱动系统。电驱动系统由驱动电机、动力电子装置和将电能转化为机械能的相关操作装置组成。该系统可以将电能转化为机械能驱动车辆前进，也可以在制动时将机械能转化为电能进行能量回收。电驱动系统具有能量转换效率高、可以灵活方便地控制工作状态、系统的工作状态不受外界环境影响以及无噪声等特点。

2. 智能互联功能

智能电动汽车具备强大的互联功能，通过车载系统与云端服务连接，可实现与外界的数据交换和信息共享。用户可以通过智能手机、平板计算机或者其他设备，远程控制和监测车辆状态，进行导航、充电、预约保养等操作，并能获取实时的交通信息、天气预报等，使出行更加便捷。此外，智能互联功能还可以实现语音控制、在线娱乐、故障诊断等多样化应用，为用户提供更加智能的驾驶体验。

3. 高度自动化驾驶功能

智能电动汽车在驾驶辅助系统和自动化技术方面取得了长足的进步，如自动驾驶、自动巡航、自动泊车、车道保持等，能够对车辆进行智能控制并实现部分或全部自动化驾驶。通过激光雷达、摄像头、超声波等多种传感器的联合使用，智能电动汽车可以感知前方障碍物、交通信号灯等，并做出相应的决策与操作，提高驾驶的安全性和舒适性。

4. 智能能源管理系统

智能电动汽车具备智能能源管理系统，通过对电池组和能源利用的优化调控，最大限度地延长电池使用寿命和车辆续驶里程。智能能源管理系统可以采用预测分析、动态优化等方法，根据车辆状态和用户需求，自动调整能源的分配和使用，在实用性和经济性之间找到最佳平衡点，最大限度地提升能源利用效率，降低运营成本。

5. 人工智能与机器学习能力

智能电动汽车融合了人工智能和机器学习等先进技术，能够通过大数据分析和算法学习，逐渐熟悉用户的驾驶习惯和偏好，并提供个性化的驾驶建议和智能决策。智能电动汽车还可以通过感知系统获取路况和周围环境信息，进行实时智能决策，提高驾驶安全性和效率。

6. 轻量化材料

智能电动汽车广泛应用轻量化材料，如碳纤维复合材料、铝合金等，以降低车身自重，提高能源利用效率和续航能力。通过轻量化设计和材料应用，智能电动汽车可以在保证结构强度和安全性的前提下，减少能源消耗和对环境的影响。

7. 安全与保护系统

智能电动汽车具备多重安全与保护系统，包括车辆稳定控制、安全气囊、防抱制动系统、盗窃保护等。此外，智能电动汽车还配备了高精度的车辆定位和紧急救援功能，以提供更加全面的安全保障。

8. 环境友好与可持续性

智能电动汽车具备环境友好及可持续性特征。它以电动驱动系统为动力源，减少了对传统燃油的依赖，从根本上降低了尾气排放和碳排放量，对改善空气质量和缓解气候变化具有重要意义。同时，智能电动汽车还能通过对能源的优化管理、能量回收利用等技术手段，提升能源利用效率，达到节能环保的目标。在生产过程中，它也注重资源节约和环境友好型材料的应用，以降低对环境的影响。

9. 用户个性化定制

智能电动汽车可以根据用户的需求进行个性化定制，即用户可以根据自己的喜好选择车辆外观、内饰材质、配置选项等，以满足个性化需求。同时，智能电动汽车还可以通过用户的驾驶习惯和偏好进行学习和优化，以提供更加舒适和个性化的驾驶体验。

1.1.4 智能电动汽车的优势

随着技术水平的提高和人们环保意识的不断增强，智能电动汽车作为一种新型交通工具逐渐进入人们的生活。智能电动汽车与传统燃油汽车相比，具有许多优点，主要如下：

（1）**节能环保** 由于不需要使用燃料或使用清洁燃料进行燃烧，智能电动汽车在能源利用上更高效。同时，智能电动汽车可以通过再生制动来回收和利用制动过程中产生的能量，将其转化为电能存储起来，进一步提高能源利用效率。

（2）**低噪声** 相比于传统的内燃机汽车，智能电动汽车具有更低的噪声水平。由于电机运行时产生的噪声较小，智能电动汽车行驶过程中减少了噪声污染，从而提供了更加安静和舒适的驾乘环境。

（3）**智能化技术** 智能电动汽车借助于先进的科技，拥有丰富的智能化功能。例如，智能电动汽车可以配备导航系统、语音控制、自动泊车、智能充电等功能，使得驾驶过程更加方便和智能化。

（4）**维护成本低** 由于智能电动汽车的零部件更少、机械传动结构简单、运行时没有润滑油污染等原因，其维护成本相对较低。此外，智能电动汽车也不需要定期更换机油和空气滤清器，从而减少了后期维修保养费用。

（5）**促进可再生能源利用** 智能电动汽车可以与可再生能源发电系统相结合，如光伏发电和风力发电，这样智能电动汽车就能充分利用可再生能源进行充电，进一步降低使用过程中对非可再生能源的依赖程度。

1.2 智能电动汽车的发展背景和研究现状

1.2.1 智能电动汽车的发展背景

1. 变革背景

20世纪末，智能电动汽车的概念开始引起关注，但技术的实际应用仍受到诸多限制。这一时期的发展主要集中在技术的初步探索和实验阶段。例如，智能电动汽车依赖的基础电子控制系统，用于发动机、轮胎和车身控制，为后续技术研究奠定了基础。20世纪70年代的石油危机使电动汽车再次成为关注焦点，虽然技术上有所进步，但其面临续驶里程短和充电基础设施不足等挑战。20世纪80年代和90年代初期，尽管真正的自动驾驶汽车尚未出现，但研究机构和高校已开始探索无人驾驶车辆的潜力，为后来自动驾驶技术的发展积累了宝贵经验。随着环境问题日益显现，一些国家开始制定支持新能源汽车发展的政策，如1990年美国加州通过的零排放车辆法案。总体而言，20世纪末的智能电动汽车探索阶段是技术积累和市场试探的阶段，尽管取得了一些技术进展，但商业化应用仍需要跨越很多障碍。这些努力为后来智能电动汽车的快速发展奠定了重要基础，特别是在电池技术进步、电机创新、智能网联技术应用和充电基础设施建设等方面的突破，不仅推动了汽车行业的革新，也为环境保护和可持续发展做出了积极贡献，展示出电动汽车的潜力与持续发展的可能性。

2. 技术背景

智能电动汽车作为未来汽车行业的发展方向，其技术路线涵盖了电动化、智能化、网联化等方面。电动化是其基础，集中体现在电池技术、电机技术和电控技术的发展上。目前，电池技术致力于提高能量密度、降低成本、加强安全性和延长使用寿命，如比亚迪的刀片电池；电机技术则专注于提高功率密度和效率，同时减少噪声和实现小型化，其控制系统也在不断优化，以实现更高效的能量转换；电控技术作为智能电动汽车的"大脑"，随着电子技术和软件工程的进步，其集成度和智能化水平不断提升。

智能化方面，自动驾驶技术是核心，利用激光雷达和摄像头等传感器获取环境信息，并通过算法实现车辆的精确控制。智能座舱通过人机交互界面提供个性化服务和娱乐功能，随着人工智能技术的发展，其响应速度和准确性得到显著提升。智能互联系统通过车联网技术实现车辆数据的云端管理和远程控制，提升车辆与外界信息的交换效率。

网联化技术路线主要关注车辆与道路基础设施之间的通信，包括V2V（车与车）、V2I（车与基础设施）、V2R（车与路边）等通信方式，为实现智能交通系统奠定基础。通过对车辆产生的大数据进行分析，可以优化交通流量管理，提高道路使用效率，并支持自动驾驶技术的进一步发展。

智能电动汽车的技术路线具有多元化和综合性强的特点，不仅涉及技术领域的创新和发展，还需考虑政策法规、市场趋势和消费者需求等多方面因素。随着技术的不断进步和市场需求的变化，智能电动汽车的技术路线正在进行演变和完善，以适应未来汽车行业的发展需求。

3. 市场背景

智能电动汽车市场近年来呈现出快速增长的趋势。据相关统计，2023年中国电动汽车销量达到583.9万辆，预计到2027年将增长至2896.9万辆。这一增长显示出市场具有巨大的潜力和发展空间。与此同时，智能汽车行业的竞争格局也在不断变化，科技公司和传统汽车制造商都在争夺市场份额。

智能电动汽车行业正处于快速发展的黄金时期。随着技术不断进步和市场不断扩大，智能电动汽车或将成为推动全球汽车产业变革的重要力量。政府、企业和社会各界需要共同努力，通过加强技术研发、完善充电设施、推动政策创新和培育市场需求，为智能电动汽车行业的健康发展打下坚实基础。

4. 军事背景

智能电动汽车不仅与技术背景和市场背景相关，还与社会时代背景有着密切关联，尤其是在军事领域发挥了极其重要的作用。如果说技术发展积累使得智能电动汽车的诞生有了"万事俱备"的条件，那么军事领域的发展就是促使其落地的"东风"。

智能电动汽车的出现，最早源自人们对军用武器装备的试验探索。1990年，美国军方开始持续进行各种类型的军用智能车辆研究，力图代替人工或减少作战环境下的人员伤亡。因其研制的军用智能汽车主要用于战场等非标准化道路，所以配备了各种类型复杂的传感器来应对各种各样的实际场景环境，研发投入巨大且成本高昂。比较有代表性的是美国军方在20世纪80年代研发的陆地汽车（Autonomous Land Vehicle，ALV）项目，如图1-4所示。它是全球首款采用激光雷达导航的无人驾驶汽车。

图1-4 美国军方研发的陆地汽车

美国国防高级研究计划局（DARPA）资助并主导了ALV项目的研发，为ALV装配了基于激光雷达传感器的自主导航系统，并在20世纪80年代制作出第一款越野地图，使ALV可在复杂地形条件下保持30km的时速，执行特定的作战任务。

ALV 项目对此后全球无人驾驶汽车的研发进程产生了重要而深远的影响,不仅提供了技术路线上的参考,也培育了无人驾驶领域的早期研究人才,谷歌公司的无人驾驶团队就从中受益匪浅。图 1-5 所示为谷歌无人驾驶汽车。与美国情况相似,我国军方也是国内无人驾驶车辆领域的最早研发者,率先在天津—北京及长沙—武汉等国内多条高速路段完成了无人驾驶车辆的测试。时至今日,陆军军事交通学院和国防科技大学仍然是国内无人驾驶车辆研发领域的领军者。

2017 年 2 月 1 日,中国人民解放军首次公开新型地面无人驾驶平台"龙马一号",如图 1-6 所示。这款车将两辆独立的四轮机动平台通过液压铰接构造连接起来,因此在整体车身中间会形成一个关节。在各种不同的地形环境中行走时,"龙马一号"可以不断调整姿态。在实测中,"龙马一号"能够跨越壕沟、涉水、小半径转弯,甚至可以轻松翻越一人高的垂直墙面。从更宏观的视角来看,诸多前沿技术都诞生于军事领域,并最终服务于民用领域,智能网联汽车也是如此。

图 1-5 谷歌无人驾驶汽车 图 1-6 中国军方的"龙马一号"

1.2.2 国内外研究现状

1. 国外研究现状

智能驾驶车辆有着悠久的发展历程,最早可追溯至 1939 年,美国通用汽车公司在世界博览会上展示的高速有轨自动驾驶原型车。1979 年,日本设计出首款具有自动驾驶意图的轮式智能车,利用摄像机与信号处理系统实现车辆自动行驶,车速达到 30km/h。20 世纪 80 年代初,自动驾驶技术引起了全世界的广泛关注,随后在欧洲、美国、日本等国家和地区得到快速发展。1984 年,美国陆军与 DARPA 合作,斥资 6 亿美元成功研制出自动驾驶车辆,并基于路标自主行驶了 20km。从 1984 年起,卡内基·梅隆大学开始研制 NavLab 系列自动驾驶汽车,其中 NavLab.5 在 1995 年 7 月完成了横穿美国的 4586km 道路测试。NavLab.5 采用的人机共驾设计方案有利于降低测试中的风险,对自动驾驶技术研发产生了深远的影响。20 世纪 80 年代初,慕尼黑联邦国防军大学与奔驰公司联合研制 VaMoRs 自动驾驶汽车,采用双目摄像头的感知方案,以 96km/h 的最高车速创下当时的纪录。1986 年,欧洲启动普罗米修斯计划(PROMETHEUS),投资 7.5 亿欧元对智能驾驶相关技术进行研究,其代表性成果是自动驾驶原型车 VaMP 和 VITA。其采用双目摄像头进行障碍物检测,完成了超过

1000km 的自动驾驶道路测试，平均速度达到 160km/h。20 世纪 90 年代以来，意大利帕尔玛大学研制了 ARGO 自动驾驶汽车，采用多视觉传感器检测车道和障碍物，开创了多源信息融合技术的先河。该大学研制的原型车 Porter 于 2010 年完成了从帕尔玛到上海超过 13 000km 的测试，在当时创下了世界最长自动驾驶测试里程的纪录。

为了推动自动驾驶技术的进步，DARPA 于 2004—2007 年期间举办了三届自动驾驶挑战赛，参赛车辆可使用车载传感器检测行驶环境，但严禁驾驶员操作车辆。在 2004 年的第一届挑战赛中，成绩最好的是卡内基·梅隆大学的 Sandstorm（图 1-7a），该车仅行驶了全程的 5.28%。在 2005 年的第二届挑战赛中，斯坦福大学的 Stanley（图 1-7b）率先完成赛程，其平均速度达到 40.5km/h，Stanley 的成功被视为自动驾驶技术发展的里程碑。在 2007 年的第三届比赛中，卡内基·梅隆大学的 Boss（图 1-7c）以 22.53km/h 的平均速度完成比赛，并获得冠军。之后，斯坦福大学、卡内基·梅隆大学、麻省理工学院（MIT）、加州大学伯克利分校等优势强校展开了一轮自动驾驶研发竞赛。2019 年，斯坦福大学的 MARTY 项目在一辆改制的 DeLorean（图 1-8）上，利用极其精确的姿态控制实现了精确的自动驾驶漂移动作，通过对车辆自动驾驶操作极限能力进行系统研究，探索了自动驾驶车辆的性能边界。

图 1-7 自动驾驶挑战赛成绩最佳的汽车

a) Sandstorm b) Stanley c) Boss

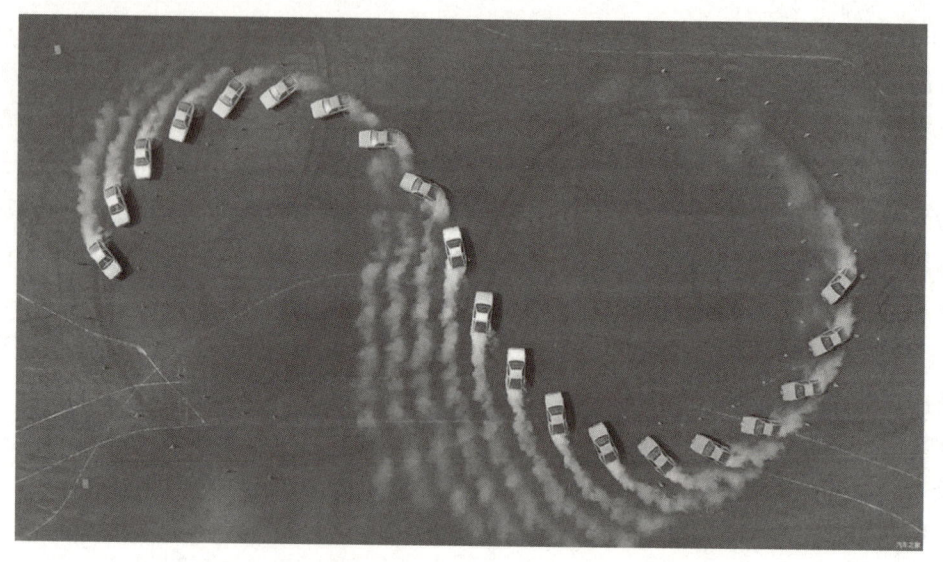

图1-8 斯坦福大学的DeLorean自动驾驶车辆漂移

2000年,谷歌X实验室在斯坦福大学Sebastian Thrun教授的带领下秘密启动了代号为Project Chauffeur的自动驾驶研究计划,并于2014年展示了自动驾驶原型车,该车没有转向盘、加速踏板或制动踏板。2016年年底,该实验室从谷歌独立出来并成立了Waymo公司。2017年10月,Waymo在其安全报告中首次公开了行车安全核心技术体系,其中谷歌与Waymo自动驾驶车辆原型如图1-9所示。据相关报道,Waymo自动驾驶汽车的道路测试累计超过2000万mile(1mile=1609.34m),模拟测试里程突破10亿mile。在2019年9月26日摩根丹利的一份分析报告中,Waymo的估值达到了1050亿美元。

图1-9 谷歌与Waymo自动驾驶车辆原型
a) 谷歌原型车　b) Waymo原型车

以Waymo Uber、Mobileye等互联网公司为首掀起了一股自动驾驶研发热潮,各整车厂也加大研发投入。福特汽车公司于2014年公布的Fusion无人车测试计划,采用4个车载激光雷达,以250万次/s的扫描频率检测周围环境。2013年8月,奔驰公司启动了自动驾驶路测项目,实验车以120km/h的速度完成了城市和郊区等环境下的测试项目。奥迪公司于2017年年底发布了全球首款实现L3自动驾驶的量产车奥迪A8。2017年年底,沃尔沃公司启动了 DriveMe 测试项目，向公众开放了 100 辆 XC90 自动驾驶汽车，这是全球首例整车厂向大众开放的自动驾驶测试项目。除此之外，以博世、大陆、德尔福、特斯拉、英伟达等为代表的一批技术公司也充分发挥自身优势，加大了对自动驾驶汽车的研发投入力度。

随着智能汽车的快速发展，ADAS（先进驾驶辅助系统）技术越来越受到重视并逐渐发展起来。ADAS 利用安装在车上的各种传感器，在汽车行驶过程中随时感知周围的环境，收集数据，进行静态和动态物体的辨识、侦测与追踪，并结合导航仪提供的地图数据，进行系统的运算与分析，预先让驾驶人察觉可能发生的危险，有效增加了汽车驾驶的舒适性和安全性。ADAS 主要包括 ABS（汽车防抱制动系统）、ESC（电子稳定控制系统）、AEB（自动紧急制动系统）、FCW（汽车前碰撞预警系统）、LDW（车道偏离预警系统）、ACC（自适应巡航控制系统）、TCS（牵引力控制系统）等。欧洲对 ADAS 项目测试的一些强制性法规见表 1-1。

表 1-1　欧洲 ADAS 技术强制性法规

序号	法规项目	法规内容
1	日间行车灯（DRL）	2011 年 2 月 7 日起，所有新乘用车和小型货车强制安装。2012 年 8 月 7 日起，所有新的大型车辆（货车、客车）强制安装
2	电子稳定程序（ESP）	2011 年 11 月起，所有新注册乘用车和商用车强制安装。2014 年 11 月起，所有新生产乘用车和商用车强制安装
3	胎压监测系统（TPMS）	2012 年 11 月起，所有新注册乘用车和商用车强制安装。2014 年 11 月起，所有新生产乘用车强制安装
4	自动紧急制动系统（AEB）	2013 年起，所有新生产的货车和其他重型汽车强制安装
5	车道偏离预警系统（LDW）	

2. 国内研究现状

我国从 20 世纪 80 年代开始着手无人驾驶汽车的研制开发取得了阶段性成果。中国科学院合肥物质科学研究院、清华大学、国防科技大学、上海交通大学、西安交通大学、吉林大学、同济大学、陆军军事交通学院等都曾有无人驾驶汽车的研究项目。清华大学于 1986 年启动 THMR 系列智能车研究项目，其中 THMR.5 配备了 GPS、激光雷达及视觉传感器，具备信息融合、路径规划、自动控制等功能，并在 2003 年创下了 151km/h 的最高行驶车速纪录。1992 年，国防科技大学成功研制了我国第一辆真正意义上的无人驾驶汽车，由计算机及其配套的检测传感器和液压控制系统组成的汽车计算机自动驾驶系统，被安装在一辆国产中型面包车上，使该车既保持了原有的人工驾驶性能，又能够用计算机控制进行自动驾驶。2000 年 6 月，国防科技大学研制的第 4 代无人驾驶汽车试验成功，其最高车速达 76km/h，是当时国内的最高纪录。2003 年 7 月，由国防科技大学和中国一汽联合研发的红旗无人驾驶轿车顺利通过高速公路试验，该车自主驾驶最高稳定车速达 130km/h，总体技术性能和指标已经达到世界先进水平。清华 V 型智能车 THMR.V（Tsing Hua Mobile Robot V）是清华大学计算机系智能技术与系统国家重点实验室在中国科学院院士张钹主持下研制的新一代智能移动机器人，兼有面向高速公路和一般道路的功能。西安交通大学搭建了 Spingrobot 智能车实验平台，并于 2005 年 10 月成功完成在敦煌"新丝绸之路"活动中的演示。同济大学于 2006 年研发了一辆无人驾驶清洁能源电动游览车，其最高车速为 50km/h，可应用于观光旅游业务。腾讯在 2014 年耗资 1.87 亿美元收购了地图服务企业 Navlnfo，随后推出"路宝"记录仪，用于提供车辆及道路信息服务。阿里巴巴集团通过与上海汽车集团联手，宣布正式进军智能汽车领域。2016 年 3 月，双方共同投资 10 亿元人民币，开始联合研发智能汽车。根据相关协议，阿里巴巴集团负责提供自家的 Yun OS 操作平台，以及大数据、云、地图等 IT 技术，上海汽车集团则提供电动汽车及相关硬件。此外，阿里巴巴集团还通过旗下的在线购物平台——天猫，开始提供汽车销售服务，并成立了阿里汽配，实现全球汽车零部件贸易。2019 年 7 月 3 日，红旗与百度携手开发的国内首批量产 L4 级自动驾驶车 Robotaxi 首次亮相百度 AI 开发者大会，并在长沙、沧州、北京等地展开测试。吉林大学和中国科学院沈阳自动化研究所在无人驾驶智能车方面的研究起步较早，并已取得不少成果。

为了促进我国自动驾驶技术的进步，国家自然科学基金委员会和中国汽车工程研究院分别举办了"中国智能车未来挑战赛"和"iVISTA 自动驾驶汽车挑战赛"两项官方赛事。清华大学、中国科学院合肥物质科学研究院、国防科技大学、陆军军事交通学院、北京理工大学等分别获得过历届挑战赛冠军。同济大学、中国科学院自动化研究所、上海交通大学、北京航空航天大学、江淮汽车、中通客车等单位的自动驾驶汽车也先后参赛，均取得了较好的成绩。上汽、东风、吉利、长安等主机厂通过与高校或科研院所加强合作，推进自动驾驶技术研发。例如，东风和清华大学汽车动力学与控制团队合作开发了 Sharing Box 智慧物流平台。

1.3 我国智能电动汽车产业的重要意义

1. 经济发展意义

发展智能电动汽车产业是推动我国汽车产业升级的重要手段。智能电动汽车以其高效能源利用和低碳排放的特点，可以替代传统燃油汽车，推动汽车行业向清洁化、智能化方向发展。

智能电动汽车具有高科技含量、智能化驾驶和舒适的乘坐体验等特点，有利于提升消费者购车需求和消费水平。发展智能电动汽车产业可以满足消费者日益增长的个性化需求，推动消费升级。

智能电动汽车产业发展将带动相关产业链的发展，包括电池、电机、充电设备、智能化零部件等，这将创造大量的就业机会，并形成以智能电动汽车为核心的新型产业生态系统。

2. 环境保护意义

生态文明建设是我国的国家战略，发展智能电动汽车对于缓解环境压力、改善空气质量具有重要意义。2016 年 11 月，国务院发布了《"十三五"生态环境保护规划》，要求提高公共车辆中新能源汽车占比，加快城市新能源汽车充电设施建设，继续实施新能源汽车推广政策。

智能电动汽车使用电能驱动，有助于改善空气质量，减少空气污染和雾霾问题，因此发展智能电动汽车可以为解决环境问题提供有效途径。

智能电动汽车的能源主要来自清洁能源，如水电、风电和太阳能等，相比传统燃油汽车，其碳排放量显著降低。发展智能电动汽车产业有助于应对全球气候变化，推动低碳经济转型。

智能电动汽车可以通过电池回收和再利用等手段，实现对资源的有效利用和循环利用，减少对有限资源的依赖。这有助于促进资源的可持续利用，推动绿色循环经济的发展。

3. 科技创新意义

智能电动汽车产业的发展涉及先进的电池技术、电机技术、自动驾驶技术等诸多领域的创新，这将推动科技研发和创新能力的提升，促进产业技术水平的进步。

智能电动汽车产业涉及新能源、智能化、物联网等领域，是培育新兴产业和新经济增长点的重要途径之一。发展智能电动汽车产业有助于推动我国经济结构调整和发展方式转变。

4. 国家安全意义

发展智能电动汽车产业可以减少对石油等传统能源的依赖，降低石油进口压力，提高能源安全保障水平。电动汽车以电能为主要驱动力，能源来源多样化，具备更强的抗风险能力。

智能电动汽车涉及大量的信息处理和传输，包括车辆数据、驾驶行为等。加强智能电动汽车的信息安全保护，有利于保护国家关键信息基础设施的安全，维护国家网络安全和信息安全。

5. 提高能源战略安全

能源供应和安全直接关系到我国现代化建设的全局。2014年，国务院办公厅发布《能源发展战略行动计划（2014—2020年）》，明确提出"十三五"期间是能源发展转型的重要战略机遇期，保障能源安全的压力进一步加大，应严格控制能源消费过快增长，着力发展清洁能源和提高能源使用效率，同时应积极发展电动汽车，以实施交通燃油替代。

电动汽车本身以电驱动取代传统燃料（汽油或柴油），通过实施能源替代在很大程度上减少了交通工具对石油的依赖和消耗。同时，智能汽车采取智能化控制，使得车辆在智能运行状态下的油耗能够实现最优化，并且通过精确定位和出行路线的智能计算等方式，可实现智能交通模式下的油耗节省，大大提高了能源利用效率。另外，就技术而言，电动化和智能化是密不可分的，具有一体化的特点，以电动汽车作为平台，可以更好地推进智能化、网联化技术，而智能网联技术也能更好地解决电动汽车的充电、节能等问题，两者的结合将更好地推动我国能源战略的实施。

6. 助推我国制造业转型升级

制造业是我国国民经济的主体，打造具有国际竞争力的制造业是提升综合国力的必由之路。围绕实现制造强国的战略目标，《中国制造2025》明确了9项战略任务和重点，其中就包括新能源汽车，并指出我国应掌握汽车低碳化、信息化、智能化核心技术。特别是随着新一代信息技术与制造业的深度融合，智能制造正在引领制造方式的变革，智能制造成为工业化和信息化深度融合的主攻方向，而汽车行业的智能化对于我国推动智能制造的发展具有重要意义。

1.4 智能电动汽车的未来展望

1.4.1 智能电动汽车的发展追求

1. 追求速度

智能电动汽车作为未来出行的重要方式之一,其追求速度是可持续发展的重要体现。快速加速和更高的最高时速可以给消费者带来更好的驾驶体验和更高的行驶效率,缩短出行时间和降低成本。同时,随着电池技术的不断发展,电动汽车的功率和能量密度都有了显著提升,这为智能电动汽车提供了更优秀的动力性能,为智能电动汽车追求更高的速度提供了可能。

2. 追求舒适性和安全性

舒适性和安全性是影响用户驾乘体验的重要因素之一。舒适的驾驶和乘坐环境可以减少驾驶人和乘员的疲劳感,从而降低交通事故的风险。智能电动汽车作为一种高科技、智能化的交通工具,需要提供更加舒适、安静、便利的驾乘体验,以及先进的传感器、算法和控制系统,可以实现更加精准的驾驶辅助和安全防护,提高驾驶的安全性和舒适性。

3. 追求轻便驾驶

智能电动汽车追求轻便驾驶是出于提高能源利用效率的考虑,以提升车辆的加速性能,降低制动距离,优化操控性能,提升空间利用率。

1.4.2 智能电动汽车的发展趋势

1. 技术创新

随着电池技术、电机技术和智能化技术的不断进步,智能电动汽车将会持续创新和改进。电池技术的提升将带来更高容量和更长续驶里程,同时也会缩短充电时间。电机技术的改进将使得电动汽车更加高效、可靠,并能带来更出色的动力性能。在智能化技术方面,如自动驾驶、人工智能助手等,将进一步提升智能电动汽车的安全性和便利性。

2. 充电基础设施建设

随着智能电动汽车的普及,充电基础设施的建设也将得到进一步推进。政府和企业将积极投资充电桩建设,以满足用户的充电需求。同时,充电设施的充电速度和效率也会不断提高,使得电动汽车的充电更加便捷和高效。

3. 可再生能源整合

智能电动汽车与可再生能源之间的结合将进一步加强,太阳能、风能等可再生能源将为电动汽车提供更加清洁和可持续的能源来源。智能电动汽车可以扮演储能设备的角色,存储多余的可再生能源,并在需要时释放,促进能源的有效利用和平衡。

4. 共享经济模式

未来智能电动汽车有望在共享经济中发挥重要作用。通过共享平台，用户可以灵活租用智能电动汽车，满足自己的出行需求。这种模式不仅降低了个人购买电动汽车的成本，也减少了汽车的闲置时间，最大限度地提高资源利用效率。

5. 智慧城市交通系统

智能电动汽车将成为智慧城市交通系统的重要组成部分。通过与城市交通管理系统的无缝连接，智能电动汽车可以实现车辆之间的协同配合、交通拥堵预测和优化路线规划。这将有助于改善城市交通状况，减少排放和能源浪费。

6. 碳中和目标的推动

智能电动汽车的广泛应用将有助于实现碳中和的目标。相关政策的实施可以鼓励人们购买和使用智能电动汽车，以便享受相应的补贴和优惠措施。这将推动智能电动汽车市场的快速发展，并在全球范围内减少温室气体的排放。

思考与练习

1. 在智能电动汽车的发展背景中，有哪些因素起到了推动作用？
2. 就智能电动汽车的发展现状而言，当前最突出的挑战是什么？
3. 分析智能电动汽车的特点和优势。
4. 智能电动汽车的定义包括哪些方面？
5. 智能电动汽车的发展追求有哪些？
6. 未来几年内智能电动汽车可能会出现哪些重大的技术突破或市场变化？
7. 智能电动汽车相对于传统燃油汽车有哪些特点和优势？
8. 智能电动汽车的未来发展是否会受到新兴技术的影响？

第 2 章 / Chapter 2

智能电动汽车的结构原理

第 2 章 智能电动汽车的结构原理

学习目标

- 掌握不同类型智能电动汽车的基本结构。
- 理解不同类型智能电动汽车的具体组成及其功能。
- 了解不同类型智能电动汽车总体结构的特点。

2.1 纯电动汽车的结构原理

2.1.1 纯电动汽车的基本结构

传统内燃机汽车主要由发动机、底盘、车身、电气设备四部分组成。纯电动汽车与它相比，取消了发动机，传动机构也发生了改变，同时还增加了电源系统和驱动电机等新系统。纯电动汽车的基本结构如图 2-1 所示。

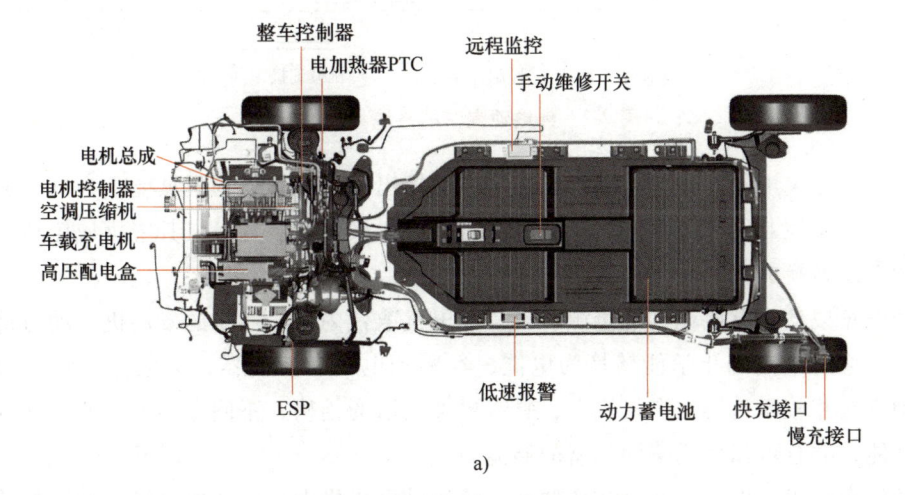

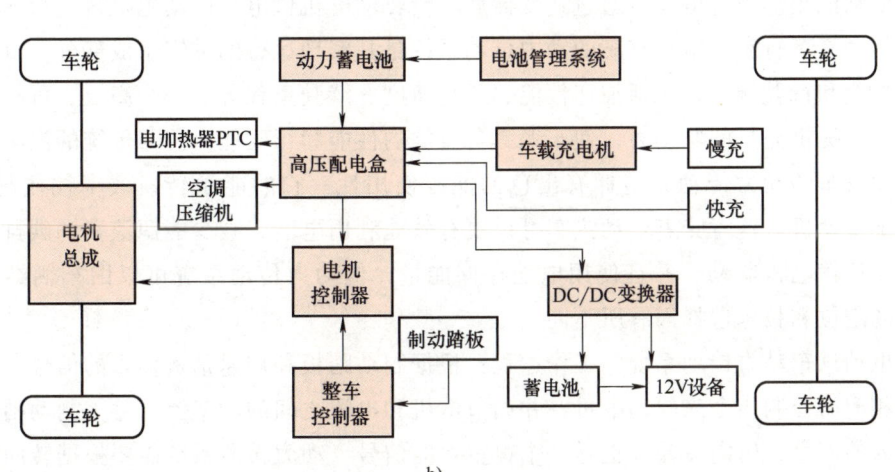

图 2-1 纯电动汽车的基本结构

纯电动汽车系统主要由电驱动系统、电源系统和辅助系统三部分组成，如图2-2所示。

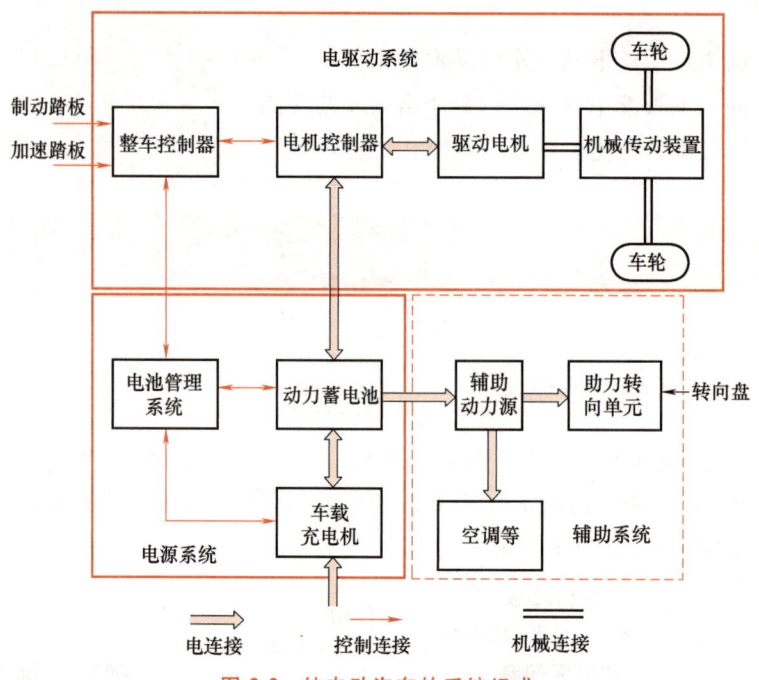

图2-2 纯电动汽车的系统组成

电驱动系统是纯电动汽车的核心，旨在将电源输出的电能转换为机械能，为汽车提供能量，主要包括整车控制器、驱动电机及电机控制器、机械传动装置等。其中机械传动装置负责把电驱动系统转换的机械能传递给汽车的驱动轴。

纯电动汽车以动力蓄电池为能量源，以驱动电机取代内燃机汽车的发动机，动力蓄电池通过一系列反应将电池的化学能转换为电能，经驱动电机和控制器，又把电能转换为机械能。纯电动汽车相较于传统内燃机汽车，具有更加灵活的结构，不同类型电机的驱动具有不同的行驶性能，并且可以使用不同类型的储能装置。

纯电动汽车动力蓄电池组通过逆变器后，给驱动电机供电，驱动电机得电后通过动力传动系统驱动汽车行驶。电动汽车的动力传动系统是其实现运行的关键组成部分，直接决定了车辆的性能和行驶能力，包括加速性能、最高速度、续驶里程等。一个高效、可靠的动力传动系统可以提供充足的驱动力，使车辆具备良好的性能和行驶能力。与传统的汽车发动机不同，电动汽车的动力传动系统拥有出色的能源使用性。它的能量转换效率往往超过90%，远超其他发动机。这意味着电动汽车可以更有效地利用电能，减少能源浪费和碳排放。虽然电动汽车依赖电机驱动，并且使用电池存储能量，但动力传动系统可以因车辆类型、制造商、市场定位和技术选择而有所不同。

纯电动汽车动力传动系统的工作过程：根据制动踏板和加速踏板输入的信号，电子控制器发出相应的控制指令来驱动电机，并调节电机和电源之间的功率流。除了制动踏板和加速踏板输入的信号，转向盘输入也是一个很重要的信号，动力转向系统需要根据转向盘的角位置来帮助汽车灵活地转向。

2.1.2 纯电动汽车的驱动形式

纯电动汽车的驱动系统主要包括驱动控制系统、驱动电机及机械传动装置等部分，其几种典型的结构形式（以后驱动为例）如图 2-3 所示。

在驱动和能量回收过程中，电源与驱动电机之间的能量流动，以及再生制动时的能量流动，均由能量转换器进行调节。驱动电机和车轮之间通过机械传动装置连接，它们也可以直接组装成轮毂电机的形式，即由电机直接驱动。驱动电机及驱动控制系统是纯电动汽车驱动系统的关键技术，其技术水平直接决定智能电动汽车整车的动力性、经济性及用户驾乘体验。纯电动汽车的驱动系统采用电机作为动力源，相较于传统内燃机驱动系统，具有更高的效率和更低的能量损耗。

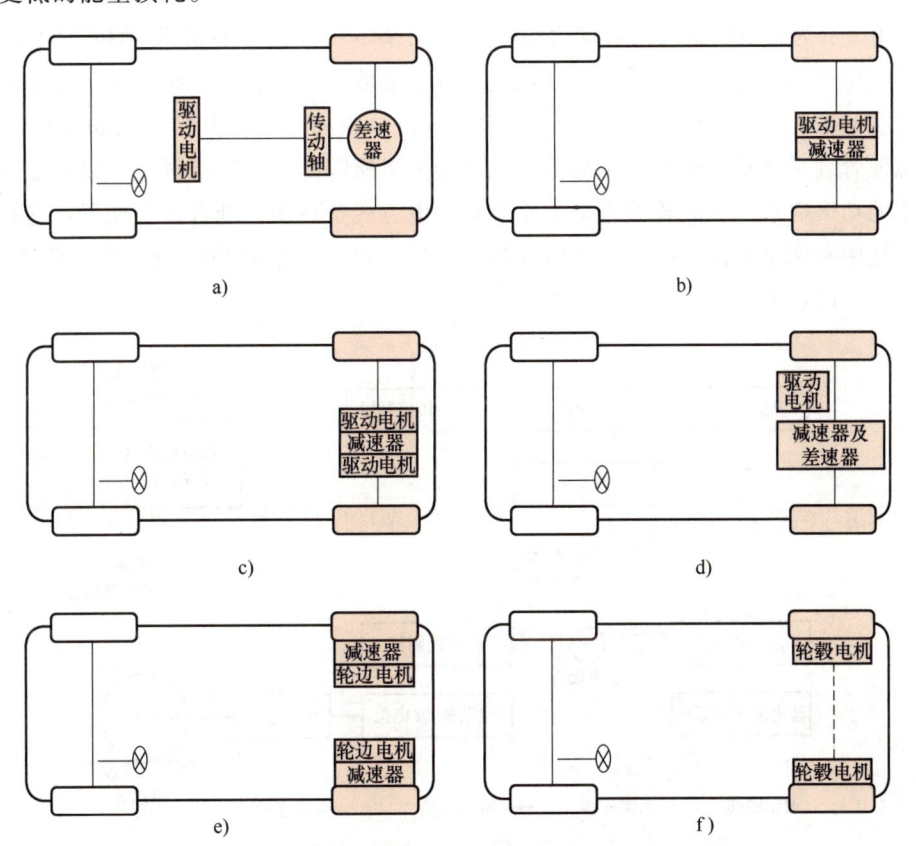

图 2-3 纯电动汽车驱动系统的几种典型结构形式（以后驱动为例）

a) 传统驱动 b) 单电机驱动 c) 双电机驱动 d) 电机-驱动桥组合驱动 e) 轮边电机驱动 f) 轮毂电机驱动

纯电动汽车所采用的驱动电机主要有交流电机、永磁电机和开关磁阻电机等。驱动电机除了作为电动汽车的动力装置，还要求在纯电动汽车制动时能够实现再生制动能量回收，一般可以回收 10%~15% 的能量，这有利于纯电动汽车节能和延长行驶里程，也是纯电动汽车节能的重要措施之一。驱动电机的作用是将电源的电能转换为机械能，通过传动装置或直接驱动车轮和工作装置。这也是纯电动汽车与传统内燃机汽车的根本区别。

2.2 混合动力电动汽车的结构原理

相比传统内燃机汽车和纯电动汽车，混合动力电动汽车的传动系统增加了整车能量管理和控制系统，其主要作用在于以优化发动机工作效率为目标，协调发动机和驱动电机之间的动力分配，同时进行动力电池组的电量管理。

2.2.1 混合动力电动汽车的基本结构

1. 串联式混合动力电动汽车的基本结构

图2-4所示为典型串联式混合动力电动汽车的基本结构，燃油箱-发动机-发电机与动力蓄电池一起组成车载能量源，共同向驱动电机提供电能。其中，发动机仅用于驱动发电机发电，所产生的电能通过电机控制器提供给驱动电机，驱动电机将其转换为机械能后驱动车辆。蓄电池管理系统对发电机产生的电能和驱动电机所需的电能进行调节，以保证车辆在行驶工况下的功率需求。串联式混合动力系统通过电方式实现动力耦合，逆变器也是动力耦合器。该系统中有两个电源，即动力蓄电池和发电机，这两个电源通过逆变器串联在回路中，动力的流向为串联形式。

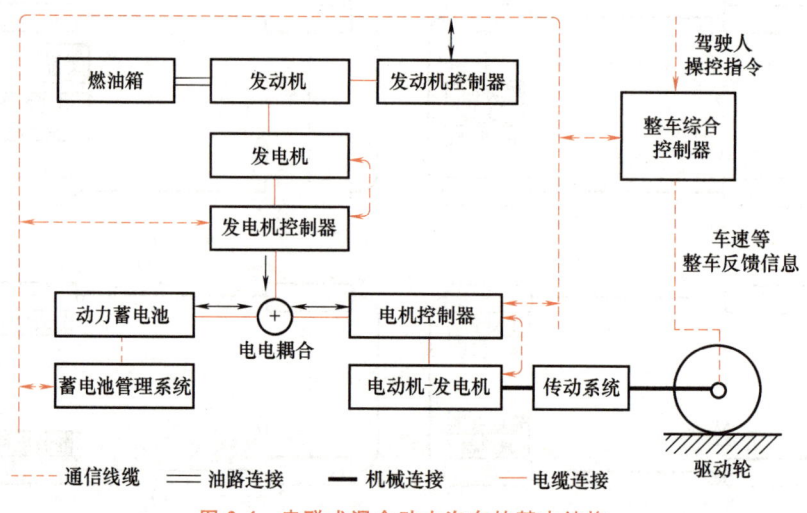

图2-4 串联式混合动力汽车的基本结构

2. 并联式混合动力电动汽车的基本结构

并联式混合动力电动汽车有发动机和电机两套驱动系统。并联式混合动力根据电机的数量和布置、变速器的种类、部件的数量和位置关系的不同，具有多种类型。

并联式混合动力电动汽车的基本结构如图2-5所示。发动机和电机的功率可以互相叠加，发动机功率和电机功率为电动汽车所需最大驱动功率的50%~100%。因此，可以采用小功率的发动机与电机，使得整个动力系统的装配尺寸、质量都较小，造价更低，行程也比串联式混合动力电动汽车更长，其特点更加趋近于内燃机汽车。并联式混合动力系统通常应用在小型混合动力电动汽车上。

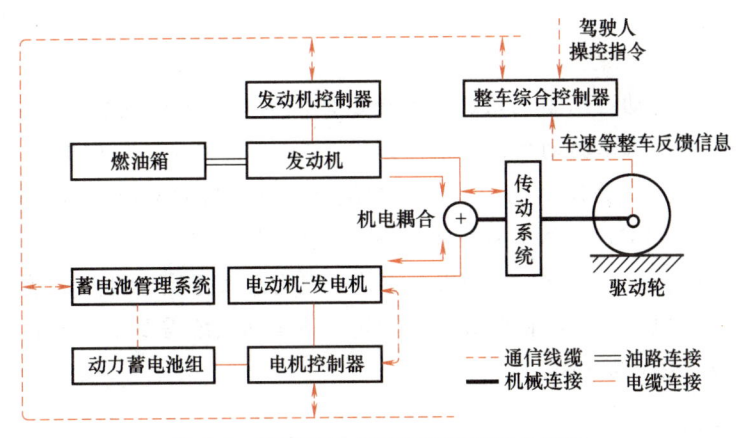

图 2-5 并联式混合动力汽车的基本结构

3. 混联式混合动力电动汽车的基本结构

混联式混合动力电动汽车以功率分流式应用更为广泛，发动机工作点的控制也更灵活。功率分流式混合动力系统主要由行星齿轮机构结合两个电动机组成，兼具串联式和并联式的优点，如图 2-6 所示。功率分流式混合动力电动汽车以并联混合动力结构为主，加上小部分的串联结构模式。在这种结构中，发动机仍然可以给动力蓄电池充电。但是结构相对较复杂，与串联式相比，这种结构增加了额外的机械结构和控制；与并联式相比，这种结构增加了额外的发电机。

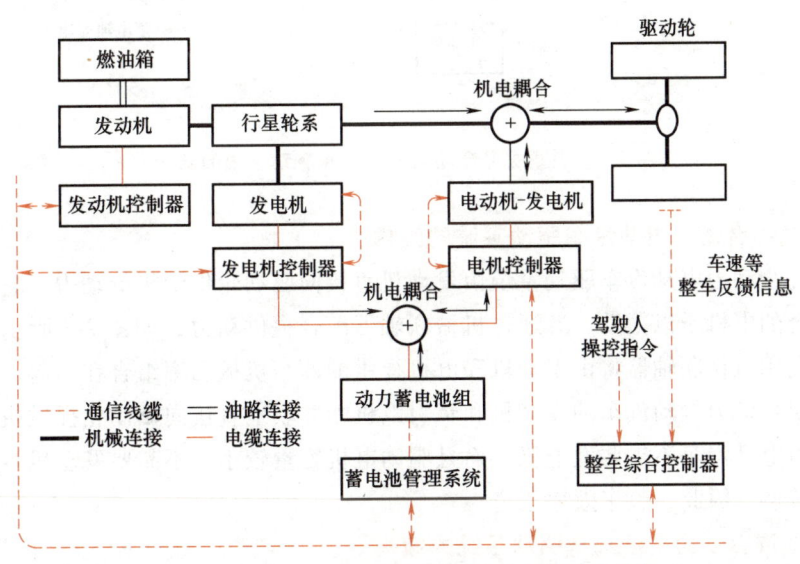

图 2-6 功率分流式混联混合动力汽车的基本结构

功率分流式混合动力电动汽车具有功率分配装置，可根据汽车行驶工况对发动机功率中用于直接驱动汽车的功率和用于发电的功率的比例进行调整。在汽车正常行驶时，发动机的功率全部用于直接驱动汽车行驶；在全负荷、加速行驶时，发动机与动力蓄电池共同提供动力驱动汽车行驶；在停车或滑行时，发动机的功率全部用于驱动发电机向动力蓄电池充电。

2.2.2 混合动力电动汽车的驱动形式

1. 串联式混合动力电动汽车驱动系统的结构

串联式混合动力电动汽车驱动系统由两个电能源为单个电驱动装置（电机）供电。典型串联式混合动力电动汽车驱动系统的结构如图 2-7 所示。其中，单向能源为燃油箱，单向能量变换器（动力装置）为发动机和发电机的组合，发电机的输出通过可控的电子变流器（整流器）接入电力（DC）总线。双向能源为蓄电池组，其输出通过可控的双向电力电子变换器（DC/DC 变换器）接入电力（DC）总线。电力总线连接电机控制器，牵引电机可以切换为电动机或是发电机，并以正向或反向运转。该驱动系统需要一个蓄电池充电器，以通过外接插座由电网为蓄电池充电。

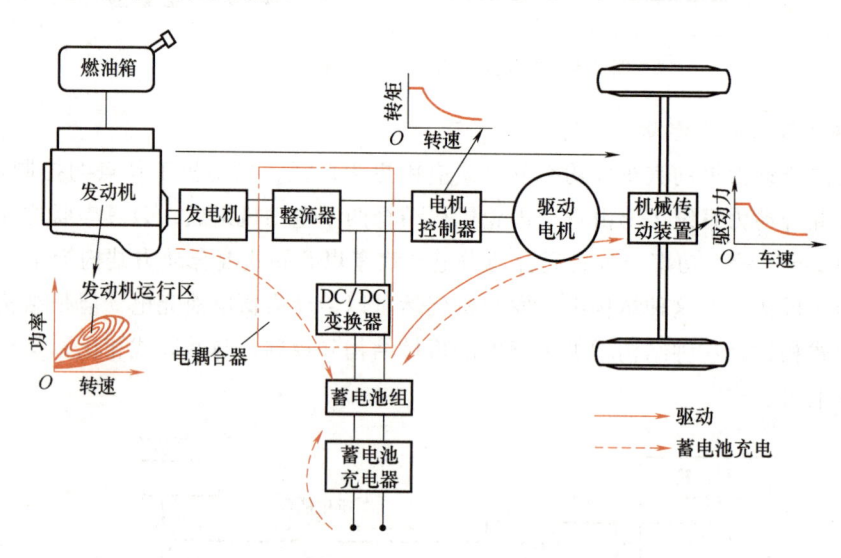

图 2-7 串联式混合动力电动汽车驱动系统的结构

2. 并联式混合动力电动汽车驱动系统的结构

并联式混合动力电动汽车驱动系统由发动机直接向驱动轮供给机械动力。它由机械上与传动线相配合的电机予以辅助，并通过机械联轴器配合提供动力，如图 2-8 所示。此结构的特异性能是利用机械联轴器将由发动机和电机提供的两个机械功率组合在一起。

并联式混合动力电动汽车的发动机和牵引电机能并联地直接向驱动轮提供机械效率。并联式混合动力电动汽车不需要发电机，而且驱动电机容量较小，不需要发动机至驱动轮之间功率的多向转换。因此，整车效率较高。

3. 混联式混合动力电动汽车驱动系统的结构

混联式混合动力电动汽车驱动系统使用两个功率耦合器——机械耦合器和电耦合器，如图 2-9 所示。混联式混合动力电动汽车兼有串联式和并联混合动力电动汽车的优点，其动力系统可分为两种，一种为发动机主动型；另一种为电力主动型。车辆运行时，前一种主要是发动机起作用，而后一种主要是电机起作用。当发动机主动型混联式混合动力电动汽车行驶给蓄电池充电时，发动机一部分动力用于驱动车辆，另一部分动力由发动机经功率转换器

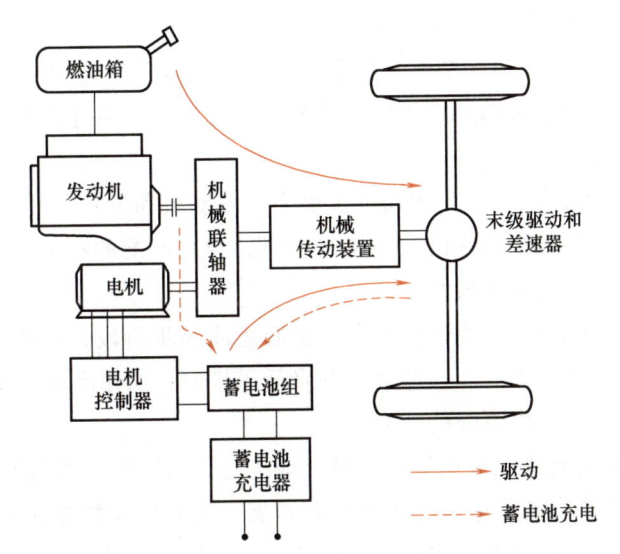

图 2-8　并联式混合动力电动汽车驱动系统的结构

给蓄电池充电。当电力主动型混联式混合动力电动汽车行驶给蓄电池充电时，发动机一部分动力用于驱动发电机给蓄电池充电，但是，此结构相对较复杂，成本较高。

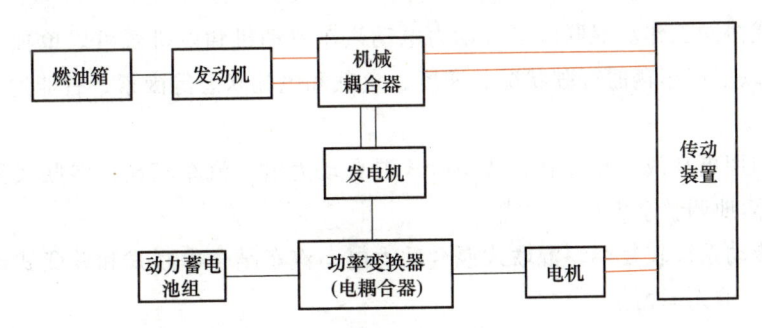

图 2-9　混联式混合动力电动汽车驱动系统的结构

2.2.3　混合动力电动汽车的结构特点

1. 串联式混合动力电动汽车的结构特点

1）驱动形式多样。串联式混合动力电动汽车可以采用电机驱动系统或者轮毂电机驱动系统，根据布置的不同还可以分为前轮驱动、后轮驱动或者四轮驱动等多种驱动形式。

2）布置方便。串联式混合动力电动汽车只有驱动电机的电驱动系统，驱动电机与发电单元之间没有机械连接，布置起来更容易。

3）对驱动电机、发电单元和电池的要求较高。驱动电机的功率需要满足汽车在行驶过程中的最大功率需求，这使得电机的体积和质量都较大，同时动力蓄电池组的容量需求也较大。

4）能量转换效率低。串联式混合动力驱动系统的能量通过热能-电能-机械能转换而来，能量损失较大。

2. 并联式混合动力电动汽车的结构特点

1)两条驱动路径并联可以增加驱动功率。并联式混合动力电动汽车具有发动机和电机两套动力系统,两大动力总成的功率可以相互叠加满足汽车行驶时的功率要求,增强了混合动力电动汽车的动力性。

2)动力元件比串联式混合动力驱动系统更小,发动机和电机的功率根据多能源动力总成匹配的要求,可以选择较小功率的发动机与电机,与之匹配的动力蓄电池组的容量减少,使整车动力总成尺寸小,质量也较小。

3)发动机、电机可根据工况高效工作。在低速或起步阶段,电机可以独立驱动车辆,减少了发动机的负荷,从而提高了燃油效率并降低了排放;而在高速行驶或加速时,发动机和电机则可以同时工作,提供更强的动力输出。

4)发动机和驱动轮直接机械连接,使得发动机运行工况要受到汽车行驶工况的影响。

5)相比于串联式混合动力电动汽车结构和布置更复杂。在并联式系统中,发动机和电机都直接连接到驱动轴,可以独立或同时提供动力,这就要求设计一个更为精密的动力传动系统,以协调两种动力源的工作。发动机、电动机、发电机以及变速器等部件需要通过复杂的离合器、动力分配装置以及控制系统进行精确的配合与管理。

3. 混联式混合动力电动汽车的结构特点

1)双模式协同工作。混联式混合动力电动汽车发动机和电机既可以单独工作,也可以协同工作。可以根据车辆的行驶状况、速度、负载和电池状态等因素,智能地选择最合适的工作模式。

2)能量利用更高效。与并联式和串联式混合动力电动汽车相比,混联式混合动力电动汽车能够更灵活地调整动力传递方式。

3)动力传动系统较复杂。混联式混合动力电动汽车结合串联式和并联式动力系统的优点,并实现两者的无缝衔接。

2.3 燃料电池电动汽车的结构原理

2.3.1 燃料电池电动汽车的基本结构

燃料电池电动汽车采用燃料电池产生的电能作为动力,具有零污染、续航时间长和加氢时间短等优势,若广泛应用,将有助于节约燃料及减少大气污染,是未来汽车工业可持续发展的重要方向之一,也是解决全球能源和环境问题的理想方案之一。

燃料电池电动汽车的结构有多种形式,按照驱动形式不同,可分为燃料电池单独驱动和燃料电池混合驱动两种。

1. 燃料电池单独驱动电动汽车的基本结构

燃料电池单独驱动电动汽车的基本结构如图2-10所示,主要包括燃料电池堆及其子系统、电机控制器、驱动电机和传动系统等。燃料电池系统将氢气与氧气反应产生的电能通过总线输送给驱动电机，驱动电机将电能转换为机械能后输送给传动系统，以驱动汽车行驶。

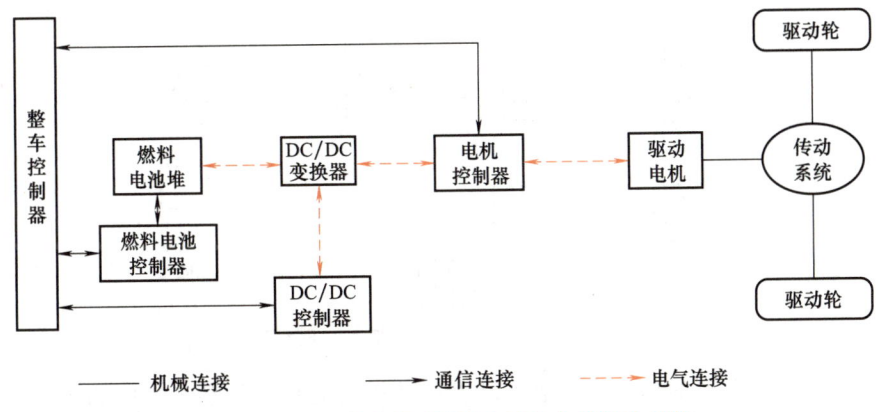

图 2-10 燃料电池单独驱动电动汽车的基本结构

2. 燃料电池混合驱动电动汽车的基本结构

燃料电池混合驱动采用并联形式，其基本结构如图 2-11 所示，主要由燃料电池堆及其子系统、辅助动力源（辅助装置和储能装置）、DC/DC 变换器、逆变器、驱动电机和传动桥等组成。燃料电池和辅助动力源一起为驱动电机提供电能，驱动电机将电能转换为机械能再输送给传动桥，以驱动汽车行驶。

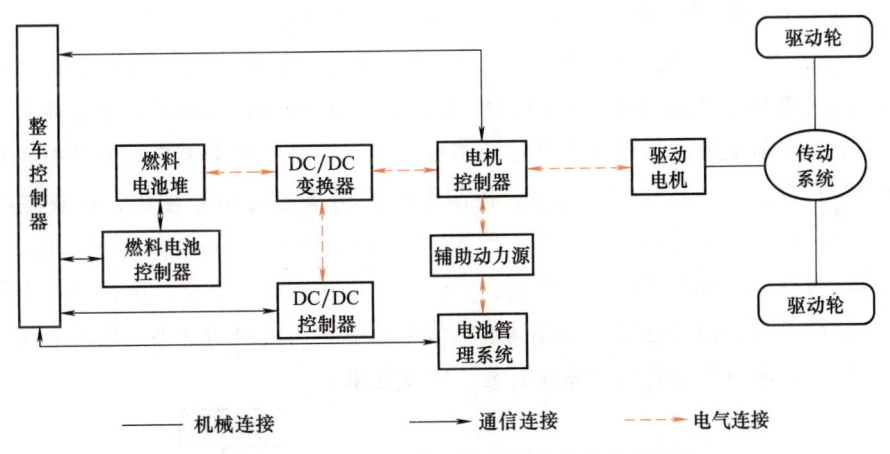

图 2-11 燃料电池混合驱动电动汽车的基本结构

2.3.2 燃料电池电动汽车的驱动形式

1. 燃料电池单独驱动系统的结构

燃料电池电动汽车只有燃料电池一个动力源，汽车的所有功率负荷都由燃料电池承担。图 2-12 所示为燃料电池单独驱动系统的结构，主要包括燃料电池系统、燃料电池控制器、主 DC/DC 变换器、主 DC/DC 控制器、整车控制器、电机控制器及电机。整车控制器在收到来自加速踏板或制动踏板的功率或转矩指令及其他运行信号后，会将处理后的控制信号发送给电机控制器，以控制电机的运转状态。

燃料电池单独驱动系统的优点在于系统结构简单，整车整备质量小，相对容易实现控

25

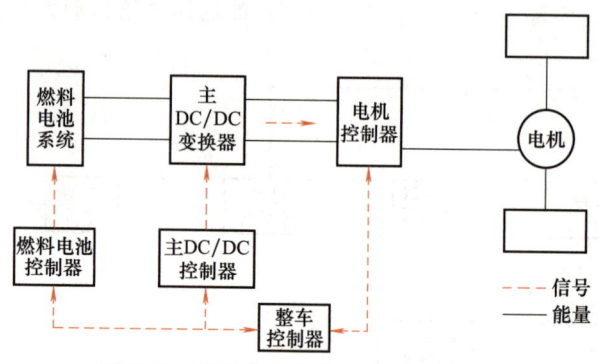

图 2-12 燃料电池单独驱动系统的结构

制；主要缺点是燃料电池的功率大，成本昂贵；燃料电池系统的动态性能和可靠性要求高，不能进行制动能量回收。

2. 燃料电池混合驱动系统的结构

目前燃料电池电动汽车的动力系统主要采用的是混合驱动形式，即在燃料电池的基础上，增加一组蓄电池或超级电容器作为辅助动力源。按照辅助装置的不同，燃料电池的混合驱动可以分为燃料电池（FC）+蓄电池（B）、燃料电池+超级电容器（C）、燃料电池+蓄电池+超级电容器、燃料电池+蓄电池+超高速飞轮（F）、燃料电池插电式，由此构成的驱动系统分别表示为 FC+B、FC+C、FC+B+C、FC+B+F、FC+P-i。

图 2-13 所示为"燃料电池+蓄电池"（FC+B）混合驱动形式的方案示意图。该系统由燃料电池系统、燃料电池控制器、主 DC/DC 变换器、主 DC/DC 控制器、整车控制器、电机控制器、电机、峰值电源及其电池管理系统组成。整车控制器根据来自加速踏板或制动踏板的功率或转矩指令，以及其他运行信号，控制电机的功率（转矩）输出，以及燃料电池系统、峰值电源和驱动系统之间的能量流。例如，在车辆急加速状态下，对于峰值功率指令，燃料电池系统与峰值电源两者都向电机提供牵引功率；在制动状态下，电机运行于发电机模式，将部分制动能量转换为电能，并存储于峰值电源中。当负载功率小于燃料电池系统的额定功率时，峰值电源可从燃料电池系统补充、恢复能量。

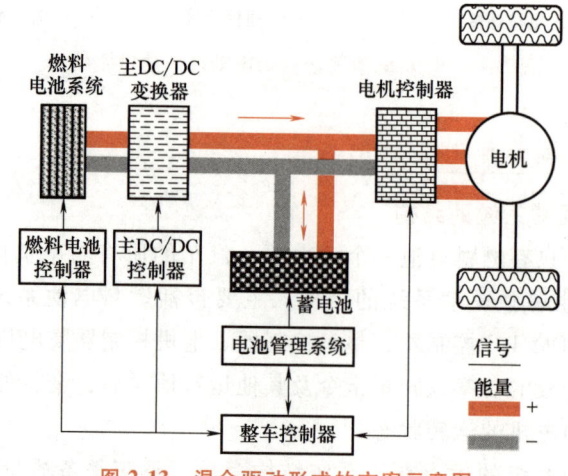

图 2-13 混合驱动形式的方案示意图

该混合驱动形式相对于燃料电池单独驱动的汽车可以实现起动时给空压机和鼓风机供电、对燃料电池进行加热、对氢气和空气进行加湿的功能，同时能够回收制动能量。这样，不仅降低了对燃料电池功率和动态特性的要求，也降低了燃料电池系统的成本，但会增加驱动系统的质量、体积和复杂性，从而增加电池的维护、更换费用。

思考与练习

1. 不同类型电动汽车的基本结构是什么？
2. 串联式混合动力电动汽车与并联式混合动力电动汽车区别有哪些？
3. 混合动力电动汽车有哪些优点？
4. 燃料电池电动汽车有哪些优点？
5. 氢燃料电池电动汽车为何发展比较迅速？

第 3 章　Chapter 3

智能电动汽车的"三电"系统

第3章 智能电动汽车的"三电"系统

> **学习目标**
> - 建立智能电动汽车"三电"系统的理论框架。
> - 掌握"三电"系统基础理论知识。
> - 了解智能电动汽车控制系统的基本原理。

智能电动汽车的"三电"系统是智能电动汽车的电池系统、电机驱动系统和电子控制系统的总称,它们是智能电动汽车动力系统的核心组成部件,直接影响着智能电动汽车的运行性能、续驶里程及安全性。电池系统作为主要动力来源,提供持久且稳定的电力支持;电机驱动系统负责将电能转换为机械能,驱动车辆行驶;电子控制系统是智能电动汽车的"大脑",负责协调各系统的工作,实现车辆的智能化操作。随着技术的不断进步,这些系统也在不断地优化升级,以满足日益增长的市场需求和环保标准。

3.1 动力电池及其管理系统

智能电动汽车的动力电池是车辆的主要能量来源。智能电动汽车的电池系统通常由动力电池组、充电系统、电池管理系统(BMS)、能量回收系统等部分组成。

3.1.1 动力电池及电池组

1. 概述

动力电池是为智能电动汽车提供能量的装置,是一种将所获得的电能以化学能的形式储存,并可以将化学能转变为电能的电化学装置。动力电池是电池系统的核心,一般由多个电池单体组成。

动力电池的发展历史可以追溯到一个半世纪前。1889—1901年瑞典的扬格纳(Jungner)和美国的爱迪生(Edison)先后成功研制了镍铁电池和镍镉电池。这些电池在实际应用中都经历了数次结构、工艺、材料方面的改进,性能得到大幅度提高。随着20世纪80年代镍氢电池(金属氢化物镍电池)问世以及20世纪90年代锂离子电池的出现,电池的性能和寿命有了长足进步。现今,常用的动力电池有锂离子电池、铅酸电池、超级电容器、燃料电池和固态电池等,通过串联、并联或混联的方式构成电池组,为智能电动汽车提供足够的电能。

2. 典型动力电池介绍

(1) 三元锂电池

1) 三元锂电池结构。三元锂电池主要由正极、负极、隔膜、电解质和外壳等部分组成,如图3-1所示。

正极:正极材料通常是镍钴铝酸锂($LiNiCoAlO_2$),是三元锂电池中Li^+的唯一贡献者,对三元锂电池能量密度的提高及成本的降低起着决定性作用。

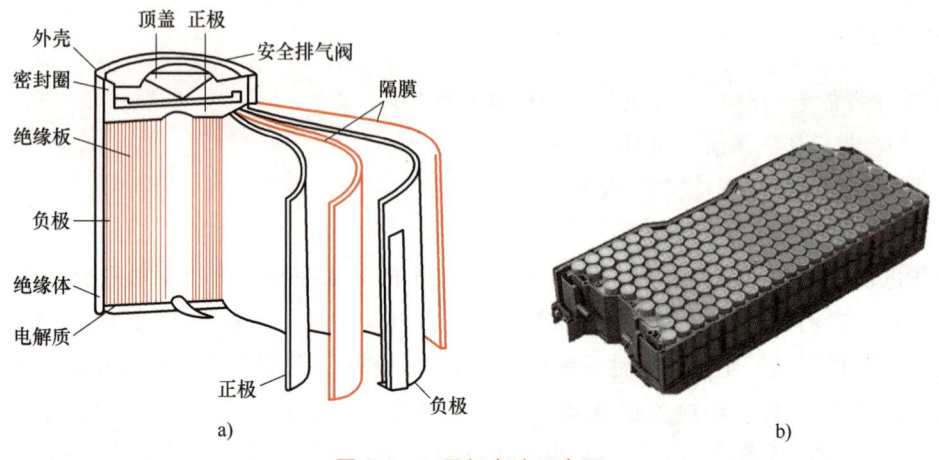

图 3-1 三元锂电池示意图
a) 内部结构　b) 电池组外部结构

负极：目前广泛应用的负极材料是石墨。石墨具有层状结构，锂离子能够在这些层间嵌入和脱出。除了石墨，还有一些新型负极材料正在研究和开发中，如硅基材料。

隔膜：隔膜通常是一种多孔的聚合物薄膜，如聚烯烃材料。隔膜的主要作用是分隔正极和负极，防止正负极直接接触而导致短路。同时，其多孔结构允许锂离子通过，保证了电池充放电过程中离子的传导通道。

电解质：锂离子电池采用的是非水有机溶剂体系的电解液。

外壳：主要是为了保护电池内部的各个组件，防止电池受到外界物理冲击、水分和灰尘等的侵入。

2) 三元锂电池工作原理。三元锂电池的工作原理如图3-2所示。电池充电时，正极上锂原子电离成锂离子和电子（脱嵌），锂离子经过电解液运动到负极，得到电子，被还原成锂原子嵌入碳层的微孔中（插入）；电池放电时，嵌在负极碳层中的锂原子失去电子（脱插）成为锂离子，通过电解液，又运动回正极（嵌入）；锂离子电池的充放电过程，也就是锂离子在正负极间不断嵌入和脱嵌的过程，同时伴随着等量电子的嵌入和脱嵌。锂离子数量越多，充放电容量就越高。

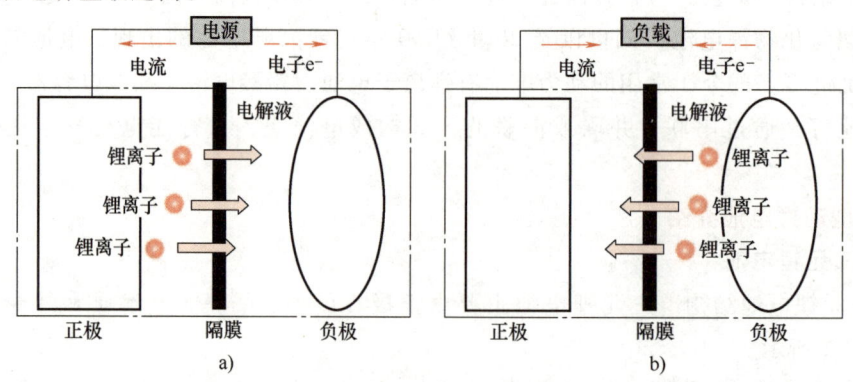

图 3-2 三元锂电池的工作原理
a) 充电过程　b) 放电过程

3）三元锂电池基本特点

① 三元锂电池的优点：

高能量密度。三元锂电池具有较高的能量密度，能够在相对较小的体积和质量下存储更多的电能，这有利于增加汽车的续驶里程。

低自放电率。相比其他类型的可充电电池，三元锂电池的自放电率较低，即在长时间不使用时电量损失较小，从而保持电池的储能效率。

无记忆效应。三元锂电池不会出现记忆效应，用户可以根据需求随时充电，不必等到电池完全耗尽。

② 三元锂电池的缺点：

安全性差。三元锂电池在极端情况下（如过度充电、高温等）可能引发热失控，甚至爆炸或起火，因此需要严格的电池管理系统来确保安全。

循环寿命短。三元锂电池的循环寿命受到充放电循环次数的限制，随着使用次数的增加，电池容量会逐渐下降，影响续航能力。

成本高。三元锂电池的制造成本相对较高，这直接影响了智能电动汽车的售价，使它相对于传统燃油车辆更昂贵。

（2）磷酸铁锂电池

1）磷酸铁锂电池结构。磷酸铁锂电池主要由正极、负极、隔膜、电解质和外壳等部分组成，如图3-3所示。

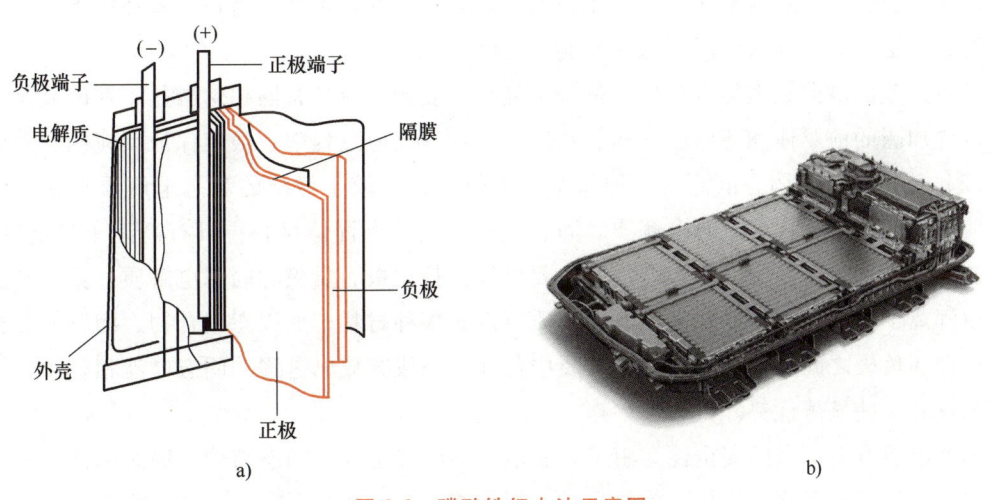

图3-3 磷酸铁锂电池示意图
a）电池内部结构 b）电池组外部结构

正极：磷酸铁锂电池的正极材料为磷酸铁锂（$LiFePO_4$），具有橄榄石型结构，为锂离子的嵌入和脱出提供了良好的框架。

负极：一般为石墨，其具有完整的层状晶体结构，导电性好、无毒性、力学性能好且成本低。

隔膜：主要作用是防止正负极接触，同时为电解液中的锂离子提供通道。常见的隔膜材质有聚乙烯（PE）、聚丙烯（PP）等。

电解质：能够在正负极之间传导锂离子，主要由碳酸酯类溶剂、锂盐（如六氟磷酸锂）、添加剂三部分组成。

外壳：外壳一般由铝外壳包装，对电芯的保护较好，但重量相对较重、容量略小。

2）磷酸铁锂电池工作原理。磷酸铁锂电池工作原理与三元锂电池类似，通过锂原子的移动实现电能的储存与释放。但磷酸铁锂电池较三元锂电池而言，有更大的安全性，但相同体积下能量密度较低。

3）磷酸铁锂电池基本特点

① 磷酸铁锂电池的优点：

安全性高。磷酸铁锂电池相较于其他锂离子电池，具有更高的安全性和热稳定性，极大地减少了发生热失控和爆炸的风险。

循环寿命长。相较于其他锂离子电池，磷酸铁锂电池具有较长的循环寿命，能够经受更多的充放电循环，因此在电池寿命方面表现较为出色。

稳定性好。磷酸铁锂电池在高温下的稳定性较好，能够在一定程度上抵御高温环境对电池性能的影响。

② 磷酸铁锂电池的缺点：

能量密度相对较低。相较于其他锂离子电池，磷酸铁锂电池的能量密度较低，这意味着相同体积下所存储的电能较少，影响了电池组的续航能力。

低温性能差。虽然磷酸铁锂电池在高温下具有较好的稳定性，但在低温环境下的性能可能会受到一定影响，导致低温下的续航能力下降。

一致性差。磷酸铁锂的合成反应是一个复杂的多相反应，有固相磷酸盐、铁的氧化物及锂盐，外加碳的前驱体和还原性气相。在这一复杂的反应过程中，很难保证反应的一致性。

（3）固态电池 固态电池是一种新型电池技术，相较于传统的液态电解质电池，固态电池使用固态电解质代替液态电解质。固态电解质是一种固体材料，具有高离子导电性能，能够在电池内部传递离子。固态电池的主要组成包括正极、负极和固态电解质。正极和负极通常由锂离子传输材料构成，而固态电解质可以是多种材料，如固态聚合物、陶瓷或复合材料。正极和负极之间的离子在固态电解质中传递，完成充放电过程。固态电池相较于传统液态电池具有一些显著优势。

固态电池具有更高的安全性。由于固态电解质的稳定性和固态结构，固态电池在高温或物理损伤等极端情况下不容易发生热失控、爆炸或泄漏，并且固态电池有潜力实现更高的能量密度。

固态电解质可以允许更高的电荷密度和离子传输速率，从而提高电池的能量存储能力，这意味着在相同体积下，固态电池可以存储更多的电能，有利于提高电池的续航能力。

然而，固态电池也面临一些挑战。其中之一是制造成本较高，主要是因为固态电解质和电极材料的研发和生产成本较高。此外，一些固态电解质材料在充放电过程中可能会发生体积膨胀，导致电池损坏或性能下降。尽管固态电池目前还面临一些技术和商业化挑战，但它被认为是未来电动汽车和能源存储系统的重要发展方向。

3. 智能电动汽车对动力电池的要求

这里以纯电动汽车和混合动力电动汽车为例来介绍智能电动汽车对动力电池的要求。

(1) 纯电动汽车对动力电池的要求 纯电动汽车行驶完全依赖动力电池存储的能量，动力电池容量越大，可以实现的续驶里程越长，但其体积、重量也会越大。纯电动汽车要根据设计目标、道路情况和行驶工况的不同来选配电池。具体要求归纳如下：

1) 动力电池要有足够的能量和容量，以保证连续放电不超过 $1C$（C 为电池容量），峰值放电一般不超过 $3C$；如果电动汽车上安装了回馈制动，动力电池必须能够接受高达 $5C$ 的脉冲电流充电。

2) 动力电池要能够实现深度放电（Depth of Discharge，DOD）（例如 80%）而不影响其寿命，在必要时能实现满负荷功率和全放电。

3) 需要安装动力电池管理系统和热管理系统，显示动力电池的剩余电量，并实现温度控制。

4) 由于动力电池体积和质量大，动力电池箱的设计、电池单体的空间布置和安装问题都需要认真研究。

(2) 混合动力电动汽车对动力电池的工作要求 与纯电动汽车相比，混合动力电动汽车对动力电池的容量要求有所降低，但要能够根据整车要求实时提供更大的瞬时功率，即要实现"小电池提供大电流"。

由于混合动力电动汽车构型的不同，串联式和并联式混合动力汽车对动力电池的要求又有差别。

串联式混合动力电动汽车完全由电机驱动，发动机-发电机总成与动力电池一起提供电机需要的电能，动力电池荷电状态（State of Charge，SOC）处于较高的水平，对动力电池的要求与纯电动汽车相似，但容量要小一些。并联式混合动力电动汽车发动机和电机都可直接对车轮提供驱动力，整车的驾驶需求可以由不同的动力组合结构来满足。动力电池的容量可以更小，但是动力电池瞬时提供的功率要满足汽车加速或爬坡要求，动力电池的最大放电电流有时可能高达 $20C$ 以上。

3.1.2 充电系统与动力电池性能

1. 充电系统

智能电动汽车的充电系统主要包括充电桩、充电接口、充电控制器和相关的电力传输。充电桩是在家庭、商业和公共场所为电动汽车充电的设备，通常包括充电插座、充电连接线、充电控制器和用户界面。根据功率等级的不同，充电桩可分为家用插座、交流（AC）充电桩和直流（DC）快充桩。不同类型的充电桩具有不同的充电速度和适用范围。充电接口是电动汽车上用于连接充电桩的接口，通常包括标准的插头和连接器，以及一些通信和控制信号线路。电力传输和管理系统包括用于传输电能的电缆、连接器和断路器等设备，以及用于监测和管理电能流动的传感器和控制单元，负责确保充电过程中的电能传输安全可靠，同时最大限度地提高能源利用率。

对于整车充电，常见的有交流慢充和直流快充，如图 3-4 所示。

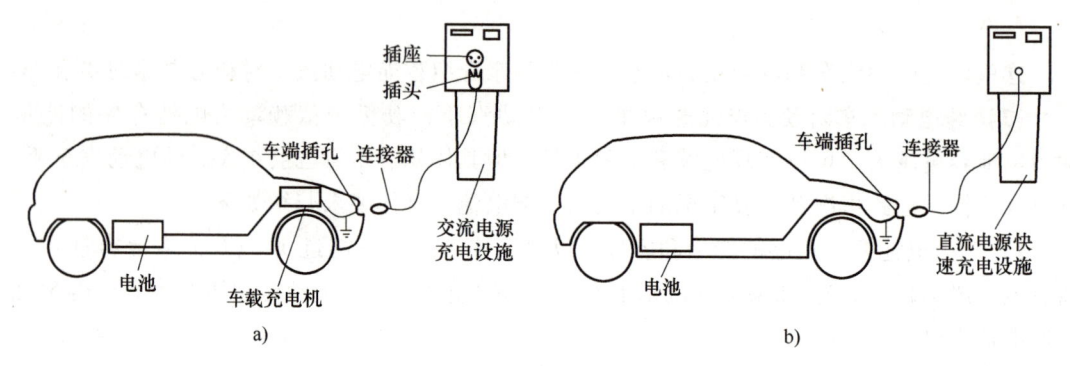

图 3-4 交流充电与直流充电示意图
a) 交流慢充　b) 直流快充

（1）交流慢充　交流慢充是指采用小电流（通常在 $0.1C\sim0.3C$）在较长的时间内对动力电池进行慢速充电，这种充电又称为普通充电。例如，家用充电桩，功率一般在 3~7kW 左右，充满一辆纯电动汽车可能需要 6~8h 甚至更长时间。

交流慢充的优点：

1）充电装置和安装成本较低。

2）可充分利用电力低谷时段进行充电，降低充电成本，保证充电时段电压相对稳定。

交流慢充的缺点：充电时间过长，难以满足车辆紧急运行的需求。

（2）直流快充　由于交流慢充的充电时间一般较长，给实际车辆使用带来许多不便。直流快充模式的出现，为智能电动汽车的商业化提供了技术支持。它主要通过高功率的直流充电桩直接向电池输出直流电。一开始，为了快速充电，会以较大的电流对电池进行充电，这个阶段电池电压上升较快。随着电池电量的增加和电压的升高，充电电流会根据电池的状态和充电桩的控制策略进行动态调整，避免电池过充和过热。直流快充的功率可以达到几十千瓦甚至更高，如常见的 50kW、100kW 的充电桩，能够在短时间内为电池补充大量电量。以一辆续驶里程为 300~400km 的纯电动汽车为例，使用 100kW 的直流快充桩，从电池容量为 30% 充到 80% 可能只需要 30~40min。

直流快充的优点：充电时间短，便利性好。

直流快充的缺点：

1）充电装置安装成本和工作成本较高。

2）充电电流大，对充电的技术和方法要求高，对电池的寿命有极大影响。

3）充电电流大降低了电池寿命，并存在安全隐患。

此外，还有感应式充电，感应式充电即非接触式充电，充电装置和汽车接收装置之间不采用直接电接触的方式，而是由分离的高频变压器组合而成，通过感应涡合，无接触式地传输能量。但此技术还未成熟，充电效率过低，需要更进一步的发展。

2. 充电特性

智能电动汽车的交流慢充和直流快充的充电特性有所不同。交流慢充在整个充电过程中，充电速度相对稳定，电池管理系统会依据电池的温度、荷电状态等因素对充电电流和电压进行微调，保障充电安全和电池健康，不会出现像直流快充那样因电池电量变化而导致充电速度大幅改变的情况。

无论采用哪种充电方式，在充电过程中都存在能量损失。充电效率取决于充电器的效率、电池的内阻以及充电过程中的热损耗等因素。一般来说，家用充电器（用于交流充电）和充电桩（用于直流充电）都有一定的能量转换效率。如车载充电机的效率通常在85%～95%之间，这意味着在充电过程中有5%～15%的电能会以热量等形式损失掉。电池内阻也会导致能量损失，会产生热量，造成电能的浪费。

充电特性对电池寿命有着显著的影响。频繁的快充可能会引起电池内部结构的变化，如电极材料的损坏、电解液的分解等，从而加速电池的老化。

充电时电池温度会发生变化。在正常充电情况下，电池会有一定程度的升温，这是因为电池内部的化学反应是放热反应。特别是在快充或者高温环境下充电时，电池温度升高更为明显。例如，在夏季高温环境下进行直流快充，电池温度可能会升高到40～50℃，如果电池温度过高，不仅会影响充电效率，还可能会引发安全问题。

（1）三元锂电池充电特性　对于三元锂电池，其充电截止电压通常在4.2～4.3V。在充电过程中，当电池电压逐渐上升接近这个截止电压时，充电速度会逐渐减慢，以避免过充，如图3-5所示。在一般情况下，慢充电流可以设置为0.2C～0.3C，此时，电池发热相对较小，有利于延长电池寿命；快充时，电流可以设置为1C～2C甚至更高，此时，能够在短时间内为电池补充大量电量。电池管理系统会根据电池的温度、电压和荷电状态（SOC）等因素动态调整充电电流。当电池温度过高或者电压接近截止电压时，充电电流会被降低。

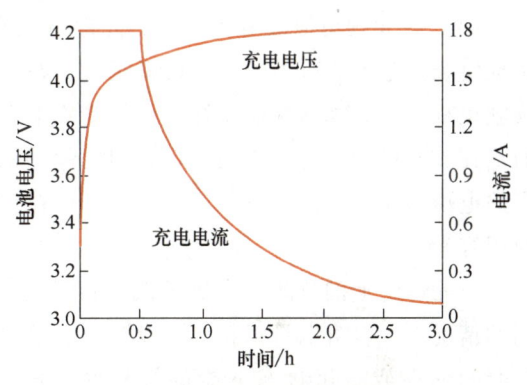

图3-5　三元锂电池充电特性曲线

（2）磷酸铁锂电池充电特性　对于磷酸铁锂电池，其充电电压范围相对较窄且稳定。其充电截止电压一般在3.6～3.65V。在整个充电过程中，电压上升比较平稳，没有像三元锂电池那样明显的电压平台变化。从初始充电状态到接近充满，电压的变化呈现相对线性的关系，这使得通过监测电压来判断充电状态更为直观。在一般情况下，慢充时，充电电流通常在0.2C～0.3C之间。在快充方面，磷酸铁锂电池也可以接受较高的电流，但相较于三元锂电池，其快充能力稍弱。不过，随着技术的发展，一些高性能的磷酸铁锂电池在快充时，电流可以达到1C～1.5C。而且电池管理系统同样会根据电池的温度、电压和SOC等因素来动态调整充电电流，确保充电安全。

3. 放电特性

智能电动汽车在行驶过程中就是电池放电的过程。放电模式主要是根据车辆的行驶工况来确定的。当车辆正常行驶，如在城市道路以稳定的速度行驶时，电池基本处于恒流放电状态。但当车辆加速或者爬坡时，需要更大的动力输出，此时电池会进入大电流放电阶段，电压下降速度会加快。在车辆减速或者制动时,部分智能电动汽车可以实现能量回收,也就是电池处于充电和放电同时存在的状态,这种情况下电池的电压和电流变化较为复杂。

放电深度是指电池放出的电量与电池标称容量的百分比。例如,一辆智能电动汽车电池标称容量为60kW·h,当使用了30kW·h的电量时,放电深度就是50%。放电深度与续驶里程直接相关,一般来说,放电深度越大,车辆的续驶里程越长,但同时也会对电池寿命产生更大的影响。如果经常将电池放电深度用到很低的水平,如低于20%,会导致电池的容量衰减加快,从而影响车辆的长期续航能力。

智能电动汽车的放电效率主要取决于电池的内阻和电机等用电设备的效率。电池内阻在放电过程中会消耗电能,导致实际能够用于驱动车辆的电能减少。例如,电池内阻为0.1Ω、放电电流为100A时,通过内阻消耗的功率为1000W,这部分功率就无法用于车辆的正常行驶。在功率输出方面,电池能够提供的最大功率输出决定了车辆的加速性能和爬坡能力。不同的智能电动汽车电池,其最大功率输出能力不同,一般高性能智能电动汽车的电池能够提供更高的功率输出,以满足车辆快速加速和爬坡的需求。

(1)三元锂电池放电特性 三元锂电池具有高能量密度输出的特点,这使其能够为设备提供较多电能,有力地支持设备运行。在智能电动汽车应用场景中,三元锂电池能让车辆续驶里程变长、加速性能变好;在便携式电子设备里,也可以满足长时间使用的电量需求。而且在放电过程中电压能在一定时间内保持稳定,随后才逐渐下降,这不仅能为负载提供稳定的电压和功率,保证设备正常运行,还在一定程度上延长了放电时间,提升了电池的有效使用容量。

三元锂电池的自放电率比较低,在不使用的情况下,自身电量损耗小,这让电池在长时间储存或备用状态下能保持较好的电量,减少了因自放电导致的电量损失,提高了电池的使用效率和可靠性。三元锂电池放电深度较低,在电池放电时单体电池电压不得低于2.2V,电池电压低于2.2V,就会造成永久性损坏。采用0.2C放电速率且单体电池电压下降到2.7V时可放电的额定容量为500mA·h;采用1C放电速率放电时,能够放电的容量为额定容量的90%左右。应当

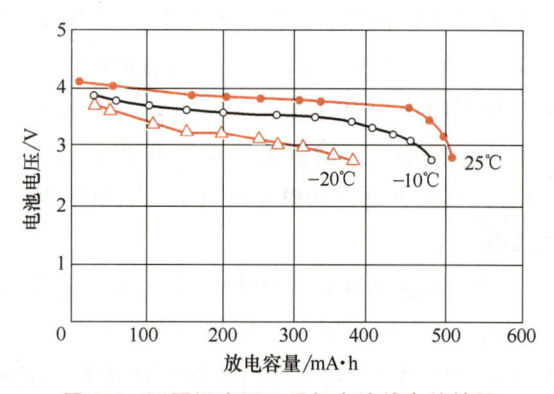

图3-6 不同温度下三元锂电池放电特性图

说明,环境温度对电池的放电容量有较大影响,如图3-6所示。采用0.2C放电速率时,若环境温度为25℃,则可放电容量为额定容量;若环境温度为-10℃,电池容量下降约5%;若环境温度为-20℃,电池容量下降约10%。

(2)磷酸铁锂电池放电特性 磷酸铁锂电池有着较大的放电深度,能够达到98%~100%,这使得它可以更充分的释放电量。相比三元锂电池,可以更安全地接近最大容量放电,在实际应用中为了延长电池寿命,需要合理控制放电程度。相较于三元锂电池,磷酸铁锂电池在大电流放电方面表现出色,标准放电为2C~5C,连续高电流放电可达10C,瞬间

脉冲放电（10s）能达到20C，这种高效的输出能力让它在需要高功率输出的设备和场景时，能够满足设备在启动、加速和高负荷运行时的动力需求。

温度对磷酸铁锂电池的性能有显著影响，在不同温度下，它的放电容量和电压会发生变化。55A·h的磷酸铁锂电池在不同温度下的放电特性如图3-7所示。若23℃时放电容量为100%，则在0℃时的放电容量降为78%，在-20℃时下降到65%；而在40℃放电时其放电容量略大于100%。

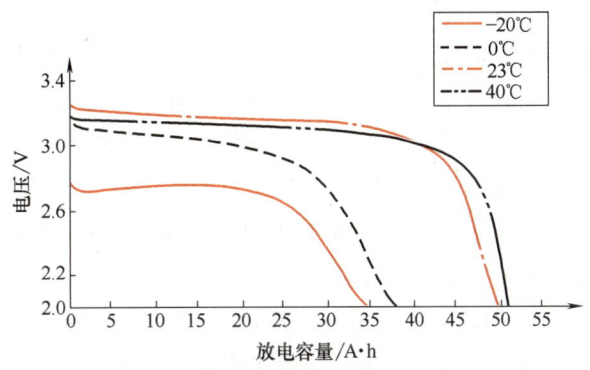

图3-7 不同温度下磷酸铁锂电池放电特性图

3.1.3 电池管理系统

1. 电池管理系统基本结构与框架

电池管理系统（BMS）是电池系统的关键组成部分，它负责监测和管理电池的状态、温度、电压、电流和充放电过程。BMS的基本结构如图3-8所示。

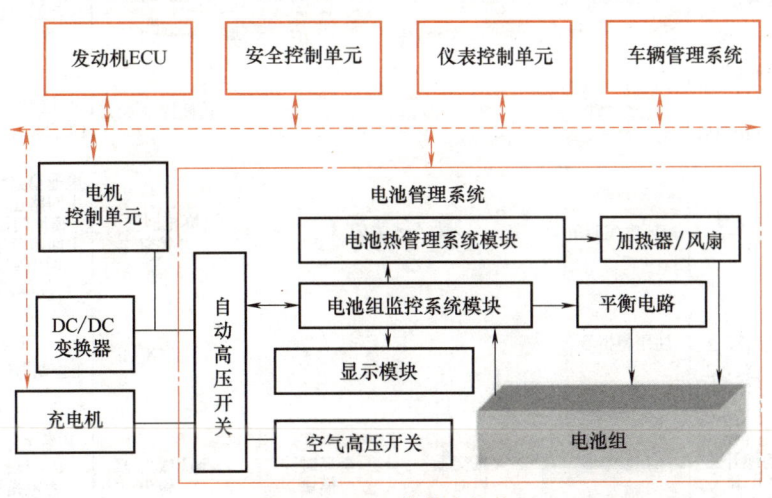

图3-8 BMS的基本结构

电池是智能电动汽车的核心部件，通过提供电力来驱动车辆。电池的性能可以通过多种方法来评估，包括比能量（能量密度）、功率、循环寿命和成本。电池管理系统（Battery Management System，BMS）的设计和研究已经成为推动智能电动汽车发展的关键因素，它可以更有效地控制电池的能量消耗，从而提高汽车的性能，并且可以延长汽车的使用寿命。

BMS由多个功能模块组成，包括电压、电流、温度和绝缘电阻等，以确保电池的有效运行和安全使用。它主要具有数据采集、荷电状态（SOC）估算、电池均衡、通信管理和故障分析等功能。通过安装BMS，可以准确地计算SOC的数值，确保电池处于良好的工作状态，避免过充电和过放电导致的电池损害，延长了电池的使用寿命。此外，该系统还具有早期诊断功能，即便是一块小型锂离子蓄电池，也会被早期检查并修复，避免因一块锂离子蓄电池导致整辆汽车的性能下滑，进一步节省了燃料，降低了成本。

当前智能电动汽车的电池管理技术可以分为两种：主动均衡和被动均衡。这两种技术在实现平衡使用时，可根据不同的需求，选择最合适的种类。它们的共同点在于，都能执行数据采集、分析评估、状态调整与维护保养等关键功能，确保电池系统运行在最佳状态。BMS生产商提供的"选配"版本的BMS，由于其容量巨大，已经成为当前主要的技术支持。我国的汽车工业相比其他地区还处于初级阶段，加上目前的电动汽车仍以中低档为主，在考虑配置、价格等因素的情况下，采用被动均衡技术可能是最合理的选择。然而，随着BMS的日益完善，未来的均衡技术将变得非常重要。

BMS的进步将为HEV、PHEV等新型电子产品的研制带来更多的可能。这将有助于消除技术壁垒，促进技术进步，并为未来的市场带来更多的选择。

BMS可以被视作连接电动汽车与电池的关键桥梁，它的基本框架可以从图3-9中看出。通过BMS优化，可以大幅度改善电池的性能，避免电池超负荷工作，增加电池的耐久性，同时还可以对电池组及每个电池单元的工作情况进行监测，以便更好地预测可能的火灾危险，确保电动汽车正常运行。

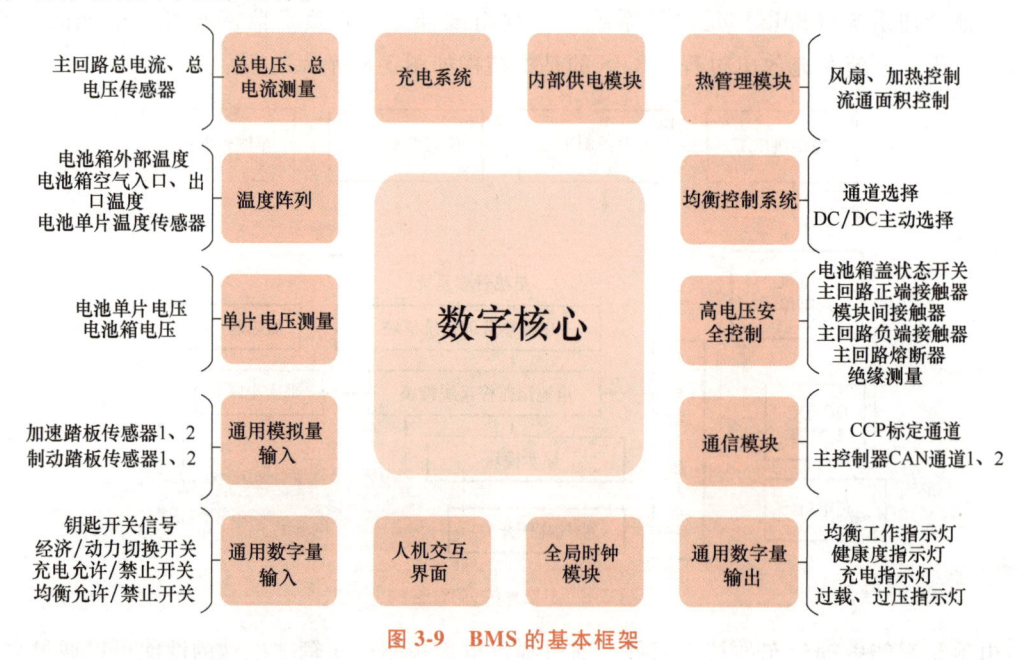

图3-9 BMS的基本框架

2. BMS主要技术

（1）**数据采集** 电池管理单元（BMU）的单体电池数据检测对于提高系统的整机性能至关重要，其主要方法包括集中式采样、分布式采样及远程监视等。其中，集中式采样的优点在于可将多台电源的数据传输与操作完全整合，使得系统的整机更加稳定，并且具备良好的扩展性，特别适用于需要大规格、高精度的多台电源并行系统。分布式采样系统使用多个不同模块，包括BMU、SBMU、MBMU，它们负责收集不同电池组的数据，包括电压、电流、温度等。该系统的优点是操作简便，准确性也高。

BMU数据采集的对象包含单体燃料电池的压力、流量，电池组的总压力、总流量，以及单体动力电池的工作温度、平均电流内阻和绝缘度等。目前单体燃料电池压力的测试方法主要如下：

1）压力垂直取样法。压力垂直取样法的电路工作简便、准确度高，能即时收集单体燃料电池压力端的变化趋势，但在多个单体动力电池并联时运算复杂，只适用于单体动力电池总量较少的场合。

2）直线光耦合放大电路收集法。直线光耦合放大电路收集法具备信息分离功能，可以做到采样端和数据处理端的分离，安全性强。

3）其他分析方法。除了上述两种方法，还有压频变换电路收集法、差模测量与共模测量方法等。电流测试可采用霍尔电流传感器、互感器和光纤传感器等传应器完成。霍尔传感器因功能比较稳健，使用较多；互感器仅用作接触电流测量；光纤传感器因经济成本过高，限制了其应用领域。

温度采集的关键是选用合适的温度控制感应器，目前常用的有热敏电阻、热电偶和热敏水晶管等传感器。

目前，ADI公司的LTC6802.2芯片已经发展到了非常完善的水平，它能够在13ms内准确检测出12个串联锂离子蓄电池的电压，最高测量精度保持在0.25%以下，因而被用于电动汽车的精密信息采集中。此外，也有其他一些先进的芯片，如LTC6803、LTC6804芯片，其性能都不错。

BMU用来采集高功率电池组的信息，但是当下的技术挑战是数据采集需要多种方法，包括复杂的电池连接和快速的信号传输，正是这些挑战驱使BMU的发展。

（2）电池状态估计　BMS可以有效识别并跟踪电池的荷电、健康状况、功耗及其他重要参数，从而实现对电池的精细管理，提高电池的使用寿命。一般而言，由于无法准确地衡量出电池所有的情况，需要借助更多的试验数据，如电压、电流、温度等，才能对其进行准确的评价。

当电池处于充电状态时，SOC=1，这意味着电池内部的电荷参数会发生变化。当电池放电时，电荷会逐渐减少，SOC的百分比也会发生变化，从而反映出电池的真实性能。

精确测量SOC可以有效防止电池超负荷运行，从而改善其平衡性，同时也可以作为评价电动汽车使用寿命的有力依据。在SOC估算方面，目前常用的方法如下：

1）安时积分（AH）法。AH法是一种非常常用的方法，但是存在一些问题，如累积误差。由于电流传感器精度不足，随着时间推移，误差会变大。另外，二次电池基本都有自放电现象。由于自放电的电流小，普通的电流传感器难以准确测量，并且有一部分自放电电流不会经过工作电流的回路，无法检测。此外，该方法需要知道初始SOC值。

2）开路电压（OCV）法。由于OCV和SOC之间有函数关系，可用于估算SOC。虽然

OCV法操作方便、易于实现。但须在电池工作后,等待一段时间静置至稳定,才会有较高的精确度,因此该方法通常离线使用。电池在电动汽车应用中的工况变化复杂,因此不适合实时在线估算的要求。

3)神经网络法。类似于人脑,能够接收、传导和处理信息。神经网络法不关心电池内部结构,只需根据实际情况确定输入量与输出量,通过大量样本数据进行学习,并记忆输入/输出模式映射关系,以处理SOC估算这一非线性动态过程。其优点在于能够迅速、高精度地估算电池SOC,但是需要庞大的数据试验做基础,估算结果受训练方法和数据影响。由于神经网络算法的计算量很大,对硬件设备有更高的要求。

4)扩展卡尔曼滤波(EKF)。该方法最大的优点在于可以有效解决AH法随时间推移带来累积误差的问题,能够不断修正初始误差;其缺点是对电池等效模型十分依赖。由于电池模型具有时变特性和非线性,以及存在噪声近似处理的问题,卡尔曼滤波估算SOC值的精确度会受到影响。

在实际应用中,通常是融合多种算法或模型,解决单一算法的缺陷。不同SOC估算方法的对比见表3-1。

表3-1 不同SOC估算方法的对比

估算方法	优点	缺点
安时积分法	在线易操作	存在累计误差
开路电压法	简单易实现	离线耗时
神经网络法	可处理复杂和非线性问题	需要大量数据计算
扩展卡尔曼滤波	对估算误差有纠正作用	依赖电池模型,运算量大

当前,SOC估算的研究重心已经从传统的模拟算法转移到了更加复杂的计算机视角,其具有更高的准确性,并且能够更加全面地反映实际情况。许多学术论著都将这种新的计算机视角应用于自适应滤波器和状态估算算法中。卡尔曼滤波器和它的变异技术是一种非常有效的处理数据方法,而粒子滤波、H∞滤波、龙贝格观测、比例积分和滑模观测都是其优秀方案。

不同的电池材料、加工方法及加载方法,都会对电池容量产生不同的影响。例如,在寒冷的环境中,电池的加载能力会显著减弱,导致其容量减少。准确获取SOC的一种重要方法是使用测试、模型化及数值分析,这也正好满足了电池管理领域的需求。

(3) **电池热管理** 动力电池组具有极强的耐受性,因此它成为智能电动汽车三个关键元器件之一,但其易受到环境变暖的威胁,导致内置的大量热量无法被有效利用,进而限制其正常的功率,并大大减弱了其安全可靠性与耐久性。为了确保电池能有效工作,必须采用一种有效的热管理技术。这种技术利用各种学术知识,如电化学、材料学,研究不同物质的物理特性,如力、光、热、压、流、动、振动,以及它们之间的相互作用,从而确定电池最适宜的充放电温度范围,以便其达到良好的工作状态。热管理系统的核心作用如下:

1)实现电池的动态调节,以保证其安全运行。
2)当发现电池的温度异常高或出现偏差时,会自动调节散热器件的位置,以将温度维持在合适的水平。

3）及时释放可能存在的污染物，并保证汽车的安全运营。

4）维护汽油和燃料的供应，确保汽油的质量。

电池的散热方式主要分为三种：空气散热、液体散热及相变散热。空气散热指的是将蒸汽从电池中抽离，并在电池中循环使用。有源空气冷却/加热的工作原理是将空气提前放入电池中，然后利用风扇或鼓风机将蒸汽快速散开，如图3-10所示。该系统的设计非常简洁，操作起来非常方便，可以满足各种类型电池的需求，而且没有漏水的问题，因此被大量使用。然而，它也有一些不足之处。例如，因为空气的热容量和导热系数都很小，所以它的热平衡性能不佳。要想改善空调机的制冷性能，就必须对电源线进行精心设计，并且要求它们之间保持良好的连续性，同时还要求它们能够承受更多的风量，从而使机器更加灵活。这样，才能够达到让机器更加节能、更加安全、更加经济、更加环保的要求。

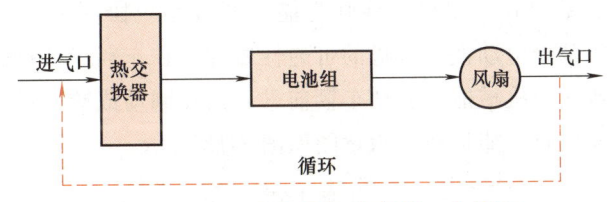

图3-10　有源空气冷却/加热的工作原理

通过改进的技术，可以将液体冷却应用于电池中。这种技术具有优异的散热能力，能够让整个电池组的热量都充分散发。但是这种技术需要额外的设备来承载，会导致整个系统的运行过程变得非常复杂，并会产生一定的费用。此外，由于电池本身没有防水功能，其密封性也很差。

液体冷却是一项重要的技术，它需要冷却剂才能够循环，而冷却剂的循环需要使用泵或其他换能器来完成。冷却系统的核心部件是冷却剂，它与电池之间有着密切的联系。冷却剂会给电池带来冷却效果，并帮助电池维持稳定的工作状态。图3-11所示为有源液体冷却/加热的工作原理。未来，提高效率及对液体流量进行精准调节，将通过引入先进的自动化控制系统来实现。

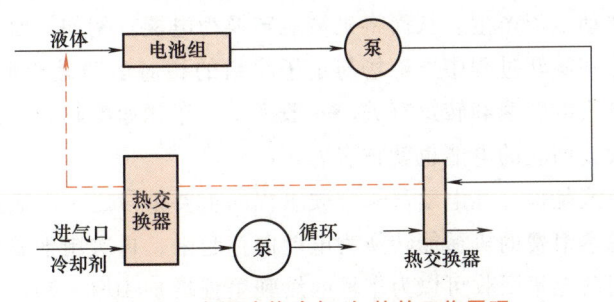

图3-11　有源液体冷却/加热的工作原理

相变材料（PCM）具备优异的节能性，低成本、低污染、低噪声的特性，以及极佳的蓄冷蓄热性。其变暖特性使得它被广泛应用于温室调节、太阳能发电等多个领域。PCM的运行机制是根据不同的物质状况，产生不同的热量。PCM在发生相变时，会依据其固有的热物理特性自动调节热量的吸收与释放，从而使环境维持在适宜的温度。相变材料可能是有机合成的，如石蜡和脂质酸，也可能是非有机合成的，如结晶水化盐和熔融盐。由于固体石蜡具有较高的导热系数、较少的体积变形、较弱的过热特性和较低的生产成本，它成为相变材料领域非常受欢迎的选择。然而，由于它的导热系数较高，相变过程存在液相泄漏以及较弱的力学特征，使它的实际应用受到了限制。

3.1.4　能量回收系统

智能电动汽车的能量回收系统是指利用车辆行驶中的动能，将其转换为电能并存储，以延长车辆的续驶里程或增加整体能效的技术。这种技术通常称为再生制动或再生能源回收。

能量回收系统主要由电机、逆变器、电池管理系统和制动系统等部分组成。电机是实现能量转换的核心部件，逆变器用于控制电机的运行模式（驱动或发电），电池管理系统负责监控电池状态并调节能量回收，制动系统则与能量回收系统协同工作，确保车辆的制动安全。能量回收系统主要基于电动汽车电机的可逆性原理。在车辆正常行驶时，电机作为驱动电机，将电池的电能转换为机械能，驱动车辆前进。而在制动或减速过程中，电机作为发电机运行，从而实现能量回收。能量回收示意图如图3-12所示。

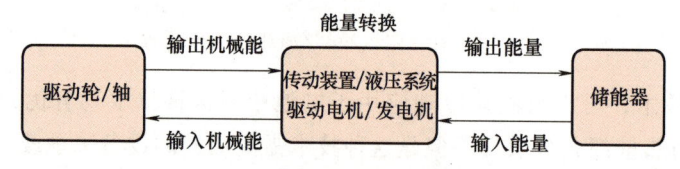

图 3-12　能量回收示意图

能量回收方式主要分为制动能量回收和滑行能量回收。

1. 制动能量回收

制动能量回收模式是纯电动汽车在制动过程中实现能量回收的一种方式。当驾驶人踩下制动踏板时，制动信号会被传递给车辆的电子控制单元（ECU）。ECU根据接收到的信号，协调机械制动系统和电机工作，进而达到能量回收。在这个过程中，电机的转子被车轮带动旋转，根据电磁感应定律，会在电机的定子绕组中产生感应电动势，由于电机绕组是闭合回路，感应电动势会驱动电流产生，从而将机械能转换为电能。例如，对于常见的永磁同步电机，其内部的永磁体在旋转过程中，磁场与定子绕组的相对运动是产生电能的关键，同时，电机的发电功率与电机的转速和转矩有关。一般来说，车辆速度越高、制动强度越大，电机的转速和转矩就越大，回收的电能也就越多。

制动能量回收模式是提升纯电动汽车续驶里程的重要手段之一。通过在制动过程中回收能量，车辆可以将原本浪费的机械能转换为电能储存起来，再次用于驱动车辆。根据不同的车型和驾驶情况，制动能量回收可以为车辆的续驶里程增加10%~20%。例如，在城市交通中，频繁的制动可以使能量回收系统频繁工作，从而显著增加车辆的续驶里程。

2. 滑行能量回收

滑行能量回收是纯电动汽车在滑行状态下进行能量回收的模式。当驾驶人松开加速踏板，车辆依靠惯性向前滑行时，车轮依然保持转动。此时，电机通过传动装置与车轮相连，车轮的旋转会带动电机转动。根据电磁感应原理，电机在旋转过程中，其内部的磁场和绕组之间产生相对运动，从而在绕组中产生感应电动势。由于电机绕组是闭合回路，感应电动势会驱动电流产生，进而将车辆滑行的机械能转换为电能。

车辆滑行时的速度是影响滑行能量回收效率的关键因素。一般来说，速度越高，车轮带动电机旋转的速度越快，电机产生的感应电动势就越大，回收的电能也就越多。例如，车辆在高速公路上以较高速度（如 100km/h）滑行，相比在城市道路以较低速度（如 30km/h）滑行，能够回收的能量会多很多。

车辆的质量也会对滑行能量回收产生影响。质量越大的车辆，在滑行时具有更多的机械能，但也需要控制能量回收和制动安全之间的平衡，以免速度过快，产生危险。

滑行能量回收能够为车辆的续驶里程提供一定的补充。虽然单次滑行回收的能量可能相对较少，但在日常驾驶中，频繁的滑行情况（如在交通拥堵时频繁地松开加速踏板、在长直道路上适当滑行等）积累起来，可以为车辆增加一定的续驶里程。根据不同的驾驶场景和车辆性能，滑行能量回收对续驶里程的贡献可达到 5%~15%。

3.1.5 其他

1. 电池回收与环保

随着电动汽车保有量的不断增加，动力电池的回收利用成了一个重要议题。废旧动力电池如果处理不当，其中的重金属（如钴、镍等）和有害物质（如电解液中的氟化物等）可能会对土壤、水源等环境造成污染。因此，建立完善的电池回收体系至关重要。

目前常见的回收方法包括物理法、化学法和生物法。物理法主要通过拆解、破碎、筛选等手段，分离出电池中的金属和其他材料，实现部分材料的回收再利用，这种方法相对简单，但回收效率和纯度有限。化学法则是利用化学反应，将电池中的金属离子溶解出来，再通过沉淀、萃取等工艺提取高纯度的金属，化学法的回收效率较高，但工艺复杂，成本也较高。生物法是利用微生物或生物酶与电池材料发生作用，提取其中的金属，这是一种较为新兴的方法，具有环保性好等优点，但目前仍处于研究和试验阶段，尚未大规模应用。

一些国家和地区已经开始制定废旧动力电池回收的相关政策，要求汽车制造商对废旧电池负责回收处理，推动电池回收产业的发展。例如，欧盟规定了电池生产者的回收责任和目标，促使企业积极投入电池回收技术研发和设施建设。同时，也有不少企业开始探索电池梯次利用，即将退役电池经过检测、重组等处理后，应用于对能量密度和功率要求较低的场景，如储能系统、低速电动车等，延长电池的使用寿命，提高资源利用率。

2. 电池发展技术趋势

固态电池被认为是未来动力电池的重要发展方向之一。与传统锂离子电池使用液态电解液不同，固态电池采用固态电解质，具有更高的能量密度、更好的安全性和更长的寿命。固态电解质能够有效抑制锂枝晶的生长，降低电池短路的风险，提高电池的安全性。同时，由于固态电解质的使用，电池的能量密度有望突破 300W·h/kg，甚至更高，显著提升智能电动汽车的续驶里程。然而，固态电池目前仍面临着一些技术挑战，如固态电解质的离子电导率较低、与电极材料的界面相容性差等问题，导致其大规模商业化应用尚未实现，但各大电池企业和科研机构都在加大研发投入,致力于攻克这些难题。

锂金属具有极高的理论比容量(约3860mA·h/g),远高于传统石墨负极(理论比容量约340~370mA·h/g),因此锂金属负极电池也备受关注。采用锂金属负极可以显著提高电池的能量密度,但锂金属在充放电过程中容易形成锂枝晶,刺穿隔膜引发短路等安全问题,同时锂金属与电解液之间的副反应也会影响电池的循环寿命。为了解决这些问题,研究人员正在探索多种方法,如开发新型电解质、构建人工SEI膜(固体电解质界面膜)、采用特殊的电池结构设计等,以实现锂金属负极电池的安全稳定应用。

未来的动力电池将更加智能化。通过集成更多的传感器和智能芯片,电池能够实时监测自身的状态,包括温度、电压、电流、内阻、健康状态等,并将这些信息传输给车辆控制系统和云端平台。基于这些数据,车辆可以实现更精准的能量管理和故障预测,可以根据电池的实时状态动态调整充放电策略,提前预警电池可能出现的故障,及时安排维护保养,提高车辆的安全性和可靠性。同时,智能化的电池还可以与智能电网更好地互动,实现车-网双向能量传输的优化控制,提高能源利用效率。

3.2 电机及其控制系统

智能电动汽车驱动电机及其控制系统是把电能转化为机械能来驱动车辆的部件。它的任务是在驾驶人的控制下,高效地将动力电池的能量转换为车轮的动能,或者将车轮上的动能反馈到动力电池中。电能和机械能的相互转换在电机转子和定子间的气隙间进行。为了实现这一转换过程,电机控制系统必须具备高度的精确性和响应速度,通过复杂的算法和控制策略,确保电机在各种工况下都能保持最佳性能。例如,矢量控制技术能够实现对电机磁场的精确控制,从而达到对电机转矩和速度的精确调节。此外,随着电力电子技术的发展,电机控制系统也趋向于采用更高效的功率转换器和更先进的控制芯片,以减小能量损失,提高整体效率。

3.2.1 驱动电机

驱动电机作为智能电动汽车的关键组成元素,它的表现对于汽车起停、加速、降档,以及提升操控力度、实现最佳路况、提前制动、提前超越障碍物都有重大的作用。目前,市场上常见的电机类型有直流电机和交流电机。随着电子科学的快速发展,特别是高速数字处理器、复杂算法及先进的电机设计,直流电机的控制变得更为精密,而交流电机的操作更为灵活,两者均已普遍应用于智能电动汽车中。

1. 智能电动汽车对驱动电机的要求

智能电动汽车所用驱动电机不同于其他工业电机。由于智能电动汽车仅有电机一个动力源,当其在不同路况下行驶时,内外部环境比较复杂,需要考虑车辆自身的体积、质量等因素。因此与其他工业电机相比,智能电动汽车的驱动电机需要满足更多的要求。

1)尽可能采用较高的电压,以减小电机、导线等设备的体积,尤其是降低功率变换器的价格，同时确保在规定的范围内进行操作。

2）为了降低质量，建议使用轻质材料，如铝合金，并努力提高电机的可靠性。此外，也可考虑使用轻质的控制部件或冷却装置。

3）通过提供更高的起动转矩和更宽的调速范围，可以让汽车具备出色的起动性能和加速性能，从而满足驾驶者在起动、加速、行驶、减速、制动等方面的需求。

4）为了提高效率和降低能耗，在车辆减速时，应采用再生制动技术，以回收制动能量，回收率应达到总能量的10%~15%。

5）为了确保电气系统和控制系统的安全，必须遵守国家或国际有关车辆电气控制的标准和规范。此外，还需要配备高压防护设备。

6）应具有极高的可靠性、良好的耐高温和耐潮性，运行时噪声极低，能够在恶劣的环境中持续运行，结构紧凑，适合大规模生产，操作维护十分便捷。

2. 驱动电机的种类与特点

根据转子的不同类别，交流感应电机可划分为笼型和转子式两种。与传统的笼型电机相比，转子式感应电机的价格更实惠，特性也更优异，因此受到更多的重视。驱动电机的类型及其特点见表3-2。

表3-2 驱动电机的类型及其特点

类型	优点	缺点
直流电机	控制简单，过载能力强	转速不高，存在换向器，维护复杂
开关磁阻电机	适应性强，起动电流低，可靠性高	转矩脉动大，噪声大
交流异步电机	结构简单，功率密度高，运行可靠	调速性能差，不易控制
永磁同步电机	功率密度高，调速范围宽，可靠性高，维护简单	成本较高，控制较复杂

3. 驱动电机的工作原理

（1）直流电机驱动的工作原理 将转子带电绕组置于直流电流通过定子绕组所产生的磁场中，输出转矩。驱动控制采用脉冲宽度调制（PWM）产生控制信号，具有控制性能良好、调速平稳、成本低等优点。但直流电机转速不高，维护成本高，难以满足电动汽车驱动系统的要求现已不再采用。

（2）开关磁阻电机驱动的工作原理 通过定子产生的扭曲磁场驱动转子运动，开关磁阻电机可以满足多种应用场景。其优势在于起动电流低、可靠性高，并且可以通过导通、关断角度和电压调速，调节范围更加广泛。然而，它也存在一些缺点，如噪声较大、转矩脉动过大，不适用于复杂的电动汽车运行工况。

（3）交流异步电机驱动的工作原理 通过定子绕组产生的旋转磁场在线圈内感应产生电流，输出电磁转矩，从而驱动转子旋转。交流异步电机大都采用脉宽调制的方法控制逆变器的开关，实现直流到三相交流的转换。交流异步电机具有功率密度高、可靠性高、结构简单、调速宽等优点，较适用于电动汽车。但是从电动汽车整车性能的角度考虑，低速时输出转矩脉动较大，高速时负载能力较弱，因此主要用于速度性能要求不高、体积较大的客车和货车。

（4）永磁同步电机驱动的工作原理　三相绕组输入调制信号，使定子绕组产生旋转磁场，从而使转子旋转。永磁同步电机（PMSM）（图3-13）是一种新型电机，它采用永磁体作为励磁体，因而能够改变直流电机的磁场方向，并且有效抑制外界噪声，提高电机性能。PMSM与永磁无刷直流电机是两种不同的类型，它们都具有优异的性能。永磁无刷直流电机操作比较容易，并且存在梯形反电动势，因而成为工程技术的重要组成部分。而PMSM拥有更加先进的驱动机制，既能实现直接驱动，又能实现间接驱动，还能实现矢量控制及dq变换，因而成为电动汽车驱动系统的最佳选择。

4. 驱动电机的驱动特性与选择

驱动电机的理想驱动特性曲线如图3-14所示，在选择电动汽车的驱动电机类型时，需要考虑以下因素：

1）电动汽车要求电驱动系统具有较快的动态响应和良好的鲁棒性，因此要求电机具有良好的控制性能和一定的过载能力。

2）由于电动汽车的空间有限，需要选择质量小、体积小、安全性高、可靠、耐久性长的电机。

3）电动汽车要求电机具有宽的转速范围、大的转矩及较高的功率和转矩密度。

4）选取具有制动能量回收功能、低噪声、高性价比的电机。

5）电动汽车是具有商业价值的产品，因此需要考虑电机的成本等要求。

图3-13　永磁同步电机

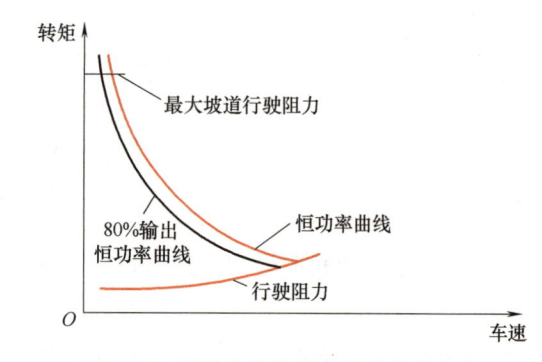

图3-14　驱动电机的理想驱动特性曲线

由于交流电机构造简单、操作稳定、使用寿命长，并且具备良好的环境适用性，加上价格实惠、操作容易，已成为一种理想的选择，尤其是在大型和部分小型智能电动汽车上，它使用的变频变压装置更是受到了欢迎，其调速性能也很出色。永磁无刷电机因无励磁损耗、散热性能良好、无须更改方向、无惧外界电磁干扰，使用寿命更长，性能更加稳固，功率密集程度也更加优异，因此被广泛应用于电动汽车。但是其控制系统也相对比较复杂，成本较高。开关磁阻电机具有许多优势，如构造紧凑、稳定性强、输出能力强、转速可调、转子惯性小、反应迅捷、起动电压稳定，并且没有起动时的电磁干扰，生产成本也相对较低。但因其控制系统相对复杂，噪声和电流变化相对较大，目前尚未得到普遍应用。

当前智能电动汽车用电机正朝着大功率、高转速、高效率、小型化等方向发展，现已开发出了功率密度在1kW/kg以上，额定效率在90%以上的小型电机。该电机既能满足低速恒转矩牵引控制的要求，又能满足高速恒功率牵引控制的需求。

3.2.2 电机控制系统功能

在极端的气候条件下，智能电动汽车的驱动系统必须满足极其严格的性能要求，不仅要拥有良好的动力学特性，还要有足够的功率，以满足多种不同的操纵模式，包括快速起动、缓慢制动、平稳上下坡等，并要有足够的调节范围，从而使驱动电机的动力传递更为灵活，可以根据控制单元提供的信息进行操纵。电机的控制系统功能主要包括电机驱动与控制、电能转换与管理及信息交互与协同作用。

1. 电机驱动与控制

（1）**驱动控制原理** 如图 3-15 所示，电机控制器可以有效地实现从单相电源到多相交流电源的转换，从而实现对电力系统的调节。然而，由于其结构复杂，无法像 PID（自适应调节）一样实现对高效电力系统的精确调节。近年来，随着对先进控制技术与理论的不断探索与实践，许多新型的、有效的、可持续的、复杂的、智能化的控制策略相继涌现，如自适应控制、模糊控制、可调节控制、神经网络控制等。

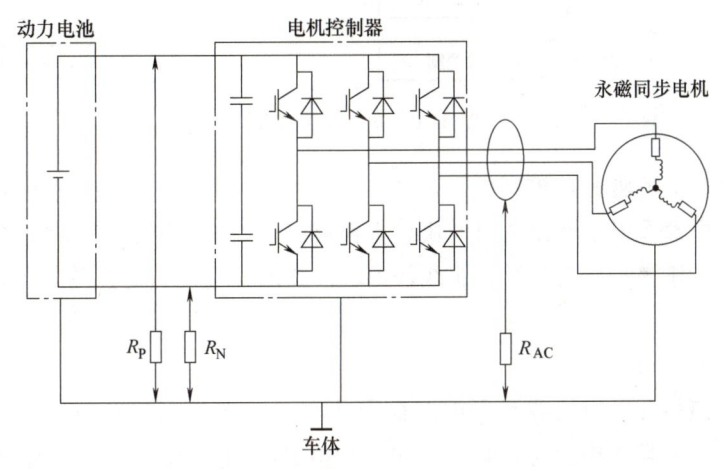

图 3-15 驱动控制系统的工作原理

（2）**电机控制策略** 当前，电机控制策略有多种，主要包括经典控制策略、现代控制策略、智能控制策略和复合控制策略，如图 3-16 所示。其中，现代控制策略主要有自适应控制、模型预测控制、滑模变结构控制、自抗扰控制等。

自适应控制可以根据未知的变化对系统进行补偿，并且不需要大量的实践经验就可以自动从系统获取所需的信息，有效避免参数变化对系统的干扰。但这种控制策略在实际运用中的计算量较大，反应时间较长且很难得到一般解，较难推广。

模型预测控制是在被控模型不能精确被掌握的状况下，为了达到更好的控制精度和性能发展而来的控制策略。由于其控制精度的优劣依赖于测量模型参数的精度，在实际应用中取得的效果达不到理论预期效果，因此不适用于测绘困难或控制精度高的系统。

滑模变结构控制可以有效抵御外界干扰，从而获得良好的性能。但因它采用的是开关控制，控制量不可持续，容易引发系统抖动，所以普及应用仍然具有一定的挑战性。

```
                        电机控制策略
         ┌──────────────┼──────────────┬──────────────┐
     经典控制策略      现代控制策略    智能控制策略    复合控制策略
```

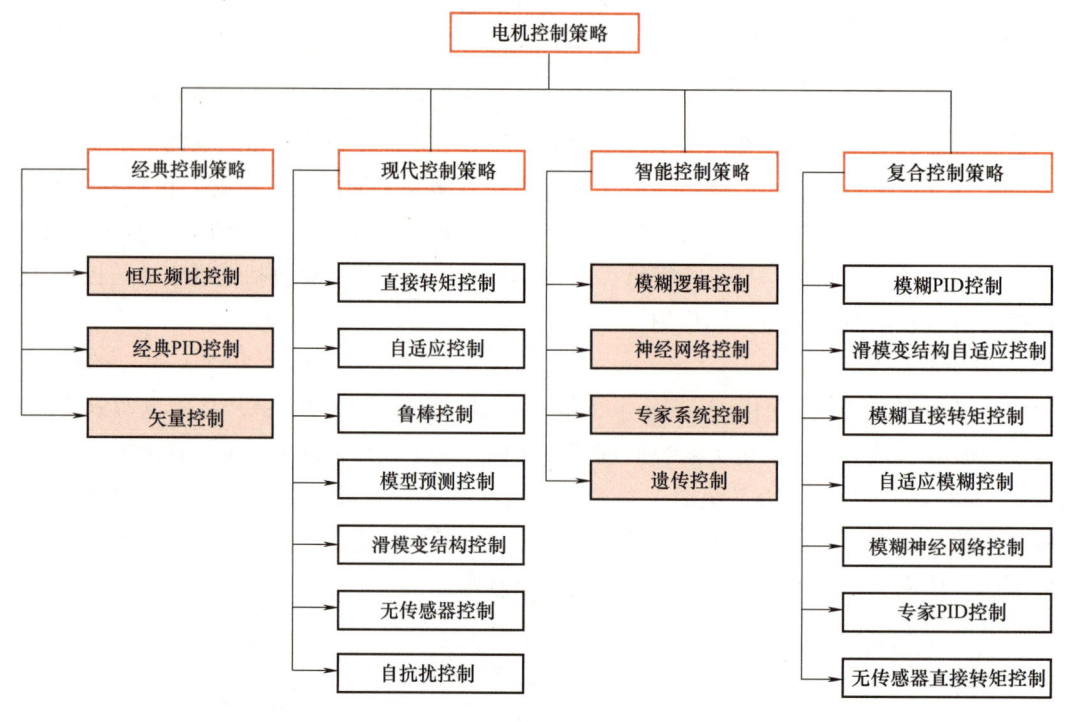

- 经典控制策略：恒压频比控制、经典PID控制、矢量控制
- 现代控制策略：直接转矩控制、自适应控制、鲁棒控制、模型预测控制、滑模变结构控制、无传感器控制、自抗扰控制
- 智能控制策略：模糊逻辑控制、神经网络控制、专家系统控制、遗传控制
- 复合控制策略：模糊PID控制、滑模变结构自适应控制、模糊直接转矩控制、自适应模糊控制、模糊神经网络控制、专家PID控制、无传感器直接转矩控制

图 3-16 电机控制策略

自抗扰控制基于经典 PID 控制发展而来，它吸取了 PID 思想的精髓并弥补了 PID 的不足。自抗扰控制技术采用三个独立的模块，不仅可以准确地预测、追溯系统的总体振荡，还能够为复杂的、多环境的、耦合的、非线性的、多变的系统提供更强的抗干扰与稳健运作的能力。

2. 电能转换与管理

（1）**直流交流转化** 电机在运行时，需要将电池的直流电转换为交流电，过程是通过逆变器实现的。逆变器是基于电力电子器件（如 IGBT，绝缘栅双极型晶体管）的开关特性来工作的。它将直流电源的恒定电压，按照一定的规律控制 IGBT 等开关器件的导通和截止，使输出的电流和电压波形变成近似正弦波的交流电。逆变器工作原理如图 3-17 所示。

为了得到高质量的交流电，通常采用脉宽调制技术（Pulse Width Modulation，PWM）。PWM 通过改变每个周期内高电平（或低电平）的持续时间（即脉冲宽度）来控制输出电压的有效值。例如，在一个正弦波周期内，当正弦波幅值较高时，对应的脉冲宽度较宽，这样就能模拟出正弦波的变化。通过快速的开关动作和精确的脉宽调制，可以使输出的交流电频率和电压满足电机的运行需求。

（2）**能量回收转化** 在制动或减速过程中，电机控制系统将电机从电动模式转换为发电模式，交流电经过整流电路转换为直流电。整流过程可以利用二极管整流桥或有源整流电路来实现。在整流后，得到的直流电会被回收到电池中。

3. 信息交互与协同工作

（1）**通信功能** 智能电动汽车电机控制系统通过特定的通信协议与其他系统进行信息

第 3 章 智能电动汽车的"三电"系统

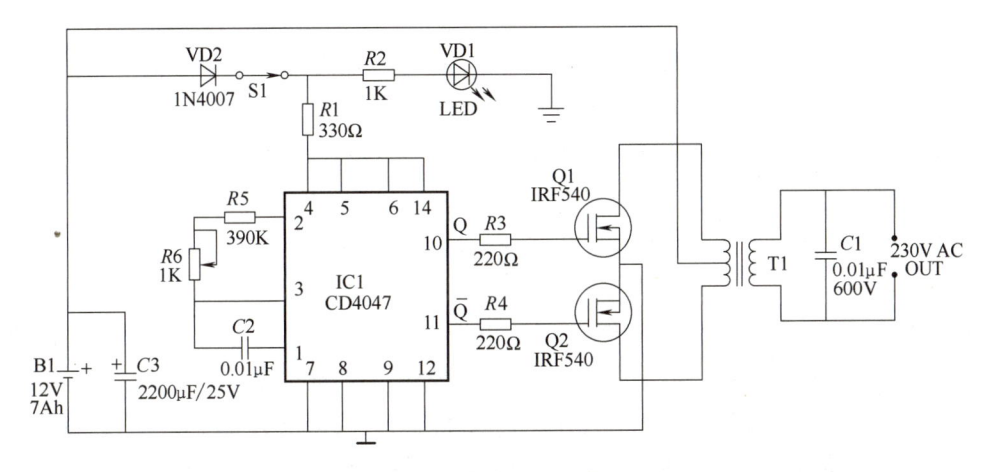

图 3-17 逆变器工作原理

交互,其中最常用的是 CAN(Controller Area Network)总线协议。CAN 总线就像是车辆内部的"信息高速公路",它允许电机控制系统和整车控制器、电池管理系统等不同的电子控制单元(ECU)之间快速、可靠地交换数据。

通信功能实现了信息在整个车辆电气系统中的共享,各个系统之间可以根据共享的信息进行同步工作。例如,当电池管理系统检测到电池电量较低时,它会通过 CAN 总线将这一信息发送给电机控制系统和整车控制器,电机控制系统收到信息后,可以调整电机的工作模式,如降低功率输出,以减少电池的耗电量;整车控制器则可以根据电池电量情况,调整车辆的行驶模式,如限制最高车速或者提示驾驶人寻找充电桩。

(2)能量协同管理 电机控制系统和电池管理系统紧密配合,共同完成车辆的能量管理。在充电过程中,电机控制系统会根据电池管理系统提供的电池状态信息,如电池的荷电状态、温度、最大允许充电电流等,调整能量回收的强度或者控制电机是否进入发电模式进行充电。

在车辆行驶过程中,两者协同进行功率分配。电机控制系统根据电池管理系统提供的电池剩余电量和功率输出能力,合理调整电机的功率需求。同时,电池管理系统会根据电机的功率需求,计算出最佳的电池放电策略,以确保电池的使用寿命和车辆的续驶里程。例如,在车辆加速时,电机控制系统会向电池管理系统请求所需的功率,电池管理系统会根据电池的当前状态和车辆的整体性能要求,提供合适的电能,使电机能够输出足够的转矩,实现车辆的平稳加速。

通过协同工作,电机控制系统和电池管理系统能够有效提高能源利用效率。

3.2.3 电机控制系统的组成

智能电动汽车的电机控制系统主要由电机控制器、传感器、驱动器和通信模块组成。

1. 电机控制器

电机控制器用于管理电机运行,通过监控电机的速度、转矩和位置,确保电机按照要求运行。一般来说,电机控制器主要包括以下部分:逆变器、传感器接口、通信接口、保护功能。逆变器是电机控制系统的关键部分，它将直流电源（通常是由电池提供的）转换为交流电，以驱动电机。在永磁同步电机中，逆变器通常以三相交流电的形式输出。在智能电动汽车中，为了实现闭环控制，电机控制器通常需要与各种传感器相连，如转速传感器、位置传感器和温度传感器，以便实时监测电机的状态并进行调节。通信接口负责与整车控制系统进行通信，以便实现整车级别的协调控制。电机控制器通常还具有各种保护功能，如过流保护、过压保护、欠压保护和过温保护，以确保电机在安全范围内运行。

2. 传感器

传感器包括电流传感器、速度传感器和位置传感器。电流传感器用于测量电机的相电流或母线电流，实时反馈电机的电流大小和方向，使控制器能够根据电流反馈信号进行精确控制。速度传感器主要用于测量电机的转速。其原理是通过检测电机旋转时产生的磁场变化或机械运动来确定转速。速度传感器的输出信号通常是脉冲信号，控制器通过对脉冲信号的计数和处理来获取电机的实际转速。位置传感器用于检测电机转子的位置信息。在一些控制策略（如矢量控制）中，需要精确的转子位置信息来实现电机的高性能控制。

3. 驱动器

驱动器分为功率放大器和电路驱动器。功率放大器的主要功能是将控制器输出的小功率控制信号放大为能够驱动电机运行的大功率信号。功率放大器根据电机的类型和功率要求，可以采用不同的拓扑结构，如晶体管桥式电路（H桥）。在直流电机控制中，H桥电路可以通过控制四个晶体管的导通和关断来实现电机的正反转和速度调节；在交流电机控制中，功率放大器通常采用逆变器结构，将直流电转换为交流电，以驱动交流电机运行。电路驱动器主要用于驱动功率放大器中的功率器件（如IGBT、MOSFET等），为功率器件提供合适的驱动信号，确保其可靠地导通和关断。同时，电路驱动器还具有隔离、保护等功能，如在功率器件过流、过压时能够及时关断功率器件，保护整个系统的安全。

4. 通信模块

通信模块用于电机控制器与其他内部部件（如传感器、驱动器）之间、电机控制系统与外部设备（如上位机、其他控制系统）之间的通信。常见的通信接口有SPI（串行外设接口）、I2C（内部集成电路总线）等。这些接口能够实现高速、可靠的数据传输，保证系统内部各部件之间的协同工作。

3.2.4 电机控制系统工作原理

智能电动汽车的电机控制系统的实现主要通过电机控制算法来实现。智能电动汽车的电机控制算法是实现电动汽车驱动系统高效、精准控制的关键技术之一。这些算法主要用于控制电动汽车的电机转速、转矩输出、能量回收等，以优化动力性能、能效和驾驶舒适性。常见的电机控制算法有电机转速控制算法、电机转矩控制算法、电机温度和热管理算法、能量回收控制算法和电机失效保护和诊断算法等，这里主要介绍前三种算法。

1. 电机转速控制算法

电机转速控制算法主要用于确保电机在不同速度和负载条件下的精确控制。常见的控制算法包括场矢量控制（Field Oriented Control，FOC）、直接转矩控制（Direct Torque Control，

DTC)、模型预测控制（Model Predictive Control，MPC）和滑模控制（Sliding Mode Control，SMC）。场矢量控制是一种常用的电机控制方法，它通过将电机控制问题转换为一个简单的直流电机问题来实现高效控制。此种控制方法能够精确控制电机的转速和转矩，提高电机的效率和性能。直接转矩控制是一种无传感器的控制方法，能够实现快速响应和高效率。它通过直接控制电机的转矩和磁通来实现精确的转速控制。模型预测控制是一种先进的控制方法，通过建立电机的数学模型来预测未来的状态，并在每个控制周期内优化控制输入，以实现最佳性能。滑模控制是一种鲁棒控制方法，能够在面对参数变化和外部干扰时保持稳定性。它通过引入一个滑模面实现对电机转速的精确控制。上述方法可以单独应用或者结合使用，以实现对电机转速的精确控制和优化。在实际应用中，选择哪种控制算法取决于电机的类型、应用场景和性能要求。

2. 电机转矩控制算法

电机转矩控制算法是智能电动汽车驱动系统的核心技术之一，包括矢量控制算法、无传感器控制算法、转矩响应优化算法、转矩分配控制算法等。

(1) 矢量控制算法 矢量控制算法基于电机的数学模型，将三相交流电机转换为等效的直流电机模型（将三相电量转换到 d-q 坐标系），通过控制电机的 d 轴（磁通）和 q 轴（转矩）电流分量，实现对电机磁通和转矩的独立控制。采用 PI 调节器对 d 轴和 q 轴电流进行精确控制；根据速度偏差调节 q 轴电流指令，实现转速闭环控制；通过电机转子位置传感器或观测器获取转子位置信息。该算法具有以下特点：

1) 快速动态响应。通过实现电机转矩的快速响应，提高车辆加速性能。
2) 高效率控制。使电机在最佳工作点运行，提高整体系统效率。
3) 抗干扰能力强。有效抑制外界干扰对电机的影响。

矢量控制算法适用于各种交流电机，如异步电机、永磁同步电机等，可以实现电机的高效、高性能、高可靠性运行，是目前新能源汽车电机驱动控制的主流技术之一。

(2) 无传感器控制算法 无传感器控制算法是矢量控制的一个重要发展，它可以在不使用机械位置传感器的情况下实现对电机的高性能控制。无传感器控制算法利用电机的数学模型和对电压、电流等电气量的测量，通过观测器或其他方法估计电机的转子位置和转速，从而实现无须机械位置传感器的矢量控制。由于它很少依赖机械结构，具有降低系统成本、提高可靠性和适用范围广的优点，是新能源汽车电机驱动领域的一项关键技术。

(3) 转矩响应优化算法 转矩响应优化算法是针对电机驱动系统动态性能进行优化的一种重要技术。它通过建立精确的电机数学模型，设计高性能的转矩观测器，快速跟踪转矩变化，并采用先进的控制策略等实现自适应控制，自动调整控制参数以适应变化的工况。转矩响应优化算法的应用主要如下：

1) 转矩前馈控制。根据电流指令预先计算出最优转矩指令，提高响应速度。
2) 转矩观测器。利用电机模型实时观测转矩，为反馈控制提供精确信息。
3) 转矩纹波补偿。检测和补偿转矩纹波，降低振动和噪声。
4) 自适应控制。根据运行条件动态调整控制参数，提高舒适性。

转矩响应优化算法具有以下特点：

1）大幅度提高电机转矩响应速度，改善车辆加速性能。
2）有效抑制转矩纹波，降低振动和噪声。
3）提高整体系统的动态特性和鲁棒性。
4）适用于各种类型的交流电机驱动系统。

转矩响应优化算法是提升电机驱动系统动态性能的关键技术之一，在新能源汽车领域具有重要应用价值。

（4）转矩分配控制算法 转矩分配控制算法是针对多驱动电机系统的一种优化控制策略，主要分为基于优化的转矩分配（根据车辆动力学模型，采用优化算法计算最优转矩分配）、基于规则的转矩分配（根据预设的规则、车辆状态确定转矩分配策略）和基于智能算法的转矩分配（利用神经网络、模糊逻辑等智能算法进行在线优化）。转矩分配控制算法可以协调多个驱动电机之间的转矩分配，提高整体驱动性能，并根据车辆状态和驾驶需求，实现最优转矩分配，以提高整车的稳定性、操纵性和燃油经济性。

转矩分配控制算法通过建立包括车辆动力学、驱动系统特性在内的综合模型，并定义优化目标函数，如最小化能耗、最大化稳定性等，采用二次规划、遗传算法等优化算法求解最优转矩分配，实现快速在线优化计算，以满足实时控制要求。

转矩分配控制算法的特点如下：
1）协调多驱动电机，提高整车驱动性能。
2）根据工况自适应调整转矩分配，提高整车稳定性和经济性。
3）可以与其他控制策略，如车辆动态控制、能量管理等协同工作。
4）适用于纯电动、混合动力等多驱动电机系统。

转矩分配控制算法是新能源汽车关键技术之一，能够显著提高整车的驱动性能和经济性，是未来智能网联电动车发展的重要方向。

3. 电机温度和热管理算法

电机温度和热管理算法可以监控电机温度，并根据情况调整电机输出功率或者启动冷却系统，以确保电机运行在安全且有效的温度范围内，延长电机使用寿命并保持性能稳定。电机温度和热管理算法是电机驱动系统中不可或缺的关键技术，在新能源汽车领域具有重要应用价值。通过精确的温度监测和热管理策略优化，可以大幅度提高电机驱动系统的性能和可靠性。

上述电机控制算法通常需要结合传感器数据（如电机转速、转矩、温度、电池状态等）和高级控制算法（如模型预测控制或优化算法），以实现高效、精确的电动汽车驱动控制。随着技术进步，这些算法不断演进和优化，以适应越来越复杂的驾驶需求和环境条件。

3.3　整车控制系统

3.3.1　整车控制系统的架构与组成

整车控制系统是汽车各种功能的控制器、传感器、执行器及其相应的信号处理、调节、转换、传输等系统的总和。智能电动汽车的控制系统是基于人工智能、模糊控制等技术的智能化汽车控制系统。智能化汽车控制系统能够对车辆的运行状态、驾驶人的驾驶行为及周围环境进行快速、准确的识别和分析,并根据这些信息及预设的规则和目标进行智能控制,以实现更加安全、便捷和舒适的驾驶体验。

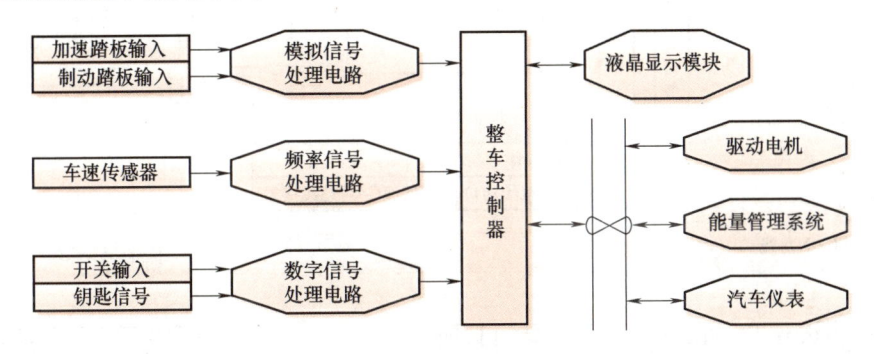

1. 整车控制系统架构

整车控制系统架构如图 3-18 所示。其中,整车控制器作为智能电动汽车控制系统中最重要的部分,负责整体控制、协调和监控车辆的运行状态,将总线信号和传感器信号通过控制策略传递给二级控制单元,实现能量管理、故障诊断和对车辆运行状态的控制、监控等功能,并通过液晶显示模块显示。

图 3-18 整车控制系统架构

2. 整车控制器

整车控制器作为智能电动汽车的核心控制器,对车辆的运行管理和相关控制单元的控制起着至关重要的作用。由于控制单元对各部分的控制功能不同,原来复杂的控制系统可以先分解成相对简单的单个子系统,然后基于模块化思想明确每个模块可以实现的功能。

整车控制器(Vehicle Control Unit,VCU)就像是整个控制系统的指挥官。首先,VCU负责处理来自各种传感器的信号,如加速踏板位置传感器、制动踏板位置传感器、车速传感器及电池电量传感器等众多信号,VCU 对这些信号进行分析和处理,从而精准地把握车辆的运行状态。然后,依据预先设定好的控制策略和算法做出决策,比如在车辆起步时要是电池电量充足并且电机温度正常,VCU 就会指挥电机输出较大的转矩,让车辆能够快速又平稳地起步。在动力控制策略上,VCU 会根据车辆行驶模式(如经济模式或者运动模式),还有驾驶人的操作意图来制定动力输出策略。在经济模式时,VCU 会倾向于控制电机以比较低的功率输出,通过对电机转矩和转速的优化,减少电能的消耗,达到延长车辆续驶里程的目的;在运动模式下,VCU 会允许电机在安全范围内输出更高的转矩和转速,给驾驶人带来更强劲的动力体验,满足他们对驾驶乐趣的追求。对于混合动力电动汽车,VCU 还会协调发动机和电机之间的动力分配。例如,在车辆高速行驶且电池电量较低的情况下,它会合理地起动发动机,并且确定发动机和电机之间合适的工作比例,以此来实现最佳的动力性能与燃油经济性。

VCU 的组成模块如图 3-19 所示。

(1)微控制器 微控制器作为整车控制器的控制中心,负责数据的运算和处理。

智能电动汽车概论

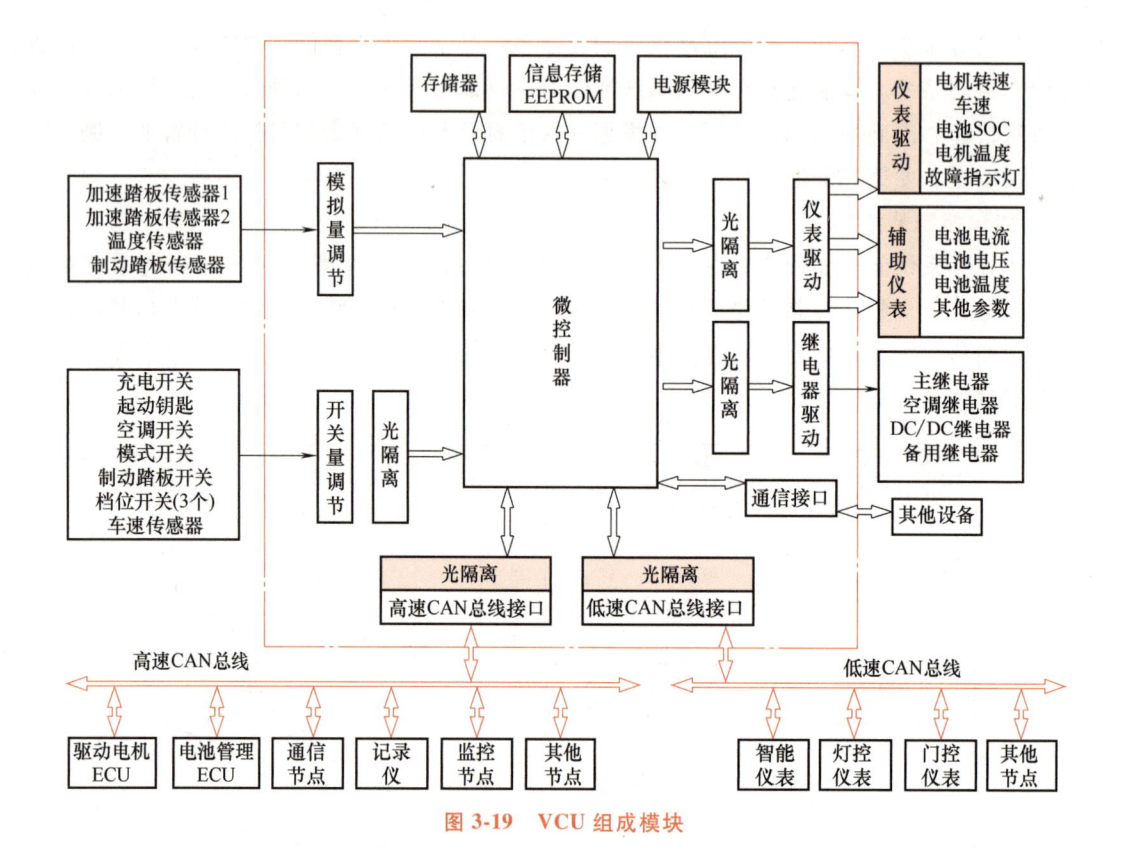

图 3-19 VCU 组成模块

（2）**模拟量调节模块**　模拟量调理模块用于模拟输入量的滤波和调理，采集多路传感器信号并传递至微控制器。

（3）**开关量调节模块**　开关量调理模块用于开关输入量的电平转换和整型，采集多路开关信号并传递至微控制器。

（4）**仪表驱动模块**　仪表驱动模块用于驱动组合仪表和辅助仪表，通过该模块，微控制器可对仪表板上多个指示灯进行控制。

（5）**继电器驱动模块**　继电器驱动模块用于驱动多个继电器，其一端通过光隔离器与微控制器相连，另一端与多个继电器相连。

（6）**高/低速 CAN 总线接口模块**　高/低速 CAN 总线接口模块用于提供高/低速 CAN 总线接口，其一端通过光隔离器与微控制器相连，另一端与系统高/低速 CAN 总线相连。

（7）**信息存储模块**　信息存储模块用于记录整车电控系统的相关信息及故障信息，与微控制器相连。

（8）**通信接口模块**　通信接口模块作为与其他设备相连的接口与微控制器相连。

3. 电机控制器

电机控制器（Motor Control Unit，MCU）主要负责驱动电机运转。对于交流电机而言，MCU 会把电池提供的直流电转换为交流电。这一转换过程是依靠复杂的电子电路和控制算法来完成的。如 MCU 会利用绝缘栅双极型晶体管（IGBT）等功率电子器件，通过脉宽调制（PWM）技术，对这些器件的开关状态进行控制，把直流电斩波成近似正弦波的交流电。通过改变PWM信号的占空比和频率，就能够对输出交流电的电压和频率进行调整，从而精确地控制电机的转速和转矩。另外，MCU还会接收电机反馈回来的信息，比如电机的实际转速、电流，并把这些反馈信息和VCU发送过来的目标转速、转矩指令进行对比，一旦发现电机运行状态出现偏差，能及时进行调整。

4. 传感器

智能电动汽车通过传感器接收驾驶人的驾驶信息，并将其转化为控制指令，以便更好地操作。有关智能电动汽车的传感器技术将在4.1节详细介绍，这里不再赘述。

5. 执行器

智能电动汽车执行器主要由电机、电磁阀、继电器等组成。

（1）**电机**　电机的动力输出完全由整车电控系统控制。当驾驶人踩下加速踏板时，加速踏板位置传感器将信号发送给VCU，VCU根据车辆的运行状态（如车速、电池电量等）和驾驶人的意图，计算出合适的转矩指令，并将该指令发送给电机控制器（MCU）。MCU通过控制电机的输入电流和电压，改变电机的磁场强度和旋转速度，从而精确地控制电机的转矩输出，实现车辆的加速、减速和匀速行驶等各种行驶状态。

（2）**电磁阀**　电磁阀负责控制流体介质的流动，如冷却液或润滑油，确保电机和其他关键部件在适宜的温度下运行。电磁阀响应整车控制器的指令，通过精确控制流体的流量和方向，帮助维持电机的温度平衡，防止过热，从而提高整个系统的效率和可靠性。此外，电磁阀的快速响应特性使得整车控制系统能够迅速适应不同的驾驶条件和环境变化，进一步优化车辆性能。

（3）**继电器**　继电器作为电路中的开关，能够根据微控制器的指令控制高电流或高电压电路的通断。继电器的使用可以有效隔离控制电路和被控制电路，提高系统的安全性和可靠性。在车辆起动、制动、转向等关键操作中，继电器确保了电流的稳定供应，同时在发生故障时能够迅速切断电源，防止电路损坏或安全事故的发生。

6. 信号处理传输系统

信号处理传输系统主要由CAN线和LIN线组成。

（1）**CAN线**　CAN线是智能电动汽车内部广泛使用的一种通信网络，用于实现各个控制器之间以及控制器与传感器、执行器之间的高速通信。CAN总线具有可靠性高、抗干扰能力强、通信速率快等优点。例如，VCU可以通过CAN总线与电机控制器MCU和电池管理控制器BMS-C进行实时通信，共享车辆的状态信息（如车速、电池电量、电机温度等），并协调各个系统的工作。

（2）**LIN线**　LIN线主要用于连接车内一些对通信速率要求不高的设备，如车窗电机、刮水器电机等辅助设备。LIN总线可以作为CAN总线的补充，降低系统的成本和复杂性。例如，在车辆的舒适系统中，LIN总线可以实现对车内灯光、座椅调节等功能的控制。

随着32位处理器和嵌入式实时操作系统的不断发展，下一代汽车总成控制设备将会迎来更加先进的技术，这种产品的可靠性和可用性也将越来越高。

3.3.2　整车控制器功能

整车控制器通过采集加速踏板信号、制动踏板信号和档位开关信号等驾驶信息，同时接收CAN总线上电机控制器和电池管理系统发出的数据，并结合整车控制策略对这些信息进行分析和判断，提取驾驶人的驾驶意图和车辆运行状态信息，通过CAN总线发出指令来控制各部件控制器的工作，保证车辆的正常行驶。智能电动汽车整车控制器是汽车电子控制系统的核心部件，主要功能有驱动力矩控制、制动能量优化控制、车辆能量管理、CAN网络的维护和管理等。

（1）**驱动力矩控制** 驱动力矩控制是整车控制器最基本、最重要的功能，通过收集踏板信息，解析驾驶人的操作意图，实现对电机输出力矩需求的计算。在这个过程中，驾驶人通过操纵加速踏板或制动踏板来实现信号输入，也就是将驾驶人的操作目的以信号形式传递给整车控制器，经过分析处理后由整车控制器根据驾驶人的操作意图输出驱动力矩或制动力矩。

（2）**制动能量优化控制** 智能电动汽车和传统汽车的一大不同在于制动能量回收。以电机为唯一动力输出，兼具电动机与发电机两种功能。驾驶人踩下加速踏板带动汽车行驶，电机作用等同于电动机；反之，驾驶人踩下制动踏板使汽车减速慢行后，电机作用等同于发电机，即利用电动汽车制动能量产生电能并存储于储能装置内，满足特定条件后传输给电池组。在此过程中，整车控制器基于加速踏板开度、制动踏板开度、电流速度和动力电池荷电状态（SOC）决定制动能量是否在某一时间被回收利用，从而提高能量利用效率。

（3）**车辆能量管理** 在智能电动汽车发展过程中，动力电池除了向驱动系统供电，还向转向电机、空调等汽车电气设备供电。为了延长续驶里程，整车控制器可以对能源进行合理优化，当电池电量不足时，发出关闭部分辅助电气设备的控制指令，从而保证车辆用电的安全性，提高能源利用效率。

（4）**CAN网络的维护和管理** 整车控制器作为通信网络的主节点，同时也对车载网络进行管理。该通信网络基于CAN总线技术，拥有多个主、从节点，对车载网络状态进行实时调节，并具有信息动态分配的优先权。

（5）**对车辆状态的监测和显示** 整车控制器通过直接采集信号和接收CAN总线上的数据的方式获得车辆运行的实时数据，包括速度、电机的工作模式、转矩、转速、电池的剩余电量、总电压、单体电压、电池温度和故障等信息，通过CAN总线将这些实时信息发送到车载信息显示系统。此外整车控制器定时检测CAN总线上各模块的通信，若发现总线上某一节点不能够正常通信，则会在车载信息显示系统上显示该故障信息，并对相应的紧急情况采取合理的措施进行处理，防止极端状况的发生，以使驾驶人能够直接、准确地获取车辆当前的运行状态信息。

（6）**故障诊断与处理** 连续监测整车电控系统，进行故障诊断。故障指示灯提示故障类别和部分故障码。根据故障内容，及时进行相应安全保护处理。对于不太严重的故障，能做到低速行驶到附近维修站进行检修。

（7）**外接充电管理** 实现充电的连接，监控充电过程，报告充电状态，充电结束。

（8）**诊断设备的在线诊断和下线检测** 负责与外部诊断设备的连接和诊断通信，实现UDS诊断服务，包括数据流读取、故障码读取和清除、控制端口的调试等。

如图3-20所示是纯电动汽车的整车控制器，它通过采集行车及充电过程中的控制信号，判断驾驶人意图，通过 CAN 总线对整车电控设备进行管理和调度，具有动态响应好、采样精度高、抗干扰能力强、可靠性好等特点。

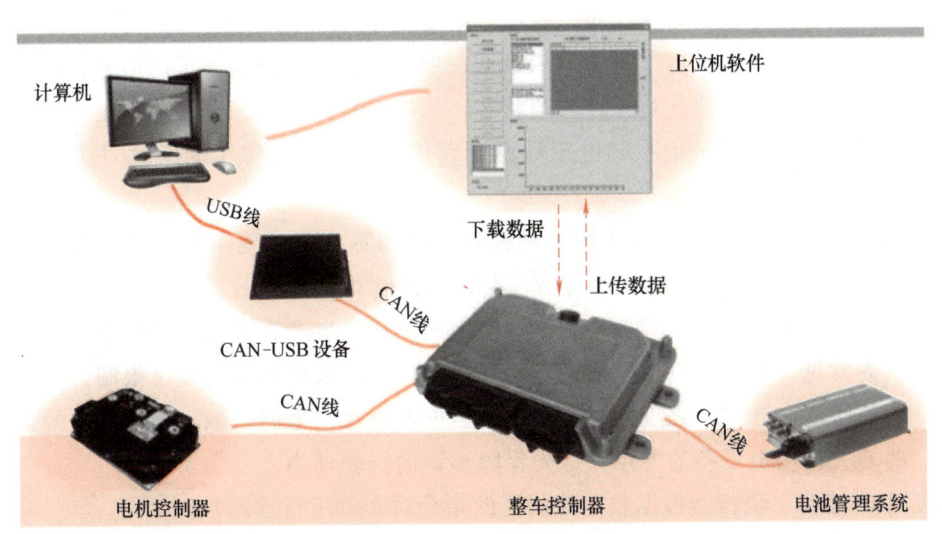

图 3-20　纯电动汽车整车控制器

3.3.3　整车控制系统基本原理

整车控制系统是一个闭环控制系统，按执行任务的层次可分为三层，同时，它的工作原理也包括三个层面：首先，接收来自控制器的控制命令，包括踩下加速踏板、踩制动踏板、换档等；其次，检查控制命令的准确性；最后，综合考虑控制命令的效果，并决定如何更好地控制汽车。为了提高整车控制系统的安全稳定性，需要依靠系统的控制误差进行反馈修正。图 3-21 所示为整车控制系统的工作原理。

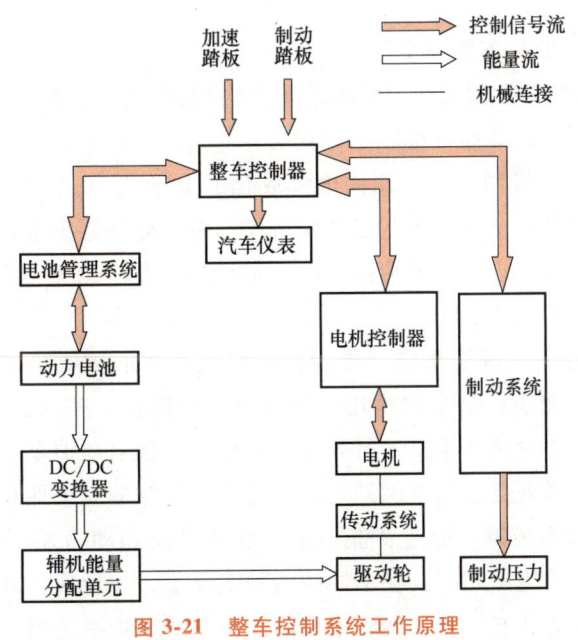

图 3-21　整车控制系统工作原理

(1) 传感器数据收集 智能电动汽车装有多种传感器，这些传感器分布在车辆的各个关键部位，用于采集车辆运行状态的各种信息。采集到的数据类型丰富多样，包括：①车辆的运动状态数据，如车速、加速度等，这些数据是整车控制系统进行动力输出、能量回收和行驶稳定性控制的重要依据。②动力需求数据，如加速踏板和制动踏板的信号，这些数据直接决定了车辆是加速、减速还是维持匀速状态。③电池状态数据，这些数据是能量管理的关键，整车控制器根据电池的电量、电压和温度等信息，合理安排车辆的动力输出和能量回收，防止电池过充、过放和过热。

(2) 信息处理与决策 VCU 采用多种控制策略和算法来实现车辆的最佳控制。在动力输出控制方面，常用的有比例-积分-微分（PID）控制算法，通过不断调整电机转矩输出，使车辆的实际速度能够快速、准确地跟随驾驶人的期望速度。在能量管理方面，基于规则的控制策略较为常见，如根据电池电量设定不同的能量回收阈值和动力输出限制，当电池电量高于某一阈值时，允许较高强度的能量回收；当电池电量较低时，减少能量回收的强度。同时限制一些非关键用电设备的使用，优先保障车辆的行驶动力。

(3) 车辆控制 执行器根据整车控制器的指令对车辆进行实际控制。

电机控制器也是智能电动汽车的关键执行器之一，它接收 VCU 发送的电机转矩和转速指令，通过调节电机的输入电压和电流频率来控制电机的运行。

冷却系统执行器（如水泵和风扇）也是重要的执行部件。当电池或电机温度过高时，VCU 会向冷却系统执行器发送指令，启动水泵使冷却液循环，带走热量，同时风扇转动增强散热效果。在一些车辆中，还有加热系统执行器，用于在低温环境下对电池或车内环境进行加热。例如，当电池温度过低时，VCU 会控制加热丝或热泵等加热系统执行器工作，提高电池的性能。

3.3.4 典型车型整车控制系统

1. 特斯拉 Model 3 的整车控制系统

特斯拉 Model 3 的整车控制系统主要由电子架构与核心控制器、Autopilot 自动驾驶辅助系统和能量管理与动力控制等部分组成。

(1) 电子架构与核心控制器 采用高度集成化的电子架构，其整车控制系统以强大的中央处理器为核心，配合多个区域控制器共同协作。中央处理器负责处理复杂的运算和决策任务，区域控制器则分别管理不同的功能模块，如动力系统、底盘系统、车身电子系统等，实现了系统的高效运行和快速响应。

(2) Autopilot 自动驾驶辅助系统 作为整车控制系统的重要组成部分，Autopilot 系统通过多种传感器，如摄像头、毫米波雷达、超声波传感器等，实时感知车辆周围的环境信息。然后利用先进的算法对这些信息进行处理和分析，实现自动泊车、自动变道、自适应巡航、自动紧急制动等一系列自动驾驶辅助功能，提升了驾驶的安全性和便利性。

(3) 能量管理与动力控制 通过智能的电池管理系统和动力控制单元，精确地控制电池的充放电过程和电机的输出功率。在不同的行驶工况下，如加速、减速、巡航等，系统会根据车辆的需求和电池的状态，自动调整电机的工作模式和功率输出，以实现最佳的能量利用效率和动力性能。例如，在加速时，系统会快速释放电池的能量，为电机提供强大的动力；在减速或制动时，电机则会切换到发电模式，将车辆的动能转化为电能并存储回电池。

2. 比亚迪 EV 的整车控制系统

比亚迪汉 EV 的整车控制系统主要由 DiLink 智能网联系统、Blade Battery 电池管理系统、高性能动力控制系统等部分组成。

（1）**DiLink 智能网联系统**　该系统集成了整车控制系统的诸多功能，是车辆与外界交互的核心平台。通过 DiLink 系统，车主可以使用手机远程控制车辆的起动、空调调节、充电管理等功能，还可以实现车辆与互联网的连接，享受在线导航、音乐播放、车辆健康监测等服务，极大地提升了用户的使用体验。

（2）**Blade Battery 电池管理系统**　针对其独特的刀片电池，比亚迪开发了专门的电池管理系统。该系统能够实时监测电池组中每一个单体电池的电压、温度、电流等参数，通过精确的算法实现电池的均衡管理和热管理，确保电池的安全性和使用寿命。在充电过程中，电池管理系统会根据电池的状态和充电桩的功率，自动调整充电电流和电压，实现快速充电和安全充电的平衡。

（3）**高性能动力控制系统**　比亚迪汉 EV 的动力控制系统能够充分发挥其高性能电机的优势，实现了强劲的动力输出和精准的动力控制。在不同的驾驶模式下，如经济模式、运动模式、雪地模式等，系统会调整电机的转矩输出特性和能量回收强度，以满足不同用户的驾驶需求。同时，动力控制系统还具备防滑控制、转矩矢量分配等功能，提升了车辆的操控稳定性和安全性，实现能量回收。

思考与练习

1. 智能电动汽车的电池系统包括哪些类型？
2. 智能电动汽车的电池管理系统的原理是什么？
3. 智能电动汽车电池能量回收利用的有效途径有哪些？
4. 智能电动汽车的电机系统一般采用哪些类型的电机？
5. 电机是如何将电能转化为机械能来驱动新能源汽车行驶的？
6. 电机控制系统主要通过哪些算法实现？各有什么优缺点？
7. 智能电动汽车的整车控制系统起到什么作用？
8. 列举几种常见的整车控制系统组件及其功能？

第 4 章 / Chapter 4
智能电动汽车智能网联技术

第4章 智能电动汽车智能网联技术

学习目标

- 了解智能电动汽车智能网联技术的分级与构成。
- 掌握智能网联技术的内涵。
- 理解智能网联技术的应用。

智能电动汽车的智能网联技术包括环境感知技术、智能决策技术、安全保护技术和先进驾驶辅助技术等。未来智能电动汽车的发展将以互联网和车联网融合、能源管理和充电技术、轻量化和材料技术、用户体验和智能化为主要趋势。

4.1 智能网联技术分级与构成

4.1.1 智能网联技术分级

2013年,美国国家公路交通安全管理局(National Highway Traffic Safety Administration,NHTSA)率先发布了自动驾驶汽车的分级标准,其对自动化的描述分为4个级别。2014年,美国汽车工程师学会(Society of Automotive Engineers,SAE)也制定了一套自动驾驶汽车分级标准——SAE J3016《标准道路机动车驾驶自动化系统分类与定义》,其对自动化的描述分为5个等级,也就是人们熟知的L1~L5。在2014年公布后,SAE J3016分别于2016年9月和2018年6月进行了两次更新。

SAE J3016的2018年修订版进一步细化了每个分级的描述,并强调了防撞功能。在这个版本的标准中,提到了动态驾驶任务,并依据动态驾驶任务的执行者和具体内容定义了自动驾驶所处的级别。该标准认为驾驶中有3个主要参与者:用户、驾驶自动化系统及其他车辆系统和组件,每个参与者的定义并不基于实际情况。例如,尽管驾驶人在辅助驾驶期间走神,但他仍然属于用户级别。SAE关于自动化层级的定义已经成为定义自动化/自动驾驶车辆的全球行业参照标准,用以评定自动驾驶技术。详见表4-1。

表4-1 SAE J3016驾驶自动化水平综述(2018年版)

自动驾驶分级	名称	定义	主体		
			驾驶操作	周边控制	支援
L0	无自动化	由驾驶人全权操作车辆	驾驶人	驾驶人	驾驶人
L1	辅助驾驶	系统对转向盘和加减速中的一项操作提供驾驶辅助,其他驾驶动作由驾驶人负责			
L2	部分自动驾驶	系统对转向盘和加减速中的多项操作提供驾驶辅助,其他驾驶动作由驾驶人负责	系统	系统	
L3	条件自动驾驶	系统完成大部分驾驶操作,根据系统请求,驾驶人提供适当的应答			系统
L4	高度自动驾驶	系统完成所有驾驶操作,根据系统请求,驾驶人不一定需要对所有的系统请求作出应答,但限定道路和环境条件			
L5	完全自动驾驶	系统完成所有驾驶操作,在所有道路和环境条件下驾驶			

（1）L0　驾驶人完全掌控车辆。

（2）L1　自动系统有时能够辅助驾驶人完成某些驾驶任务。

（3）L2　自动系统能够完成某些驾驶任务，但驾驶人需要监控驾驶环境，完成剩余部分，同时保证出现问题时随时进行接管。在这个层级，自动系统的错误感知和判断由驾驶人随时纠正，大多数车企都能提供这个系统。L2可以通过速度和环境分割成不同的使用场景，如环路低速堵车、高速路快速行车和驾驶人在车内的自动泊车。

（4）L3　自动系统既能完成某些驾驶任务，也能在某些情况下监控驾驶环境，但驾驶人必须准备好重新取得驾驶控制权（自动系统发出请求时）。因此在该层级，驾驶人仍无法睡觉或者深度地休息。

（5）L4　自动系统在某些环境和特定条件下，能够完成驾驶任务并监控驾驶环境。在这个层级，在自动驾驶可以运行的范围内，与驾驶相关的所有任务和驾乘人员已经无关，感知外界的责任全在自动系统。

（6）L5　自动系统在所有条件下都能完成所有驾驶任务。

在《中国制造2025》中，我国将智能网联汽车分为DA、PA、HA、FA 4个级别，完全手动驾驶没有计入其中。总体来看，它们具有一项或者多项局部自动功能，如ESC、ACC、AEB（autonomous），具体如下：

（1）驾驶辅助（DA）　诸如紧急制动等，能提供基于网联的智能信息提醒。

（2）半自动化（PA）　在驾驶人短时间转移注意力时仍可保持控制，失去控制10s以上予以提醒，并能提供基于网联的智能引导信息。

（3）高度自动化（HA）　在高速公路和市区内部均可自动驾驶，偶尔需要驾驶人接管，但有充分的移交时间，并能提供基于网联的智能控制信息。

（4）完全自动化（FA）　驾驶权完全交给车辆，允许乘员从事计算机工作、休息和睡眠等其他活动。

4.1.2　智能网联技术构成

目前，汽车智能网联技术研究的核心问题是汽车在自动驾驶过程中如何实现环境感知和车辆控制，这两方面的问题是解决汽车行驶状况判断和控制问题的理论依据。因此，可以将汽车智能网联技术的构成归结为车辆环境感知层、决策规划层、控制和执行层三个层次，如图4-1所示。

1. 环境感知层

车辆对环境的感知是自动驾驶能够实现的前提，只有准确的环境数据才能为系统决策和执行提供保障。目前，许多汽车都采用先进的视觉技术来捕捉周围的信息，并将其与汽车内部的雷达相结合，以便更好地识别周围的环境。视觉传感器应用于多个领域，并取得良好的效果。

2. 决策规划层

当自动驾驶车辆接到任务指令时，车辆决策规划层会通过自身的位姿运动状态、具体行驶环境，以及执行任务的特性等信息进行数据融合与分析，规划得到全局预期路径和最佳局

第4章 智能电动汽车智能网联技术

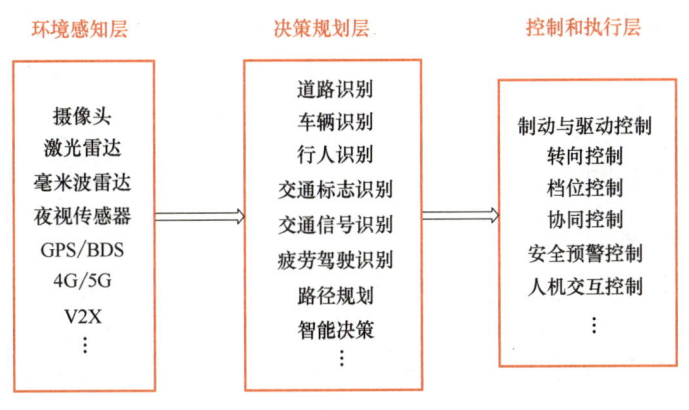

```
环境感知层              决策规划层              控制和执行层
┌─────────┐           ┌─────────┐           ┌─────────┐
│ 摄像头  │           │ 道路识别 │           │制动与驱动控制│
│ 激光雷达 │           │ 车辆识别 │           │ 转向控制 │
│毫米波雷达│    →      │ 行人识别 │    →      │ 档位控制 │
│夜视传感器│           │交通标志识别│          │ 协同控制 │
│ GPS/BDS │           │交通信号识别│          │安全预警控制│
│ 4G/5G  │           │疲劳驾驶识别│          │人机交互控制│
│ V2X    │           │ 路径规划 │           │   ⋮    │
│   ⋮    │           │ 智能决策 │           │        │
│        │           │   ⋮    │           │        │
└─────────┘           └─────────┘           └─────────┘
```

图 4-1 智能网联技术构成

部预期路径,从而帮助汽车根据其实际情况来调整路线,并且能够根据其目标地点来确定最佳路线。为了快速获取大量的信息,以及计算出更加准确的全局或局部目标,必须利用汽车CPU的高级计算机程序。这需要将多方面的知识融入其中,包括对路线的弯道、直线段及其他影响因素的研究,以便做出更加精准的判断。

3. 控制和执行层

控制和执行层是自动驾驶汽车中确保行驶轨迹规划和智能驾驶的核心,也是汽车自动驾驶功能的突破点,对汽车动态化控制功能具有重要意义。控制汽车驾驶的自动化集成功能由纵向控制系统和侧向控制系统组成。

车辆纵向运动控制是指自动驾驶汽车对行驶方向运动状态的控制,主要包括速度、加速度控制,以及加速和制动系统的控制等,旨在实现汽车自身与前方车辆或者障碍物距离的控制。

相对于纵向运动的研究,侧向运动的研究起步较晚,相对落后。机动车辆的侧向移动操控是对汽车运行方位的操控,旨在让机动车辆沿着预设的路线行进,因而必须构建车轮回转动力学模型或仿真驾驶人换向操作,一般有车辆路径维持辅助(Lane Keeping)、自动变道(Automatic Lane Changing)及轨迹跟踪控制等。机动车辆的侧向移动操控利用前轮主动式回转技巧,使机动车辆在行进过程中可以更为快捷灵敏地完成回转操作。而轨迹跟踪控制问题是目前机动车辆侧向移动控制研究较为关注的一个重点问题。轨迹跟踪控制是指成功预设了一段参考轨迹后,车辆运动控制系统会采用某种方式使车辆迅速且平顺地依照预先设定的参考轨迹行驶。轨迹跟踪控制体系既是车辆完成自动驾驶的核心技术,更是满足车辆保持稳定、安全行驶的基础。

4.2 智能电动汽车环境感知技术

智能电动汽车环境感知技术利用传感器对车辆周围环境进行感知、对行驶路径进行识别、对驾驶人的驾驶状态和驾驶环境进行检测。环境感知技术是智能电动汽车决策控制的基础和前提，也是智能电动汽车实现智能化的关键环节，还是其安全智能的基本保证。目前已应用的环境感知技术有超声波传感器、激光雷达、毫米波雷达、视觉传感器、V2X 技术，下面分别对其进行介绍。

4.2.1 超声波传感器

1. 超声波传感器的工作原理

超声波传感器是一种在汽车上应用较为广泛的传感器，它可以对近距离目标进行精确探测，其基本原理如下：先将一束声波放入一个特定的介质，然后由该介质将声波转换成另一束声波，最后将两束声波的信号相互抵消，就能够准确地检测周围的环境。当前超声波频率的使用已经从 40kHz、48kHz、58kHz 扩展到更广的范围，这些频率更加接近实际检测需求，并且具备更高的检测灵敏度，同时也拥有更大的检测范围，如 1~3cm 或 0.1~0.3m。此外，它们还具备良好的抗干扰、抗灰尘等特点，在智能电动汽车的低速短距离检测中备受欢迎。

2. 超声波传感器的分类

超声波传感器按结构不同可以分为等方性传感器和异方性传感器两类。等方性传感器的工作方向是完全重合的，但在实际应用中也可以采用不完全重合的传感器，只是它们的工作方向必须保持固定。然而，由于等方性传感器的检测范围有限，很难检测出更深入的区域，因此需要进行更深层次的研究。异方性传感器的探测能力较差，其超声波波形变化较大，会导致误报的风险。为了解决此问题，现已推出了多种方法来改善传感器的性能，包括模拟 4 线、2 线和 3 线的主动数字传感器。这些方法的特性能够更好地抑制噪声，并且技术要求和成本都不高。目前有两种超声波传感器技术已经被广泛应用。

（1）**倒车雷达** 位于车辆前、后保险杠上的超声波驻车辅助感应器（Ultrasonic Parking Assist，UPA），可以准确检测车辆周围的障碍物。现在广泛应用的 3 线式主动数位倒车雷达的每个传感器都配备了一个高效的 CPU，它是高效的数字化传感器，无须担心传感器之间的噪声或其他外界因素的影响，同时拥有出色的 EMC（电磁兼容）功能，能够更加稳定地传输数据，以及良好的 EMI（电磁干扰）效果。此外，它还拥有快速数字化处理功能，能够更加准确地识别超声波传感器的位置。

（2）**自动泊车系统**（Auto Parking Assist System，APA）**感应器** 位于车辆车身两侧，可以检测车辆周围的障碍物，并能够准确地定位车辆。

3. 超声波传感器的定位原理

利用 TOF 技术，超声波传感器可以实现准确定位，其工作原理如下：从一个特定的发射器发出强烈的超声波脉冲，这些脉冲在特定介质中传播，当遇到障碍物时，它们会被反射。通过测量超声波从发射到接收的时间，可以计算出目标的距离，实现准确定位。利用 t 和 s 的变化，计时器能够准确估量出从发射源至目标地的距离 s，有 $s=340t/2$（t 为时间，单位 s）。这种方法大大提高了检测精度，能够准确地检测目标。

4. 超声波传感器的数学模型

使用图 4-2 所示的数学模型，能够描述超声波传感器的运行情况。α 是超声波传感器的最佳检测角，通常 UPA 的最佳值是 120，相比之下，APA 的最佳值略低，约为 80°；β 是决定超声波传感器检测范围的重要因子,通常比较小,一般 UPA 的 β 值为 20°左右,APA 的 β 值较为特别,为 0°;R 是超声波传感器测量长度的限制因素,UPA 和 APA 的 R 值差异并不大,都在 0.6m 以内;D 是超声波的最大量程,UPA 的 D 值为 2~2.5m,APA 的 D 值应该是 5m,目前已有>7m 的 APA 雷达投入应用。

5. 超声波传感器的发展状况

近年来,超声波传感器的发展比较迅速,国外知名厂商有博世、法雷奥、村田、尼塞拉、电装、三菱、松下等,其中以博世、法雷奥、村田在倒车雷达领域的技术优势较为显著。国内也不乏相关企业,如中国台湾同致电子企业股份有限公司、深圳市航盛电子股份有限公司及豪恩、上富、奥迪威等。但是在前端应用方面,国外品牌的份额仍然相当可观。博世的倒车雷达、半自动泊车、全自动泊车等系统,通过采用先进的技术,不仅能够扩大检测范围,还具备了极强的稳定性、可靠性,并且拥有独特的代码,能够抑制噪声,使得检测结果更为精确。博世车用超声波传感器拥有出色的性能,它的检测范围为 20~450cm,远超第五代雷达,能够更加精准地发现一些难以辨认的微小物体。此外,博世车用超声波传感器还能提供高性价比的倒车检测、遥控中控、后视摄像头、智能车内后视镜等多种功能。在众多知名汽车制造商的支持下,博世车用超声波传感器已成长为欧洲倒车雷达 OEM 领域的首选产品。

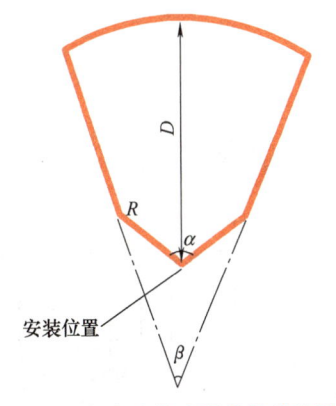

图 4-2 超声波传感器的数学模型

4.2.2 激光雷达

1. 激光雷达的工作原理

激光雷达又称为光学雷达(LiDAR),是一种主动探测的光学遥感技术,具有精度高、快速的特点,其应用范围和发展前景十分广阔。激光雷达的工作原理:通过使用一束特殊波长的激光,可以精准测量到目标物质与其他物质之间的相应距离,并且可以通过三角函数(角度)来计算其精准位置,从而构建出精准的地形数字,具有重要的实用意义(图 4-3)。激光雷达具有极强的能量密度和良好的方向性,可以实现超过 100m 的探测距离。此外,它还拥有更高的精度,甚至可以达到毫米级别。因为它所使用的波长仅为 600~1000nm,远低于传统雷达的波长范围,所以激光雷达技术可以准确地测量物体的位置、大小和表面形状。

2. 激光雷达的发展历程

激光雷达是在 20 世纪 60 年代以后迅速发展起来的。1886 年,赫兹的研究为电磁雷达的理论研究奠定了坚实的基础,他探究了电磁波的发射、传播及其对目标的影响。19 世纪末,麦克斯韦经典电磁理论的出现,使科研人员发现电磁辐射符合折射、反射的定理,以及黑体辐射的总能量会受到温度、波长的影响,其最大的能量峰会沿着短波的轨迹不断上升,从而构成理想的黑体模型,揭示出电磁辐射的空间分布规律。1905 年,爱因斯坦揭示了光的本质,并且证实其具有可见的能量,又于 1916 年提出了一种新的概念——激光,这标志着普朗克物质的诞生,为激光雷达的研究提供了一个重要的理论框架。1937 年,瓦特设计

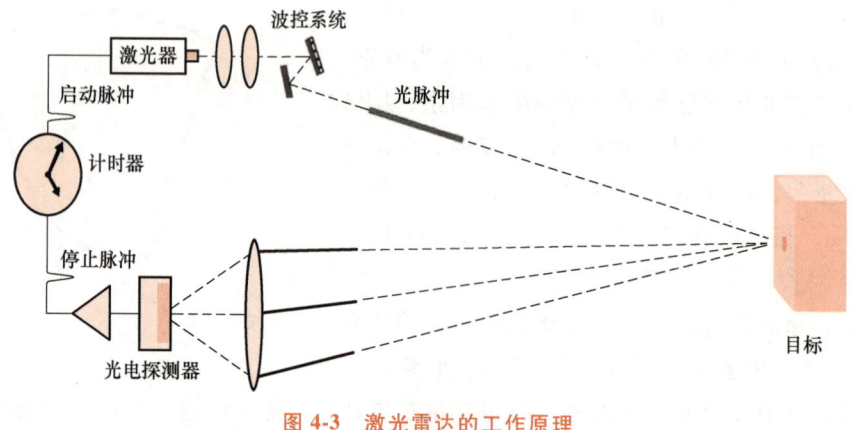

图 4-3 激光雷达的工作原理

并生产了第一台机载电磁雷达,其在1939年开始得到广泛应用,但是由于其功能有限且性能较差,直到第二次世界大战后才进入功能繁多、性能先进的成熟阶段。

3. 激光雷达的特点

激光雷达的核心,一是激光发射系统,负责发射发散角小、能量集中的激光光束;二是激光接收系统,负责探测和接收照射到目标上反射、散射等回波信号。激光雷达的主要优点如下:

1)探测灵敏度和测量分辨率(角分辨率、速度分辨率和距离分辨率)高。

2)激光雷达波长短,可在分子量级上对目标进行探测。

3)能够全天候工作,不受白天和夜晚光照条件的影响;受地面背景、天空背景干扰小;抗干扰能力强,隐蔽性好。不受无线电波干扰,能穿透等离子鞘,低仰角工作时,对地面多路径效应不敏感。光束很窄,只有在被照射的位置,瞬间才能被截获。

4)在功能相同的情况下,比微波雷达体积小、重量轻;天线和系统的结构尺寸可做得很小。

5)激光雷达和激光通信分别承担探测和传输的不同任务,但它们的物理规律基本相同,波段同样宽广,重叠性和共用性好,技术和工程上的共用性强。

激光雷达的主要缺点如下:

1)激光受大气及气象影响大。大气衰减和恶劣天气会使其作用距离降低,大气湍流会降低激光雷达的测量精度。但随着激光雷达技术的发展,通过计算机修正、自适应光学和相位共轭光学技术等,上述问题得到了一定解决。

2)激光的光束窄和单色性,使其难以搜索和捕获目标。在捕获目标时,通常先由其他电磁雷达或光电雷达实施大空域、快速粗捕目标,然后交由激光雷达对目标进行精密跟踪测量。

3)激光功率也是探测距离受到限制的因素。研制大功率激光器,除了从原理上寻找提高功率的措施,制造高密度、高亮度面阵的发光二极管和激光二极管,发展单光子计数探测技术等,也是解决的方法之一。

4)激光雷达在使用过程中实时产生海量的点云数据,即使是16线的 LiDAR,每秒要处理的数据点也达到30万个,64线的 LiDAR 每秒产生的点数超过四百万个。

4.2.3 毫米波雷达

1. 毫米波雷达的工作原理

毫米波雷达可以提供精确的定位、跟踪、传输、跟踪及定位服务,其波长介于1~10mm之间,频率范围介于30~300GHz之间。毫米波雷达可以检测任何物体的位置、运动轨迹及其他重要参数,从而提供准确的定位服务。毫米波频段介于微波与红外线重叠的部分,因此具备这两种波的优势,同时也有自己的特点。与微波相比,毫米波分辨率更高、方向性更好、抗干扰性更强、探测性能更好;与红外线相比,毫米波衰减更小,对悬浮颗粒物穿透力更强,并且不易受天气影响。这种技术能够在任何环境下运行,并能够提供极其准确的定位能力,已经成为汽车领域常用技术之一,如ACC、碰撞预警、盲点检测和自动制动。

2. 毫米波雷达的结构

毫米波雷达系统主要包括收发天线、射频前端、调制信号、信号处理模块等,如图4-4所示。毫米波雷达通过接收信号和发射信号的相关处理,实现对目标距离、方位、相对速度的探测。

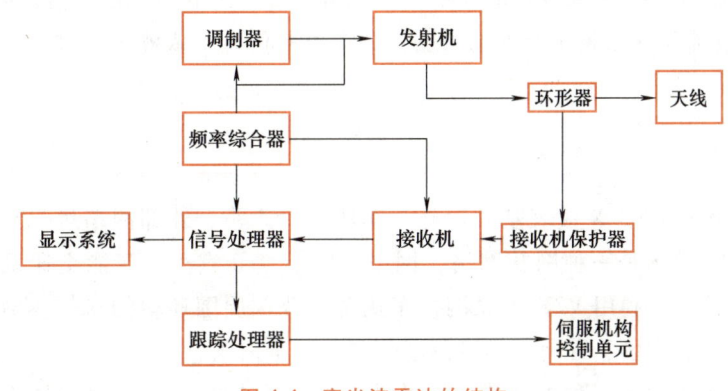

图4-4 毫米波雷达的结构

3. 毫米波雷达的主要参数

毫米波雷达是一种广泛使用的测量技术,它的可用频率包括24GHz、60GHz、77GHz、79GHz等。其中,频率为24GHz的毫米波雷达具有较强的测距能力,而频率为77GHz的毫米波雷达具有更强的测距能力,并且准确性更高。此外,毫米波雷达还具有较低的噪声水平,并且容易安装到汽车内。毫米波长距雷达的检测能力较强,能够适应性能较高的汽车,检测准确性也较高,特别适合ACC等应用。博世提供的一款长距雷达,能够检测相距250m的目标;大陆旗下的一款短距雷达,能够检测相距60m的目标,以及20m的目标。长距雷达与短距雷达主要参数的对比见表4-2。

表4-2 长距雷达与短距雷达主要参数的对比

参数	LRR 长距雷达(窄带雷达)	SRR/MRR 短距雷达(宽带雷达)
覆盖距离/m	280	30~120
车速上限/(km/h)	250	150

(续)

参数	LRR 长距雷达（窄带雷达）	SRR/MRR 短距雷达（宽带雷达）
精度	0.5m	厘米级
主要应用范围	ACC	车辆环境监测

4.2.4 视觉传感器

视觉传感器通过摄像机捕捉图片，经过精确分析，能够准确地识别目标物体的位置、运动状态，从而提供准确的定向信息。视觉传感器的类型因其镜头类型、安装形状、使用场景而异，有单目、双目、三目、环视传感器四种。红外夜视技术除了具有显著的功效，还是光电技术的一个重要分支，其相关的图像处理算法可以有效处理远程红外夜视照片。

视觉传感器具有以下特点：

1) 视觉图像的信息量极为丰富，尤其是彩色图像，不仅包含视野内物体的距离信息，还有该物体的颜色纹理、深度形状等其他信息。

2) 在视野范围内可同时实现道路检测、车辆检测、行人检测等功能，信息获取面积大。

3) 视觉传感器获取的是实时的场景图像，提供的信息不依赖先验知识，有较强的环境适应能力。

4.2.5 V2X 技术

V2X 即 Vehicle to X，X 代表基础设施、车辆、人、路、外部网络等，它可以是任何可能的人或物。V2X 技术是一种网状网络，网络中的节点（汽车、智能交通系统等）可以发送、接收并转发信号。利用 V2X 车联网，车辆可以获取周围环境的未知参数及附近车辆运行状态，包括速度、方位、方向、是否制动等基本安全信息。

V2X 通信系统被视为一种先进的、极具效率的、具有更强灵活度和抗干扰能力的超强感应器。由于它拥有更高的测试精确度，汽车行业的安全检测变得更加安全、稳定。V2X 技术能够有效提高道路交通安全性，它能在不同的地点、时间，以不同的方式上传各种数据，以便于驾驶人清楚知道自身的方位、时间及气象条件。此外，V2X 技术还能及时作出安全性提示，大大降低事故发生率，并且及时采取有效的预防措施，如应急制动。

不同环境感知技术对比见表 4-3。

表 4-3 不同环境感知技术对比

环境感知技术	优点	缺点	应用
超声波传感器	能量消耗较慢，在介质中传播的距离较远；穿透性强；测距方法简单，成本低	只能做近距离探测；测距易受到环境和天气的影响；受限于探测目标形状和表面特性	测量目标物体的距离；障碍物检测；测量液体的液位；声呐成像
激光雷达	分辨率高；抗干扰能力强；可全天候工作；探测距离长；可探测低空目标；获取的信息量丰富	受环境因素影响较大；成本高；对某些材质探测率差；体积较大，特别是机械式激光雷达；不易识别交通信号灯与交通标志	绘制高精地图；精准定位；障碍物检测；应用于 ADAS

(续)

环境感知技术	优点	缺点	应用
毫米波雷达	探测距离范围广;距离分辨率高;测量精度高;探测性能好;响应快,全时性好;抗干扰性强	虚警问题;覆盖区域存在盲点;不能判断交通标志和交通信号灯;不能识别道路标线	应用于自适应巡航控制系统、自动紧急制动系统、前方碰撞预警系统、换道辅助系统
视觉传感器	单目视觉传感器:结构简单、成本低;运算量小,精度高;有效视场大,并且可以通过多个摄像头进行扩展而不发生视场范围损失 双目视觉传感器:信息量丰富;精度高;无须先识别,可直接进行测量	单目视觉传感器:测距精度低;视角与精度难以兼顾 双目视觉传感器:调校难度高;安装要求高;远距离测距精度低	应用于车道偏离警告系统、汽车防碰撞系统、交通标志识别系统
V2X 技术	可以实现车辆之间的实时通信和信息共享,提升交通安全;可以优化交通流量,提高交通效率;可以优化车辆行驶路线和速度,减少能源消耗和排放	存在隐私泄露和安全攻击的风险;投资和成本高;存在需要统一的技术标准和互操作性问题	用于车辆之间的碰撞预警、盲区监测;交通信号优化、拥堵预测和调度、智能停车;电动车辆的充电和能源管理

4.3 智能电动汽车智能决策技术

4.3.1 智能决策技术概述

智能电动汽车智能决策技术是现代汽车工业领域的一项重要研究方向。随着环境保护意识的提高和对可持续发展需求的增强,智能电动汽车作为一种清洁能源交通工具,受到了广泛关注。然而,智能电动汽车的普及和推广面临许多挑战,其中之一就是如何提高其智能决策能力。智能决策技术通过使用传感器、计算机视觉、人工智能等先进技术,使汽车能够根据道路、交通、天气等信息,做出智能化的决策,这些决策可以涉及驾驶模式的选择、能源管理、充电策略及安全措施等方面,以提高行车安全性、能源利用效率和驾驶舒适性。智能决策技术可以帮助智能电动汽车实现自动驾驶、智能巡航、能源管理等功能,进一步提升其性能和竞争力。

1) 智能决策技术可以帮助智能电动汽车选择最佳驾驶模式。智能电动汽车通常具有多种驾驶模式,如智能电动模式、混合动力模式和燃油模式等。通过分析驾驶环境、电池电量和用户需求等因素,智能决策技术可以自动选择最适合的驾驶模式,以实现最佳能源利用效率。

2) 智能决策技术可以优化能源管理。智能电动汽车通常搭载高效的电池系统和能量回收装置,以最大限度地延长续驶里程。通过智能决策技术,智能电动汽车可以根据驾驶环境和用户需求等因素,智能化管理能源的使用和存储,以获得更长的续驶里程,并且减少对充电设施的依赖。

3）智能决策技术可以制定更合理的充电策略。智能电动汽车的充电策略不仅涉及何时充电，还涉及何处充电和如何充电等问题。通过智能决策技术，智能电动汽车可以根据充电设施的分布、充电速度和电池状态等因素，智能化选择最佳充电策略，以满足用户需求，同时减少充电时间和能源浪费。

4）智能决策技术可以提供更高的安全性。智能电动汽车通过传感器和人工智能等技术手段，可以实时监测道路和交通情况，并且预测潜在的危险。通过智能决策技术，智能电动汽车可以根据上述信息做出智能决策，如自动制动、避让障碍物等，以提高驾驶安全性。

4.3.2 智能决策技术架构与组成

1. 智能决策系统结构体系

智能决策技术是智能电动车的"大脑"模块，包含驾驶行为决策、局部路径规划及整体路径规划，它以环境感知系统输出的场景信息作为输入，预测未来车辆运动状态，确保智能电动汽车安全行驶。

（1）驾驶行为决策 驾驶行为决策是智能电动汽车的关键功能之一，它基于当前的场景信息和车辆状态，通过算法和模型来判断最佳驾驶行为。例如，在遇到交通信号灯时，智能决策技术可以根据信号灯的颜色和位置，决定是否继续前行；在遇到障碍物或其他车辆时，智能决策技术可以选择合适的路径规划，以避免碰撞或与其他车辆发生冲突。

（2）局部路径规划 局部路径规划是智能决策技术的一个重要组成部分，它通过分析车辆周围的环境信息，确定车辆在短时间内的最佳路径。例如，在转弯或变道时，智能决策技术可以计算出最合适的转向角度和速度，以确保车辆安全通过道路的曲线部分。局部路径规划还可以考虑车辆的动力系统和能量消耗，以优化驾驶效率和续驶里程。

（3）整体路径规划 整体路径规划是智能决策技术的另一个重要功能，它基于目的地和当前位置等信息，确定车辆在长时间内的整体行驶路径。智能决策技术可以考虑交通状况、道路条件、限速等因素，选择最佳行驶路线。例如，在遇到拥堵路段时，智能决策技术可以选择绕行路径，以减少行驶时间和能量消耗。

2. 智能决策技术的组成

智能电动汽车智能决策技术的组成主要有传感器、处理器、算法和决策模型。

（1）传感器 传感器是智能电动汽车智能决策技术的重要组成部分。传感器可以实时感知汽车周围的环境信息，如车辆的位置、速度、方向、距离、障碍物等。智能电动汽车通常采用多种传感器，以获取更加全面和准确的环境信息。

（2）处理器 处理器是智能电动汽车智能决策技术的核心部分。它可以对传感器采集的数据进行实时处理和分析，以提取有用的信息和特征。处理器的性能和速度直接影响智能电动汽车的响应速度和决策能力。智能电动汽车通常采用高性能的嵌入式处理器或者 GPU 等硬件设备，以满足实时性和计算能力的要求。

（3）算法 算法是智能电动汽车智能决策技术的关键组成部分。它可以对传感器采集的数据进行特征提取、分类、聚类、预测、优化等处理，以实现智能决策。智能电动汽车的算法通常采用深度学习、强化学习、进化算法等人工智能技术，以实现更加智能化和自适应的决策能力。

（4）**决策模型** 决策模型是智能电动汽车智能决策技术的最终实现形式。它可以根据算法处理的结果，对汽车的行驶路线、速度、加速度及制动等行为进行决策。智能电动汽车的决策模型通常采用基于规则、基于模型、基于数据等决策方法，以实现不同的决策目标和需求。

4.4 智能电动汽车安全保护技术

4.4.1 安全保护技术概述

随着技术进步，汽车正在以更高的速度、更好的性价比为目标，为用户提供更多的便利、更好的驾乘体感，同样也产生了更多的安全性问题。然而，由于电动汽车的普及，其中的安全问题依然十分突出。例如，由于碰撞造成的人身伤害，以及由此引发的次生风险，如高压泄漏、总成故障、电气连接故障、短路或者电池起火等，这些都需要加以重视。随着科技的发展，智能电动汽车的安全保护技术已经从传统电动汽车系统转变为先进的智能系统，有效防止短时间内高温和高功率使用所造成的潜在危害，从而降低了安全风险。

4.4.2 安全保护相关技术

智能电动汽车安全保护技术涉及智能电动汽车的方方面面，包括主动安全技术、被动安全技术以及电池安全、先进的智能设备和网络安全等。这里仅对电池智能健康管理、故障识别与预警防控、碰撞后快速断电等安全技术加以介绍。

1. 电池智能健康管理技术

电池智能健康管理技术是一种新兴技术，它利用先进的数据处理方式，如传感器、监控系统、算法、模型、软件、硬件等，实时检测、诊断、维护电池，确保其正常工作。该技术还具备故障预防、自我检查等功能，能及时发现问题并解决。它不仅可以帮助维护电池的正常工作，还可以防止故障发生，从而更好地满足用户需求。通过优化应用体验，可以进一步提高电池的可信度和安全性，从而提升整车的安全性能。

电池智能健康管理技术主要包括以下方面：

（1）**电池状态监测** 通过安装在电池组中的传感器，实时监测电池的电量、电压、温度、电流等参数。这些传感器可以提供准确的电池状态信息，帮助车辆管理系统了解电池的实时工作状况。

（2）**电池健康诊断** 通过对电池状态数据的分析和处理，诊断电池的健康状况，包括判断电池的容量衰减情况、内阻增加程度、循环寿命等，并采取相应措施快速检测电池的故障，大大提高其使用效率和耐久性。

（3）**充放电管理** 电池智能健康管理技术可以监测和控制电池的充放电过程，确保其在安全范围内充放电。通过对电池的实时监控,能够有效避免过充电或过放电,从而降低电池的能量消耗,延长其使用寿命。

(4) **热管理** 电池智能健康管理技术可以监测和控制电池的温度,防止过热或过冷对电池性能和使用寿命产生影响。通过采用先进的热管理技术,如风扇、冷却液等,可以有效维持电池的正常运行温度。

(5) **预测性维护** 通过对电池状态数据的分析和建模,可以预测电池的使用寿命和性能衰减趋势。这有助于制订合理的维护计划,提前更换老化的电池,避免电池故障和性能下降对车辆使用产生影响。

通过采用先进的动力电池智能健康管理技术,可以大大改善智能电动汽车的安全性能、效率、使用寿命,并降低动力电池的维护成本。随着技术的不断发展,电池智能健康管理技术将进一步完善,为智能电动汽车的可靠性和可持续性发展提供支持。

2. 故障识别与预警防控技术

智能电动汽车的故障识别与预警防控技术通过监测和分析汽车各个系统和部件的工作状态和性能,识别潜在的故障或异常情况,并提前发出预警信号,以便及时采取相应的措施进行修复或防控。该技术主要依靠车载传感器、数据采集设备和智能算法等技术手段,对智能电动汽车的关键参数进行实时监测和分析。通过实时监控,可以检查电池、电机、辅助系统的性能,并及时调整其运行状态。一旦检测结果显示某项特定的参量超过正常值或是存在故障,系统就立即发送预警信号,以便于驾乘人员及技术人员及早做出反应。通过故障识别与预警防控技术,可以及时发现和解决智能电动汽车的故障,避免其进一步扩大而影响车辆的安全性能和可靠性。此外,这项技术还可以提供数据支持,帮助车辆制造商和维修人员分析故障原因,优化设计和维修方案,提高车辆的性能和可维护性。

智能电动汽车的故障识别与预警防控技术主要针对电池系统、电驱动系统和辅助系统等进行监测和控制。下面介绍智能电动汽车故障识别与预警防控技术的一些主要功能。

(1) **电池系统故障识别与预警** 通过实时监测电池的电压、电流、温度等参数,可以及时发现并识别出电池系统中可能存在的异常情况,如超负荷、过热、容量衰减等,从而及时向驾驶人或维修人员发出预警信号,以便其采取有效的措施来解决问题。

(2) **电驱动系统故障识别与预警** 通过对电驱动系统中的电机、控制器、传动系统等进行实时监测,检测其工作状态和性能。如果电机温度升高、传动系统出现异常振动或噪声、控制器出现故障,系统将会发出预警信号,提醒驾驶人或维修人员采取必要的措施。

(3) **辅助系统故障识别与预警** 通过对制动系统、转向系统、充电系统等的关键参数进行监测,如制动压力、转向角度、充电状态等,及时发现参数异常或系统故障等问题,以便于系统发出预警信号提醒驾驶人或维修人员进行处理。

(4) **数据采集与处理** 通过车载传感器和数据采集设备,实时采集车辆各系统的数据,并进行处理和分析。通过数据清洗、滤波、特征提取等方法,提取有用的信息,为故障识别和预警提供基础。

(5) **预警发出与防控措施** 当系统检测到任何可能的危险或不良驾驶行为时,会立即采取有效的预警措施,包括但不限于汽车内部的可视化显示、语音指令、智能终端提示及其他安全技术。同时，系统也会提供相应的防控措施建议，如停车检修、更换零部件等，以减少故障对车辆和驾驶安全的影响。

智能电动汽车的故障识别与预警防控技术可以提高车辆的安全性能、可靠性和驾驶体验。随着技术的不断发展，该技术将进一步完善，为智能电动汽车的可持续发展提供更好的支持。

3. 碰撞后快速断电技术

通过引入 BMS 的碰撞检测，能够更好地预防汽车之间的冲突所造成的安全事件。BMS 能够检测汽车之间的冲突，并及时地将高压继电器切断，使得冲突双方都能够得到及时的处理。但 BMS 的检测能力较弱，远高于 30ms。由此可见，如果未能尽早切断高压继电器，可能导致高压回路的短路，进而引发更多的安全隐患。因此，为了解决此类问题，企业可以考虑采用双路高压断开技术，通过主动熔断器和高压继电器，将断开的时间降至 25ms 以内，以确保即便出现碰撞，也能够避免引发爆炸，从而提高汽车的安全性。

碰撞后快速断电技术一般由碰撞传感器、控制单元和快速断电装置组成。通过碰撞传感器接收碰撞信号，控制单元可以根据其强度和方向来决定是否需要断开电源，以保证系统正常运行。快速断电装置通常具有一个高功率继电器或开关，它可以迅速切断电池与车辆其他电气系统之间的连接。

在智能电动汽车上应用该技术，一旦发生碰撞，即可迅速切断车辆的电力系统，降低火灾、电击和其他潜在的安全风险。这有助于保护车辆驾乘人员和周围人员免受更大的伤害，也能提高汽车的安全性能和驾乘人员的安全保护水平。

4.5 智能电动汽车先进辅助驾驶技术

智能电动汽车的先进驾驶辅助系统（Advanced Driving Assistance System，ADAS）是利用安装在车上的各种传感器，结合计算机视觉、人工智能和大数据分析，在汽车行驶过程中随时感应周围的环境，收集数据，进行静态、动态物体的识别与跟踪，有效提高汽车驾驶的舒适性和安全性。辅助驾驶技术的核心目标是实现部分或完全自动化驾驶，减轻驾驶人的操作负担，并提高道路行驶的安全性和效率。

智能电动汽车的先进辅助驾驶技术包括多个功能模块，最常见的有车道保持辅助（LKA）系统、自动紧急制动（AEB）系统、自动泊车辅助系统以及制动辅助系统、倒车辅助系统、行车辅助系统等。

4.5.1 车道保持辅助系统

车道保持辅助（Lane Keeping Assistance，LKA）系统是一项先进的车辆安全技术，旨在通过整合传感器、摄像头和车辆控制系统，帮助驾驶人在车辆行驶过程中保持车道，并在必要时进行自动调整，如图 4-5 所示。通过车道检测和识别算法，该系统能够分析传感器提供的图像和数据，准确检测车道标线，并识别车辆相对于这些标线的位置，从而了解车辆在当前道路上的位置和方向。系统一旦检测到车辆偏离预定的车道,就会采取自动控制措施,通过调整车辆的转向盘或应用轻微的制动力,使车辆重新回到正确的车道。这项技术旨在提高驾驶人对车辆位置的感知,并在必要时纠正路线偏离。车道保持辅助系统不仅可以自动调整车辆方向,还具有警告功能。系统通常配备声音或视觉警告,当驾驶人未使用方向指示器而车辆偏离车道时,系统将提醒驾驶人采取措施。

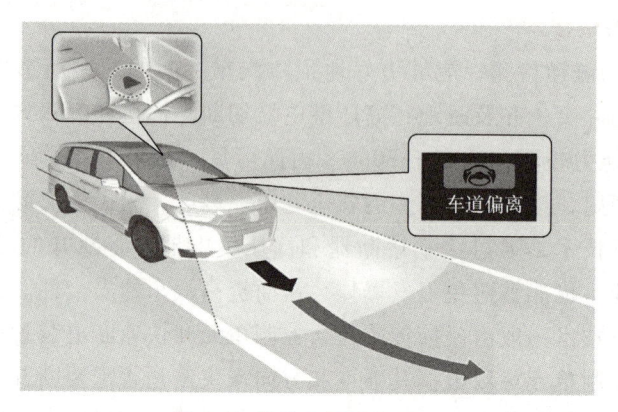

图 4-5 车道保持辅助系统

4.5.2 自动紧急制动系统

自动紧急制动(Automatic Emergency Braking,AEB)系统被认为是一种高效的汽车安全技术,它能够有效防止和减缓道路拥堵,从而大大降低事故的风险。它利用高精密的数字化传感器技术,能够对道路上的危险因素进行实时监控,如路面情况、障碍物的位置等,从而发出危险预警信号并提供快速的制动信号,有效防止碰撞发生,减少事故造成的损失。AEB系统的结构主要有两部分:CIB(Crash Imminent Bracking)和 DBS(Dynamic Bracking Support)。CIB能够检测危险因素,发出警告,提供必要的制动信号,有效防止碰撞发生。DBS能够提供强大的制动功能,有助于在发生事故或驾驶人无法控制的情形下,迅速制动停车;同样,DBS 也能够提供安全的制动辅助,防止碰撞发生。

AEB 系统采用多种感知技术,包括雷达、摄像头、激光测距仪,以便及时发现和识别路面上的汽车、行人和障碍。这些传感器会不断地扫描周围环境,并将获取的数据传输到系统的控制单元进行处理。控制单元使用智能算法来分析数据,判断前方是否存在潜在的碰撞风险。AEB 系统在检测到前方的车辆、行人或障碍物,以及可能发生的碰撞时,会立即发出警告,以提醒驾驶人采取必要的制动措施。如果驾驶人未能及时反应或采取足够的制动力度,AEB 系统将自动启动制动系统,施加足够的制动力度,以尽量减少碰撞的严重程度或避免碰撞发生。有些高级的 AEB 系统还可以进行主动制动转向,以避免碰撞或减少碰撞的影响。

AEB 系统主要由行车信息感知模块、中央控制器和执行器模块组成。如图 4-6 所示,AEB 系统利用摄像头、雷达等感知技术,对前方的汽车发出预警,并以语言及其他相关方式向其驾驶人发出警告,以便他们及时做出反应,防止发生追尾事故。

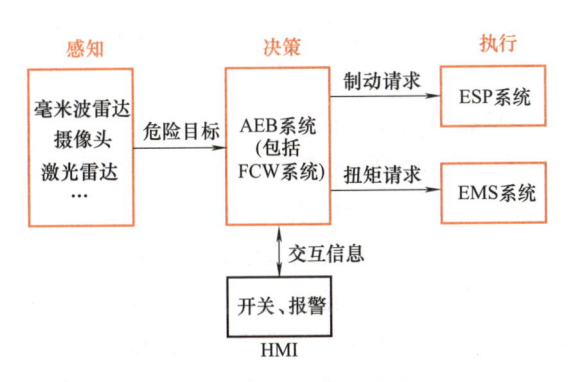

图 4-6　AEB 系统的工作原理

4.5.3　自动泊车辅助系统

自动泊车辅助（Automatic Parking Assistance）系统是一项先进的技术，旨在提高智能电动汽车在停车场等空间狭小环境中的泊车效率和安全性，如图 4-7 所示。该系统通过整合传感器、处理器及车辆控制单元，能够不在驾驶人的监督下，自主完成泊车操作。其中，传感器主要包括超声波传感器、激光雷达等，用于实时感知车辆周围环境，它们能够测量距离、检测障碍物、识别停车位等信息。通过综合利用传感器采集的数据，自动泊车辅助系统能够建立精确的环境地图，为泊车提供准确参考。具体来说，就是通过高级的数据处理和决策算法对传感器获取的数据进行分析，使系统能够识别障碍物的位

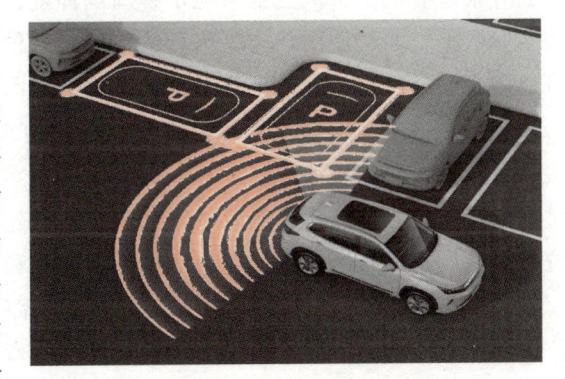

图 4-7　自动泊车辅助系统

置、形状和距离，同时考虑车辆的尺寸和动力学特性。基于这些信息，系统能够生成有效的泊车路径，并进行实时决策，以确保泊车过程的顺利进行。系统通过与车辆控制单元紧密合作，可执行自主控制。在决策完成后，系统发送指令给车辆控制单元，实现转向、加速、制动等控制。这种自主控制使得车辆能够在紧凑的停车场环境中自动完成复杂的泊车动作，从而减轻了驾驶人的负担。在整个泊车过程中，系统通过摄像头实时监控车辆周围的情况。这种监控不仅用于调整泊车路径，还能及时检测到突发状况，并采取必要的应对措施。此外，系统还提供清晰的泊车过程反馈，以帮助驾驶人了解系统操作并提高其信心。自动泊车辅助系统不仅注重泊车的安全性，还追求泊车的精度和效率。通过精准的传感器和先进的控制算法，系统能够在有限的空间内实现最佳泊车路径，确保车辆安全停放，并最大限度地利用停车位。为了方便驾驶人与系统进行交互，该系统配备了直观的用户界面，驾驶人可以通过车载显示屏或手机应用软件实时监控泊车过程。同时，系统也提供了简便的操作界面，如选择停车位、启动泊车等，使得整个交互过程更加友好。

综合来看，自动泊车辅助系统通过先进的感知技术、高效的决策算法和自主控制系统，

为用户提供了更加智能、安全和便捷的泊车体验。该系统的应用将在提高城市停车效率、减少交通拥堵及增强驾驶人体验等方面发挥重要作用。

自动泊车辅助系统的关键技术主要有以下3个：

（1）车位空间识别技术　车位空间的有效识别，对于成功泊车入位具有决定性作用，其中传感器的选择尤为重要。自动泊车辅助系统的车位空间识别技术是一项复杂的技术，涉及多种传感器和算法，旨在实现对周围环境的高度感知和准确识别可用的停车位。摄像头捕捉到的图像需要经过图像处理和计算机视觉算法的分析，这些算法能够识别道路上的车位标线、停车位和潜在的障碍物，以及检测标线的形状、颜色和位置，从而确定停车位的可用性和大小。通过将识别到的停车位信息与车辆尺寸进行匹配，系统能够确定哪些停车位适合当前车辆。这包括对车位长度、宽度和车辆自身尺寸的准确测量，以确保泊车的安全性和有效性。车位空间识别技术需要具备实时更新功能，以反映周围环境的变化。系统需要动态调整识别到的停车位信息，同时为驾驶人提供实时反馈，显示当前可用的停车位信息，以帮助驾驶人做出决策。有的系统还有高级特征识别技术，能够检测交叉点、行人道、障碍物等，这些额外信息有助于系统更全面地了解周围环境，提高停车位识别的准确性。基于传感器提供的实时数据，系统使用智能决策算法来确定最佳停车位，并规划车辆的泊车路径。这些算法可以考虑避开障碍物、最小化车辆转向次数等因素，以确保泊车过程的高效性和安全性。

（2）路径规划与轨迹跟踪控制技术　在自动泊车辅助系统中，路径规划算法的效用直接决定了泊车是否成功。系统首先通过传感器感知车辆周围环境，获取道路结构、停车位信息和障碍物位置等数据；然后基于这些数据构建高精度的环境地图，包含道路几何、停车位位置和障碍物分布等信息；最后通过图像处理和计算机视觉技术检测可用的停车位，并考虑车辆尺寸与停车位的匹配，选择最佳停车位。路径规划算法（如 A^* 或 RRT）适用于从当前位置到停车位的路径优化，考虑路径长度、转弯次数和避障等因素。

在规划路径时，系统也需要建立车辆的运动学和动力学模型，考虑车辆的速度、加速度和转向盘转角等参数。路径规划结果生成实际轨迹，并利用插值和平滑技术确保轨迹连续平滑。车辆内部传感器实时监测状态，包括位置、速度和转向角度等，并使用反馈控制算法（如 PID 控制器）根据实际状态调整车辆速度和转向，确保车辆沿规划轨迹行驶。此外，系统还需要实时监测环境变化，调整轨迹或采取避障策略以保证齐全。为了提升用户体验，系统应提供可视化界面，展示泊车过程，并允许驾驶人进行手动干预。

路径规划与轨迹跟踪控制技术能够确保自动泊车辅助系统在不同环境下高效、安全地规划路径并精准地执行轨迹跟踪。实时感知和控制的协同作用使得系统能够适应复杂的交通场景，从而保证泊车操作顺利完成。

（3）EPS 转角控制技术　自动泊车辅助系统要求使用 EPS 控制器控制车辆自动转向实现自动泊车功能。这项技术使用传感器监测转向系统的各种参数，包括转向轮的位置、速度、转角等，这些数据对于实现精确的转向控制至关重要。ECU 负责处理传感器提供的数据，并根据车辆的状态和驾驶人的输入生成相应的电机控制信号。先进的电机控制算法应考虑车速、转向轮转角、转向力矩等因素，以实现转向的平稳性和响应性，常见的控制算法包括 PID 控制、模型预测控制（MPC）等。控制电机可以提供适当的助力转矩，以减轻驾驶人的转向负担,并实现力矩反馈,使驾驶人能够感知路面情况,提高驾驶的可感知性和安全性。EPS 转角控制技术通过对转向系统进行动力学建模,可以了解系统的响应特性,并为控制算法提供准确的系统模型。此技术的发展旨在提供更智能、高效、安全的转向助力系统,使驾驶变得更加轻松、舒适,并满足不同驾驶场景下的需求,从而改善车辆的操控性能。

4.5.4 制动辅助系统

制动辅助系统是一项关键的技术创新,旨在提高智能电动汽车的制动性能、安全性和驾驶舒适性,如图 4-8 所示。该系统整合了先进的传感器、控制算法和电机技术,可为驾驶人提供更智能、精准的制动控制体验。

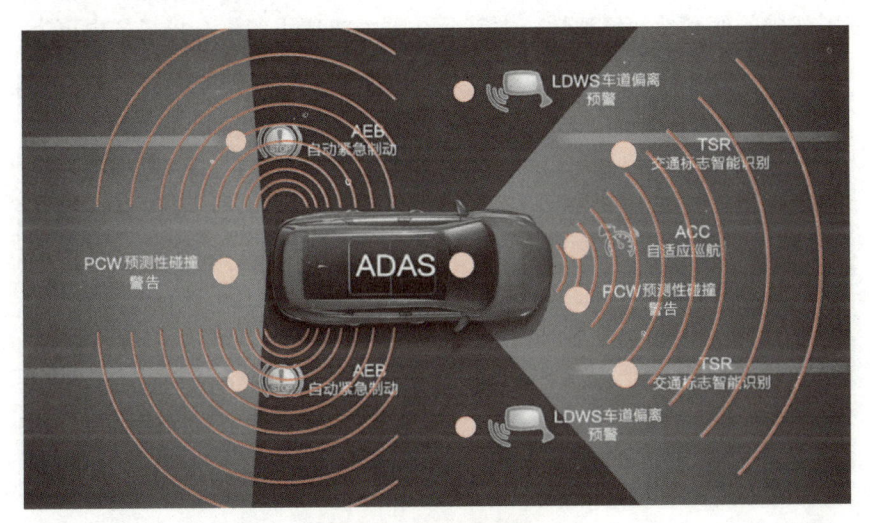

图 4-8 制动辅助系统

再生制动是智能电动汽车制动辅助系统的核心技术之一,通过将电动机转换为发电机,在车辆制动时将动能转换为电能并存储于电池中,从而实现能量的回收和再利用。这不仅有助于提高能源利用效率,还延长了汽车的续驶里程。智能电动汽车的制动辅助系统还包括智能制动力分配技术,通过实时监测车辆的动态数据、车速、加速度等信息,系统能够智能地分配制动力,确保每个车轮都得到适当的制动力,提高了制动性能和行驶稳定性。

在紧急情况下,制动辅助系统能够迅速响应,提供更大的制动力,缩短制动距离,从而提高车辆的安全性。这一特性对于避免碰撞、应对突发状况至关重要。制动辅助系统的自适应巡航控制功能可以进一步提升驾驶体验,系统可以根据前方车辆和道路状况自动调整制动力,实现更智能、平滑的制动过程,提高驾驶舒适性和燃油效率。此外,制动辅助系统与电子稳定控制系统协同工作,通过对车辆动态数据的监测和制动干预,可以提高车辆的操控性和稳定性。同时,该系统能够监测制动系统的健康状态,进行故障检测和诊断,确保制动系统的可靠性。

制动辅助系统通过整合多种先进技术,为智能电动汽车提供了更高水平的制动性能和安全性。它的创新对于推动电动汽车领域的发展、提升用户体验,以及实现可持续交通的目标,都具有重要意义。

77

4.5.5 倒车辅助系统

倒车辅助系统是一种现代汽车安全技术，用于帮助驾驶人在倒车时更安全、便捷地操作车辆，如图4-9所示。该系统利用各种传感器，提供实时反馈和辅助功能，以减少倒车时的盲区和事故风险。常见的倒车辅助系统包括倒车雷达、倒车摄像头和全景监控系统。倒车雷达通过超声波检测后方障碍物的距离，并发出声音或显示警告，提醒驾驶人注意。倒车摄像头通过显示后方实时视频，帮助驾驶人清晰地看到周围环境，特别是盲区。全景监控系统结合多个摄像头，提供全方位的视角，使驾驶人更容易判断周围情况。加上自动泊车辅助系统，还能自动控制转向盘完成停车操作，减轻驾驶人的操作负担。这样不仅提升了驾驶安全性，也增强了驾驶的便利性和舒适性，尤其是在繁忙或狭小的停车场场景中更为有效。

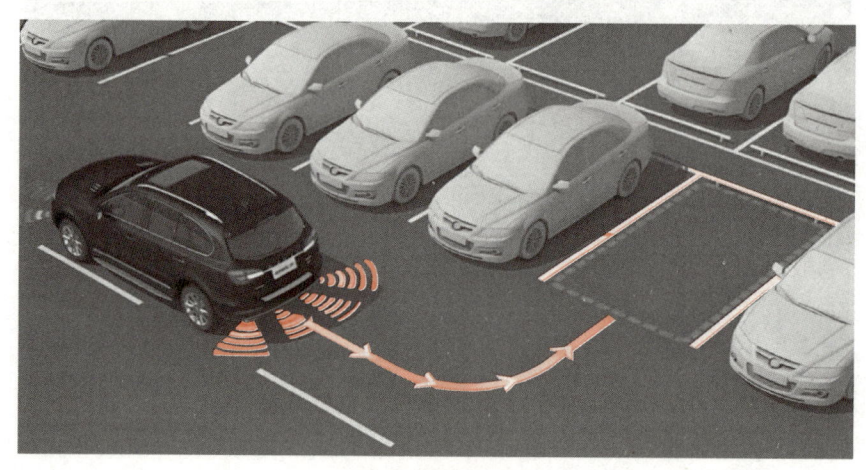

图4-9 倒车辅助系统

倒车辅助系统以图像、声音的直观形式告知驾驶人车辆与障碍物的相对位置，消除因后视镜存在盲区带来的困扰，为驾驶人倒车提供便利，消除安全隐患。按照传感器的不同，倒车辅助系统可以分为红外线式、电磁感应式、超声波式和超声波与机器视觉配合式四种。

（1）红外线式　红外线探测器在智能电动汽车中有多种应用，主要集中在增强驾驶人和车辆的安全性、提升驾驶体验及实现车辆自动化功能上。红外线探测器被广泛用于智能电动汽车的安全系统中，它们可以用于前后方障碍物检测，帮助驾驶人在倒车或者前行时避开碰撞。将红外线探测器安装在车辆的前后部位能够探测距离较近的障碍物，再通过声音警告或者显示屏提醒驾驶人。红外线技术还可以用于智能泊车辅助系统。通过安装在车辆周围的红外线传感器，系统可以实时检测周围环境的障碍物，并根据传感器反馈自动调整方向，帮助驾驶人完成复杂的泊车操作，特别是在拥挤的停车场场景中更有效。

（2）电磁感应式　电磁感应是一种基于法拉第电磁感应定律的现象——通过磁场的变化而产生电流。电磁感应式通常指利用这一现象所设计的一类设备或系统，用于产生电流、电压或其他电磁效应。

电磁感应技术在智能电动汽车的倒车辅助系统中具有重要作用。该技术利用电磁感应传感器来监测车辆周围的环境，特别是在倒车时帮助驾驶人识别和避开障碍物。

电磁感应传感器通常安装在车辆的后部或者保险杠附近，其工作原理是通过发射电磁波，并接收回波来检测周围物体的距离和位置。传感器可以检测到靠近车辆的物体，无论是固定的物体，如墙壁和柱子，还是移动的物体，如行人或其他车辆。当驾驶人选择倒车时，电磁感应传感器会自动激活，一旦检测到有物体靠近车辆，就会向车辆的控制系统发送信号。系统会分析传感器提供的数据，并根据障碍物的位置和距离向驾驶人发出警告，通常是通过声音或者视觉的形式提醒驾驶人注意避让障碍物。电磁感应式倒车辅助系统的优势之一是能够在各种天气条件下良好工作，因为电磁波可以穿透雨雪等环境。此外，由于该技术不依赖于光线，因此即使是在光线不足或者夜间，也能提供可靠的倒车辅助功能。电磁感应技术在倒车辅助系统中凭借其高效的距离检测和警示功能，显著增强了倒车的安全性和操作便利性，成为现代汽车安全技术中不可或缺的一部分。

（3）超声波式　超声波式倒车辅助系统的技术成熟，稳定性、灵敏度、经济性都比以往的倒车辅助系统好。20世纪90年代，倒车辅助系统终于迎来技术上的突破，采用超声波作为检测媒介。超声波发射接收装置（俗称探头）主要由铝合金外壳、陶瓷振荡片、吸声材料组成。

超声波技术在倒车辅助系统中扮演重要角色。该技术利用超声波传感器来监测车辆周围的环境，为驾驶人提供实时的距离和障碍物信息，从而大大提升了倒车的安全性和便利性。超声波传感器通常安装在车辆的前后保险杠附近，或者其他合适的位置，其工作原理是通过发射超声波脉冲，并监听回波来检测周围障碍物的距离。超声波传感器可以同时监测多个方向，包括左右两侧，甚至是车后方。当驾驶人选择倒车时，超声波传感器会自动启动，一旦检测到靠近车辆的物体，便会发送信号给车辆的控制系统。系统会根据传感器提供的数据计算出物体与车辆的距离，并根据需求触发声音或者视觉警告，通知驾驶人注意避让障碍物。在一些先进的系统中，超声波传感器的数据还可以与车辆的倒车摄像头或者全景监控系统结合使用，从而为驾驶人提供更加直观和全面的倒车辅助信息，帮助其更轻松地完成倒车操作，尤其是在拥挤或者狭小空间内。

（4）超声波与机器视觉配合式　新的倒车辅助系统以超声波和机器视觉作为检测手段。所谓机器视觉，就是用机器代替人眼去搜集信号，用计算机代替人脑进行判断。超声波与机器视觉的配合在许多应用中发挥着重要作用，通过结合这两种技术，可以实现更全面、精确的感知和控制。

超声波和机器视觉在倒车辅助系统中的配合应用，能够极大增强倒车操作的安全性和便利性。超声波传感器主要负责实时监测车辆周围的障碍物，机器视觉系统则通过摄像头或者激光雷达等高级传感器，提供更加详细和全面的周围环境信息。借助深度学习和计算机视觉算法，机器视觉系统能够实时识别和分析车辆周围的障碍物，包括车辆、行人、交通标志等。该系统可以在复杂的环境中工作，提供更高精度的障碍物识别和位置估计。超声波和机器视觉系统通常通过车辆的中央处理单元（CPU）进行数据融合和协同工作。超声波传感器提供快速响应和精确的距离测量，机器视觉系统则具有更加详细的环境理解和障碍物识别能力，这种配合式应用能够将两者的优势结合起来，形成更加可靠和高效的倒车辅助系统。

4.5.6 行车辅助系统

行车辅助系统，本质上是为了用户安全，减轻用户疲劳度而生。智能电动汽车的行车辅助系统综合使用了一系列先进的技术和功能，旨在提高驾驶安全性、舒适性和效率，如图4-10所示。该系统利用传感器等感知设备，结合先进的数据处理和人工智能技术，为驾驶人提供全方位的支持和保护。它包括智能巡航控制和车道保持辅助两个子系统。智能巡航控制子系统利用雷达和摄像头感知前方车辆的行驶状况，自动调整车速，保持安全跟车距离，避免碰撞；车道保持辅助子系统则通过摄像头识别车道标线，确保车辆在车道内行驶，同时能够主动进行车道保持调整，提高行车稳定性。

行车辅助系统在驾驶人监测和驾驶行为识别方面也取得了显著的进展。通过摄像头和传感器监测驾驶人的状态，包括疲劳驾驶、分神驾驶等，系统能够及时发出警示，提醒驾驶人采取必要的安全措施，减少交通事故的发生。智能电动汽车的行车辅助系统通过整合先进的感知技术和人工智能算法，为驾驶人提供全方位的安全保障和驾驶支持。这不仅提高了行车的安全性和效率，也为未来智能交通系统的发展奠定了基础。

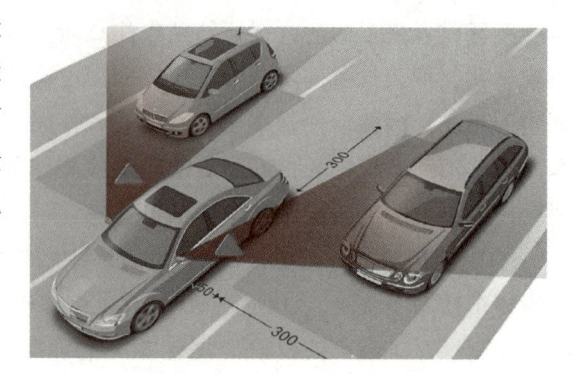

图4-10 行车辅助系统

下面简单介绍5种常见的行车辅助系统。

（1）预测性紧急制动系统 预测性紧急制动系统是一种先进的汽车安全技术，旨在提高车辆对潜在危险情况的感知和应对能力。该系统利用先进的感知技术和数据处理算法，能够提前识别可能导致事故的情况，并在驾驶人采取行动之前采取紧急制动措施，从而减少事故的发生或减轻事故的严重程度。

预测性紧急制动系统通过使用各种感知设备，如雷达、摄像头等，实时监测车辆周围的环境。这些感知设备能够探测到前方的车辆、行人、障碍物等，并将感知到的数据发送给车辆的控制系统。系统对感知到的数据经过高级的处理和分析后，利用复杂的算法对潜在的危险情况进行判断，包括与前车的距离、车辆相对速度及行人的移动方向等因素。基于对潜在危险情况的分析，系统做出预测性决策，如是否存在碰撞的风险及应采取的紧急制动措施。如果系统确定存在潜在的碰撞风险且驾驶人未采取足够的行动，预测性紧急制动系统将触发紧急制动，如自动降低车速，甚至完全停车，以防止碰撞发生或减轻事故的后果。在系统采取紧急制动措施之前，通常会向驾驶人发出警告，以便于驾驶人有机会自主采取措施来避免潜在的碰撞。

（2）车道偏离预警、循迹辅助系统 车道偏离预警、循迹辅助系统控制车辆自动变换车道的功能是迈向无人驾驶的第二步，车道偏离预警系统或循迹辅助系统能降低26%的交通事故。以博世的车道偏离预警系统为例，该系统包括驾驶人提醒、驾驶人操作失误判断、紧急制动等功能，可利用视频传感器识别车道标线并探测无意的车道偏离，通过视觉、声觉或触觉信号提醒驾驶人。当识别到车道偏离后，借助 ABS、ESP 执行器，将车辆自动调整至车道中心线处。

（3）**预防性安全系统**　预防性安全系统拥有一系列技术和功能，旨在预防潜在的危险和事故，提高驾驶人和车辆乘员的安全性。该系统利用先进的感知技术、数据分析和自动化控制来识别潜在风险，并在事故发生前采取预防措施。

预防性安全系统使用传感器、摄像头和雷达等设备监测前方道路上的障碍物，如其他车辆、行人等，当系统检测到潜在的碰撞风险时，可以通过发出警告、自动制动或调整车速等方式预防碰撞。通过摄像头或其他感知设备监测车辆的位置，如果发现车辆偏离其行驶的车道，系统可以提醒驾驶人。有些系统还能够采取主动措施，如轻微的方向调整，以保持车辆处于正确的车道。由于结合了雷达和摄像头等设备，预防性安全系统可使车辆保持与前方车辆的安全距离，并在交通流中自动调整车速，这有助于减少尾随碰撞和提高交通流的流畅性。系统利用传感器监测车辆周围的盲点区域，可以在驾驶人打算变道时提供警告，以避免潜在的侧面碰撞。通过感知设备监测交叉路口的流量和行人活动，系统可以提供交叉路口的警告，提醒驾驶人注意可能的危险。利用驾驶人监测技术，如眼动传感器或转向盘上的传感器，系统可以识别驾驶人的疲劳状态并给出相应的警告，以降低疲劳驾驶导致的事故风险。

（4）**夜视辅助系统**　夜视辅助系统是一项先进的安全技术，旨在提高车辆夜间驾驶的可见性，减少潜在的危险情况。该系统通过使用红外相机或热成像摄像头等感知设备，在低光条件下实时监测道路环境，并向驾驶人提供增强的视觉信息。

夜视辅助系统使用红外感知技术，能够探测周围环境中的热能辐射，从而在夜间或低光条件下捕捉到人、动物、障碍物等发出的热能，提供比传统车灯更广泛的视野。

一些夜视辅助系统采用热成像摄像头，将热能转化为可见的图像。这种摄像头能够显示不同温度的物体，帮助驾驶人更清晰地识别道路上的各种障碍物。夜视辅助系统将捕获到的图像实时显示在车辆的仪表板或风窗玻璃上，以便于驾驶人在驾驶时能够看到更远的距离和更多的细节。部分夜视辅助系统还具有危险物体警示功能，能够识别并标记潜在的危险物体，如行人或动物，以便于驾驶人更早地做出反应。夜视辅助系统的主要目标是提高夜间驾驶的安全性，减少碰撞和事故发生的风险。通过提供更全面、清晰的视野，使驾驶人能够更好地适应复杂的夜间道路环境。

（5）**牵引力控制系统**　牵引力控制系统（Traction Control System，TCS）是车辆动力系统的关键组成部分，旨在优化车辆的牵引力分配，提高车辆在不同路况下的性能和稳定性。其主要功能是防止车轮打滑，确保车辆在加速时能够保持最佳牵引力。

牵引力控制系统使用传感器来监测车轮的转速、车辆速度、转向角度等关键参数，通过感知设备提供实时车辆运动信息。系统通过对感知到的数据进行实时分析和处理，判断车轮是否存在打滑的情况，如比较车轮的实际转速与期望转速的差异。当系统检测到车轮即将发生打滑时，就会调整发动机输出功率或通过制动系统对特定车轮进行减速，以防止过多的动力传递给打滑的车轮。牵引力控制系统可以与发动机控制系统协同工作，通过调整节气门响应、点火时机等方式，实现对发动机输出功率的精细控制，以适应不同驾驶条件。在智能电动汽车中，牵引力控制系统还可能涉及电机和电池系统的管理，以确保在不同驾驶情况下最大限度地利用电机的动力输出。牵引力控制系统的主要目标是提高车辆在不同路况下的牵引性能，从而提高驾驶的稳定性和安全性。这对于防止车辆打滑、提高车辆加速性能和维持车辆在弯道中的稳定性都至关重要。

思考与练习

1. 简述环境感知技术所使用的各传感器的优缺点。
2. 激光雷达是如何工作的？
3. 简述智能决策技术各组成系统的功能。
4. 智能电动汽车的安全保护技术有哪些？
5. 先进驾驶辅助系统的主要技术有哪些？
6. 请简述自动驾驶技术的发展趋势。

第 5 章 / Chapter 5

智能电动汽车的试验测试

> **学习目标**
> - 理解智能电动汽车试验测试的重要性和目的。
> - 掌握智能电动汽车试验测试的基本流程和方法。
> - 了解试验测试中常见的问题和解决方法。

5.1 硬件电路设计

"工欲善其事，必先利其器"，选择实用的工具是高效完成工作的前提，也是高效工作的先决条件。随着电子技术的飞速发展，新型元器件不断出现，电子电路的功能越来越强大，伴随而来的是电子电路越来越复杂，电路设计工作不能再单纯依靠手工劳动，利用计算机设计电路变得尤为重要。许多电路设计软件各有特色，使用这些软件可以应对不同的电路设计情况。智能电动汽车硬件的电路设计主要使用 Multisim 和 Altium Designer 两个软件。

5.1.1 Multisim 软件

用 Multisim 软件可以虚拟电子电气元件、电子电气设备和仪器，即用软件设计虚拟仿真电路和测试电路功能。

Multisim 软件的元件库有上千种电路元件可供试验选择，也可以构建具有必要参数的元件库，或扩展新的或从现有的元件库中添加元件。这些元件库可以在制造商的产品手册中找到，因此可以用于设计电路和测试电路功能。元件库对工程设计也非常有用。例如，一般的试验可以使用元件库中的多功能测量仪器，如万用表、函数信号发生器、双跟踪示波器和直流电源，也可使用一些常用的实验仪器，如波特图、数字信号发生器、逻辑分析仪、逻辑转换器、失真分析仪、频谱分析仪和网络分析仪。

Multisim 软件具有更深入的电路分析功能，可以进行瞬态和稳态电路分析、时域和频域分析、线性和非线性器件分析、电路噪声和失真分析、离散傅里叶分析、电路极点归零分析、交直流灵敏度分析等，从而帮助设计人员分析电路性能。

智能电动汽车的硬件电路设计主要使用 Multisim 软件对设计的电路进行仿真，确保其功能符合要求。之后，使用印制电路板设计软件设计电路板。如果功能不符合要求，则须修改原理图，并继续进行仿真，直到仿真结果符合设计要求。

5.1.2 Altium Designer 软件

Altium Designer 软件是 Protel 软件的升级，其汇集了原理图设计、PCB 设计、电路仿真等多项技术，利用它进行辅助设计是电子专业学生的必备技能之一。

Altium Designer 18 工程软件包含四类文件，分别是原理图、PCB、原理图库、PCB 封装库。在原理图界面可以进行原理图绘制，而原理图的设计又需要相应的元件，这些元件可以在原理图库中创建，或者使用软件商提供的元件库。其余两类文件与绘制 PCB 相关，如果不需要绘制 PCB，就不用添加到项目中。

下面简单介绍 PCB 的设计流程。

1. 原理图库的准备

由于软件所带的集成库中，有些元器件可能没有，准备一个在原理图绘制过程中需要用到的元件库是必要的。

2. 原理图绘制

将所设计的电路绘制在原理图界面，在原理图设计完成后要进行原理图的编译检查，以免影响后续设计。在原理图绘制过程中，为了避免电路复杂带来视觉上的干扰，可以使用网络标号的方式，相同的网络标号表示其具有相同的电势或者信号。

3. PCB 封装库的绘制

PCB 封装库体现了一个元件的封装和焊盘大小及形状等信息，需要注意的是，绘制封装时焊盘的标号须与元件的标号完全对应。在封装库绘制过程中应养成良好的习惯，引脚标号按逆时针方向递增，并且要考虑焊接工艺。例如，对于手工焊接而言，是否有足够的焊盘能够被加热。

4. 导入封装

原理图中的每个元件都有封装，因而需要在原理图中先导入封装，以建立元件和封装的对应关系，这样才能进行 PCB 的导入工作。

5. 板框设计

在 PCB 设计中首先需要考虑外形尺寸，设计大小、形状都合适的 PCB 板框。板框可以在软件中直接绘制，也可以导入 CAD 文件，根据需求自行选择。

6. PCB 布局

一个良好的布局能为后续的布线节省很大的工作量，建议采用先大后小的原则，即先布局大器件，再放置小器件，滤波电容应尽量靠近引脚放置，以减少电路中的干扰并优化性能。

7. 规则设置

布线时有很多的规则限制，如线宽规则、间距规则、过孔大小等，Altium Designer 软件的规则设置界面如图 5-1 所示。

8. 布线

在设置好规则后，可以开始布线。既可以选择手动布线，也可以选择自动布线。如果线路比较复杂，自动布线很难达到要求，就需要手工调控。

9. 设计规则检查

电路设计规则检查（DRC）主要用于验证设计是否符合预设规则。一个完整的 PCB 设计必须经过各种电气规则的检查，通常包括间距、连通性和短路等的检查。一旦通过了检查，就可以将工程图或者独立的 PCB 文件发送给制版厂进行加工。

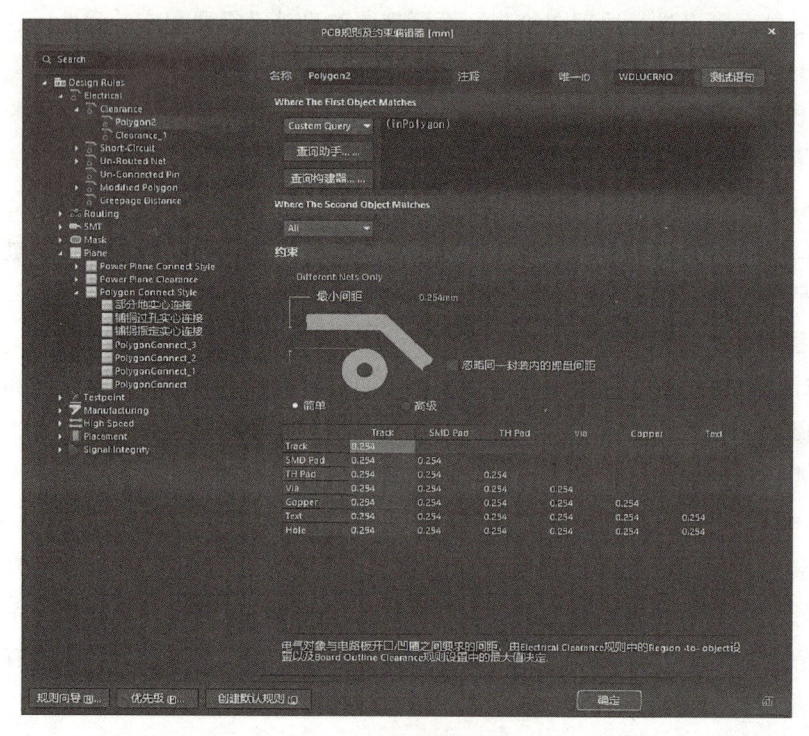

图 5-1 规则设置界面

5.1.3 主 MCU 的芯片选型

Infineon 公司的 SAK.XC2268N.40F80L 芯片（以下简称 XC2268N）是一款适用于整车控制器的强大微控制器单元（Microcontroller Unit，MCU），CMOS 技术和英飞凌 C166SV2 架构赋予了它出色的性能和功能。XC2268N 不仅能够满足汽车行业对于稳定性、环境适应性和高速处理的要求，也具备丰富的外设资源和大容量存储空间，能够灵活应对各种汽车电子应用的需求。无论是设计复杂控制算法，还是处理大规模数据，XC2268N 都是一个可靠而高效的选择。LQFP-100 型 XC2268N 引脚分布如图 5-2 所示。

XC2268N 的特点如下：

（1）**16 位架构** XC2268N 采用 16 位的架构，相比于 8 位芯片，具有更大的寄存器和更高的数据处理能力，适用于复杂的控制任务。

（2）**高性能** XC2268N 采用高性能的 CPU 内核，时钟频率可达 40MHz，能够提供快速运算和响应，适合高速控制和实时应用。

（3）**丰富的外设接口** XC2268N 能提供多种外设接口，包括多个通用 IO 口、UART 串口通信接口、CAN 总线接口、SPI 接口、定时器和 PWM 输出等，以便于连接和控制外部设备。其中，通用 IO 口用于连接和控制各种外部设备，它们可以配置为输入或输出，并支持中断功能，实现对外部信号的监测和处理；UART 串口通信接口用于与其他设备进行串行通信，这些接口支持常见的通信协议（如 RS232、RS485 等），具有可调整的比特率、数据位、停止位和校验位等参数，可以实现灵活可靠的数据传输；CAN 总线是一种广泛应用于汽车

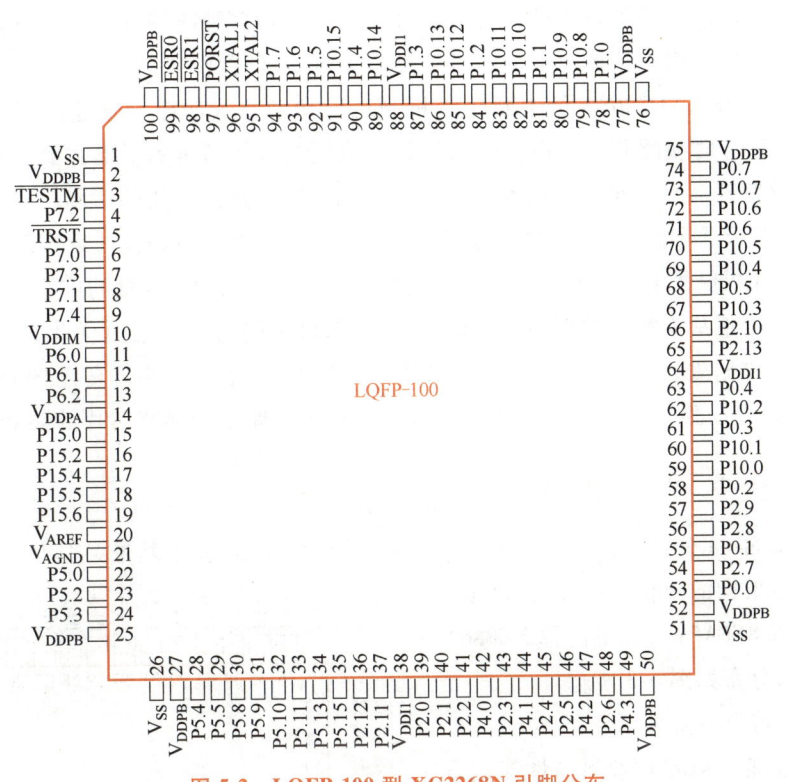

图 5-2 LQFP-100 型 XC2268N 引脚分布

电子和工业控制领域的通信协议，CAN 总线接口支持 CAN 2.0B 协议，能够与其他 CAN 设备进行高速可靠的数据通信，也支持数据过滤、屏蔽和错误检测等功能，确保数据安全和可靠；SPI（Serial Peripheral Interface）是一种串行同步数据传输接口，常用于连接外部存储器、传感器及其他外设，适用于高速数据传输和控制信号的交换，支持全双工通信模式，提供多种时钟极性和相位选择。

（4）大容量存储器 XC2268N 内置 80KB 的 Flash 存储器和 4KB 的 RAM，能够提供足够的存储空间来存储程序代码和数据。

（5）安全性 XC2268N 集成了硬件加密和校验功能，可以对存储在 Flash 存储器中的程序代码进行保护，防止其被非法篡改和复制。

（6）可编程性 XC2268N 支持多种编程语言和开发工具，开发者可以使用 C 语言、汇编语言等进行编程，也可以利用丰富的软件库来简化开发过程。

（7）低功耗设计 XC2268N 采用低功耗设计，具有多种省电模式和中断控制功能，能够有效降低功耗，延长电池使用寿命。

XC2268N 具有多种降低功耗的机制，下面介绍其中几个典型示例。

（1）睡眠模式（Sleep Mode） XC2268N 支持不同的睡眠模式，包括多级睡眠模式和深度睡眠模式。在睡眠模式下，芯片会将大部分电路关闭或进入低功耗状态，只保持必要的时钟和少量的电路功能工作，以降低功耗。

（2）时钟控制 XC2268N 提供了灵活的时钟控制机制。通过调整时钟频率或关闭不需要的时钟源,可以降低整个系统的功耗。此外,它还支持多种时钟分频控制方式,可以动态调整时钟频率,根据需求选择更低的时钟速度以实现功耗优化。

(3) **中断控制**　XC2268N 的中断控制机制可以帮助降低功耗。通过合理配置中断,可以在需要处理任务时唤醒芯片,而不是持续运行或轮询,从而避免了不必要的能耗。

(4) **电源管理**　XC2268N 在电源管理方面具有一些能降低功耗的功能。它支持多种电源模式(如低功耗模式和高性能模式),可以根据实际需求选择合适的模式以实现功耗优化。此外,XC2268N 还提供了电源失效检测和电源电压监测功能,以确保系统的可靠性和稳定性。

(5) **优化的指令集和实时时钟(RTC)**　XC2268N 的指令集经过优化,能够提供高效的指令执行和数据处理能力,从而在相同任务下降低功耗。另外,它还内置了实时时钟(RTC)模块,可以独立工作,精确计时,从而避免了需要全局唤醒芯片的频繁操作。

5.1.4　从 MCU 的芯片选型

这里以 Infineon 公司的汽车级 MCU 芯片作为从 MCU 的选用基准,具体选择的是基于 8051 工业标准架构的 8 位 MCU,芯片型号为 SAK.XC886.8FFA5V(以下简称 XC886)。该芯片的引脚分布如图 5-3 所示。

XC886 的特点主要如下:

(1) **高性能**　XC886 采用高性能的 32 位 CPU 内核,具有高速运算和处理能力。它使用高效的指令集,可以实现快速的指令执行和数据处理,适用于对性能要求较高的应用场景。

(2) **丰富的外设**　XC886 提供了丰富的外设接口,包括通用 IO 口、UART 串口通信接口、CAN 总线接口、SPI 接口、定时器和 PWM 输出等。通过这些接口可以方便地连接和控制各种外部设备,满足数据输入/输出、通信传输和信号控制等应用需求。

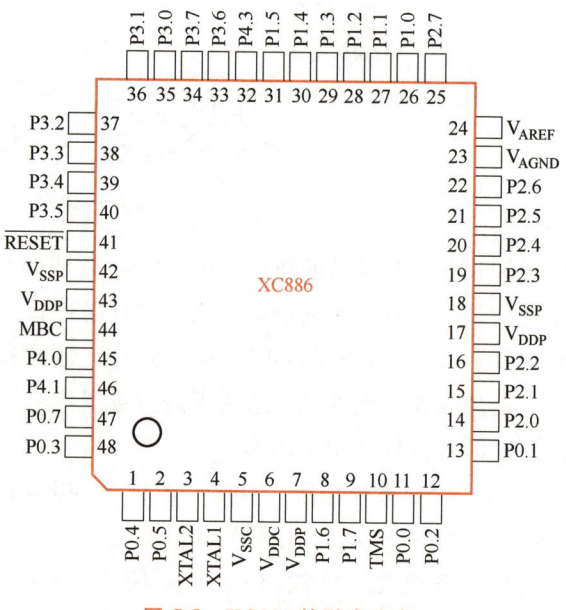

图 5-3　XC886 的引脚分布

(3) **低功耗设计**　XC886 采用低功耗设计,具有多种功耗优化机制。它支持多级睡眠模式和深度睡眠模式,在不需要进行任务处理时可以进入低功耗状态,延长电池使用寿命。

(4) **强大的中断控制**　XC886 具有强大的中断控制机制,可以提供多个中断源和优先级,支持灵活的中断配置和中断处理,因此可以及时响应外部事件,提高系统的实时性和可靠性。

(5) **高度集成化**　XC886 具有高度集成化的特点,集成了大量的功能模块,包括模数转换器(ADC)、数模转换器(DAC)、电源管理控制单元等,以减少外部器件的需求并简化系统设计。

(6) **丰富的开发工具支持**　XC886 提供了丰富的开发工具支持,包括集成开发环境(IDE)、调试器和仿真器。开发者可以利用这些工具进行软件开发和调试,简化开发流程,提高开发效率。

正是因为上述突出的特点，XC886才能成为一种适用于各种应用领域的可靠微控制器的选择。

5.1.5 最小系统设计

最小系统是保证单片机正常工作的必要组成部分，主要包括供电及起动电路、时钟电路、片上调试系统和复位电路。其中，供电及起动电路负责提供稳定的电源，确保正确启动单片机；时钟电路负责提供准确的时钟信号，保证单片机正常运行；片上调试系统可实现调试功能，方便开发人员进行调试操作，复位电路确保单片机在异常情况下能够恢复到可控状态。上述组件共同协作，确保单片机可靠运行。下面以主MCU的最小系统为例介绍最小系统的设计内容。

1. 供电及起动电路

XC2268N单片机的片上供电区域分为A、B、M和I四部分。其中，M区域和I区域为内核供电区域，由片上集成的两个电压调节器供电，内核电压为1.5V。在低功耗模式下，可以关闭I区域的供电以降低功耗。A区域和B区域为MCU的外设供电区域，此单片机采用5V电源供电，由于供电区域之间容易形成正反馈通路，进而产生寄生耦合，因此每个区域都需要添加解耦电容。用户手册中提供了详细的解耦设计方法，具体如下：对于VDDIM引脚，需要连接1~4.7μF的陶瓷解耦电容；对于VDDI1引脚，需要连接470nF和2.2μF的陶瓷解耦电容，并要进行互联；对于VDDPA引脚，需要连接220nF和10nF并联的解耦电容；对于VDDPB引脚，需要进行互联，并连接100nF的解耦电容；最后，VSS引脚需要接地，所有解耦电容应紧挨相邻的VSS引脚。XC2268N的供电电路如图5-4所示。

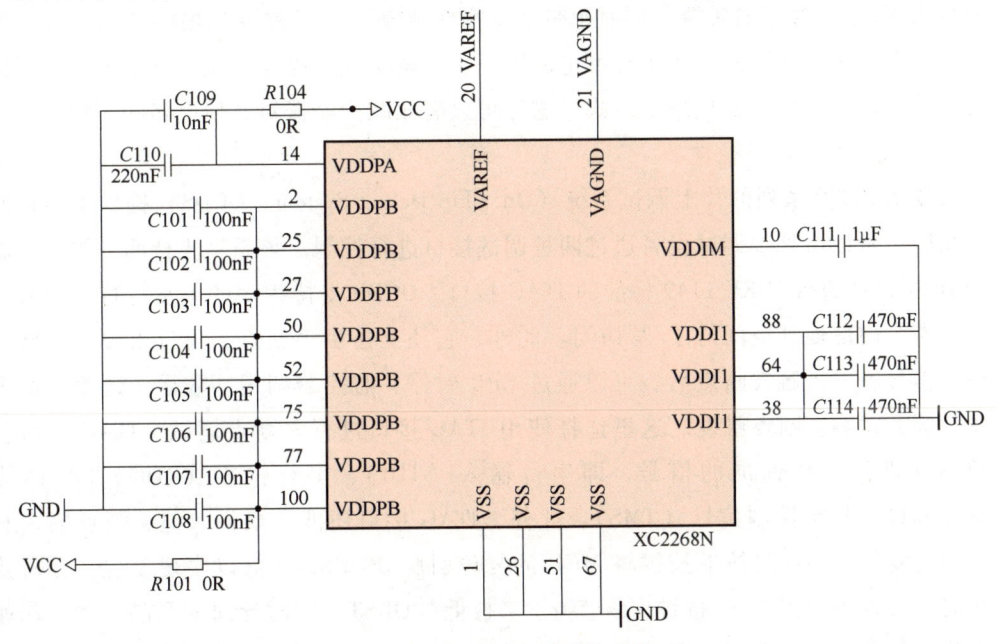

图5-4 XC2268N的供电电路

注：图中0R表示该电阻常用作跳线。

XC2268N 单片机支持五种启动模式，包括从 Flash 内部启动、SSC（串行同步）BSL（Bootstrap Loader）启动、UART（串行异步）BSL 启动、CAN BSL 启动及外部启动。启动方式可以通过硬件配置引脚/TRST 和 P10（6：0）的电平来实现。根据整车控制器烧写程序的需求，在 MCU 上电启动时，需要支持从 Flash 内部启动、UART BSL 启动和 CAN BSL 启动三种模式。

2. 时钟电路

MCU 需要一个基准时钟来确保各个模块正常运行，而时钟电路的稳定性直接影响 MCU 的运行效率。本例中时钟电路选择 8MHz 的外部晶振。XC2268N 单片机集成了片上锁相环（PLL）和外部时钟电路，可以利用倍频方式提供时钟信号，最高时钟频率可达 80MHz。MCU 的 XTAL1 和 XTAL2 引脚之间串接了外部晶振，同时选取 8pF 的微调电容。XC2268N 的时钟电路如图 5-5 所示。

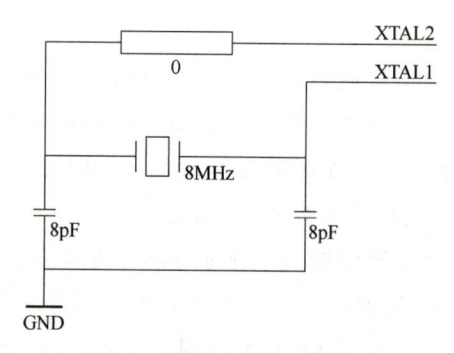

图 5-5　XC2268N 的时钟电路

注：图中 0 表示跳线，后均同。

晶振为 MCU 提供了时钟源，同时也带来了高频扰动。为了减少晶振的高频干扰，采用接地隔离的形式将晶振电路与片上外部电路隔开。也就是说，晶振模块的整个电路采用接地隔离的设计，模块采用单点接地的方式，这样可以有效减少晶振对其他电路的干扰。

3. 片上调试系统和复位电路

英飞凌 XC2000 系列的片上调试系统（On.Chip Debug System，OCDS）提供了多种调试和仿真功能，可以由外部调试设备通过两种调试接口进行控制。该系列支持两种接口：新的标准 DAP 接口和符合 IEEE 1149 标准的 JTAG 接口。OCDS 支持程序的单步运行、插入任意指令及对整个内部地址空间的读/写访问。此外，它还支持多个断点，可以由硬件、软件或外部输入信号触发。触发断点后，可以通过 CPU 暂停、监控器调用、数据传送及外部逻辑信号激活等方式响应断点触发。这里选择使用 JTAG 接口进行多断点调试。JTAG 接口包括四个符合 IEEE 1149 标准的信号，即串行输入（TDI）、串行输出（TDO）、时钟信号（TCLK）和设备状态控制信号（TMS）。此外，JTAG 接口还涉及电源、地、断点输入和输出等信号。复位电路通过按下按键将 MCU 的复位引脚/PORST 拉低以实现复位。在需要复位系统时，可以手动按下 S1 按键（图 5-6）来拉低/PORST，同时导通一个晶体管，从而点亮用于指示复位信息的 LED 灯。

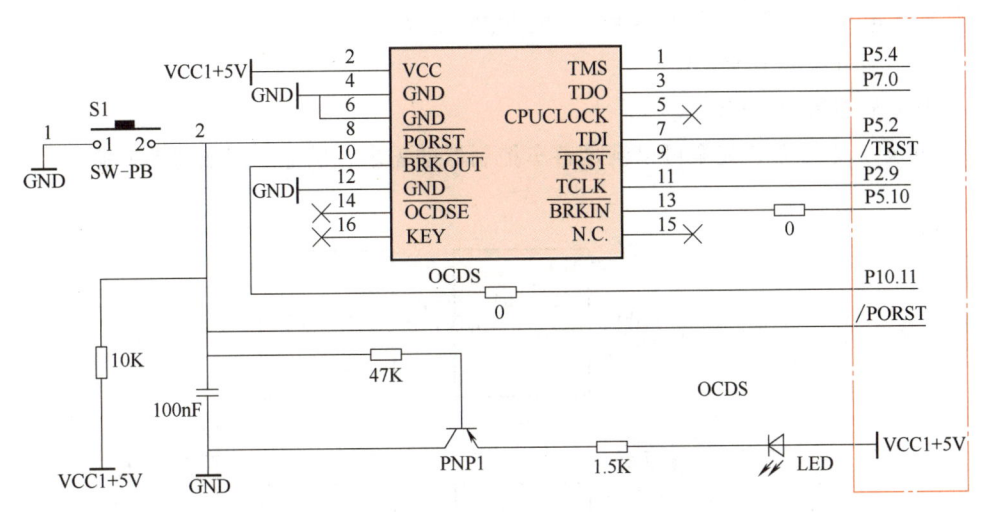

图 5-6　OCDS 和复位电路的连接示意图

5.1.6　电源模块设计

车辆整车控制器电源模块的功能是利用汽车级 DC/DC 电路，将车载辅助电池的 +12V 直流电进行转换输出，以提供整车控制器所需的稳定 +5V 电源。同时，该模块还能根据实际需求对整车控制器的上电和下电进行控制。此外，整车控制器的电源模块还能产生稳定度更高的 AD 参考电压，以满足 AD 转换需求，并为整车控制器中的隔离元件提供隔离电源。

1. 电源模块的设计

主从 MCU 电源模块采用 Infineon 汽车级芯片 TLE7469V53 作为控制器电源芯片。其中，主单片机电源芯片仅用于主单片机的供电，从单片机电源芯片用于从单片机及其他模块的供电。当主单片机发生故障时，从单片机会控制主单片机电源断电，以避免主单片机电源短路故障对其他模块的影响。从单片机的控制信号被输送到主单片机电源芯片的使能端，用于控制主单片机电源芯片的输出。当主单片机发生故障时，从单片机会发出控制信号，用于切断主单片机的电源。

钥匙信号、充电信号及从单片机的控制信号被送入从单片机电源芯片的使能端，用于控制从单片机电源芯片的输出。钥匙信号和充电信号用于电源上电控制，从单片机的控制信号用于控制从单片机的掉电延时。因此，上电时，只要钥匙信号或充电信号中的任意一个为高电平，从单片机电源芯片就会输出使能信号。之后，从单片机输出高电平，主单片机电源芯片随之输出使能信号。换句话说，从单片机电源芯片先上电，主单片机电源芯片后上电。这些电源芯片的主要特点如下：

1）芯片在电压输出方面具有较高的精度和稳定性，支持两种电压输出，并且用户可以对输出电压进行控制，纹波效应也较小。芯片可以输出的最大电流为 320mA 时，在误差范围为 ±2% 的情况下提供 5V 电压；最大电流为 300mA 时，在误差范围为 2% 的情况下提供 5V 电压，或在误差范围为 3% 的情况下提供 3.3V 电压。

2）输入电压可接受范围为 5~45V，抗干扰性能好。

3）静态漏电流低于 55μA。

4）温度范围为 40~150℃。

由此可知，电源芯片完全可以满足整车控制器的需求，供电电路如图 5-7 所示。

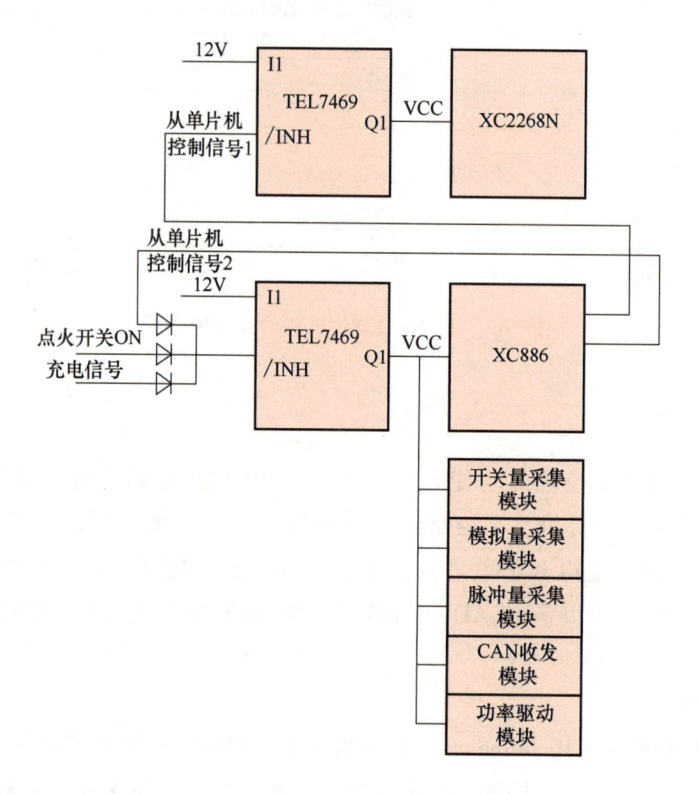

图 5-7 供电电路

2. AD 参考电压的设计

XC2268N 的 AD 转换模块采用逐次逼近的方法进行转换，因此需要一个精准的参考电压。电源模块可以为整个电路板上的元件提供稳定的 +5V 电压，由于负载较多，容易受到干扰。为了提高控制器模拟量采样的精度，特别设计了一个高精度、高稳定性的 DC/DC 电路，将电源的 VCC 转换为控制器所需的参考电压。为此，选用汽车级芯片 LP2985 作为 DC/DC 电路的核心芯片，以获得高精度的 AD 参考电压。该芯片具有以下特点：

1）超低的电压降落。

2）输出电流 150mA。

3）封装体积小。

4）输出电压精度为 1%。

5）温度范围为 40~125℃。

3. 隔离电源的设计

整车控制器的 CAN 模块和转速检测环节都采用光耦隔离模块。为了保证隔离效果，光耦模块的两侧电源需要进行隔离设计。这里采用隔离电源 B0505XT.2WR2 来设计电源隔离电路，将电路板的 VCC 和 GND 隔离转换为+5V 和 VGND。B0505XT.2WR2 具有以下特点：

1）效率高达 77%。
2）输出电流 400mA/200mA。
3）输出功率 2W。
4）隔离电压 1500V。
5）温度范围为 40~105℃。

5.1.7 输入信号接口电路设计

在汽车应用环境中，各种干扰和噪声都非常严重，各种信号之间也存在严重的耦合现象。因此，在整车控制器对模拟量、开关量和脉冲信号进行采集时，需要进行抗干扰处理。

通过在硬件电路上进行相应的抗干扰处理，可以消除或削弱大部分干扰的影响。优秀的硬件抗干扰处理能够减少软件编写的复杂度，并使控制系统更加稳定。因此，在汽车控制器设计中，应注意以下几方面的硬件抗干扰处理：

(1) 信号隔离 使用隔离器件，如光耦隔离模块，对输入和输出信号进行隔离，以防止干扰信号传播。

(2) 滤波器 在输入信号线路中添加合适的滤波电路，以滤除高频噪声和干扰信号。

(3) 屏蔽和接地 对敏感信号线路进行屏蔽处理，以减少外部电磁干扰的影响，并确保良好的接地连接。

(4) 供电稳定性 使用稳定的电源供应，并采取合适的电源滤波和稳压措施，以保证供电的稳定性。

(5) 线路布线 合理布置信号线路、电源线路和接地线路，避免相互干扰和耦合。

通过以上硬件抗干扰处理措施，可以有效减少干扰和噪声对整车控制器的影响，提高系统的稳定性和抗干扰能力。

1. 模拟量信号接口电路设计

XC2268N 集成了最高精度可达 10 位的 AD 转换器模块，其内部信号采样电路如图 5-8 所示。对于模拟信号，信号故障主要来自传感器故障和信号干扰。传感器工作时可能会发生

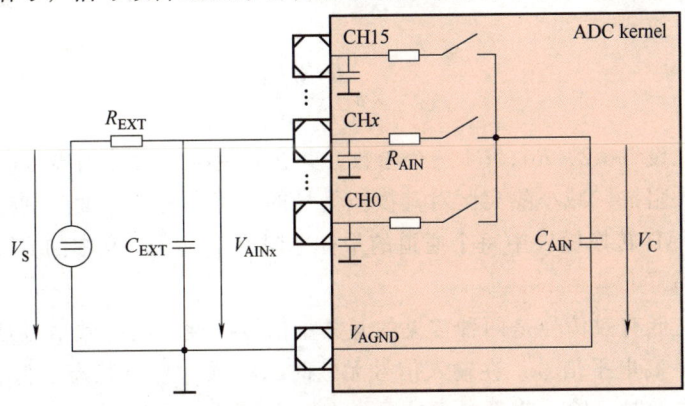

图 5-8 AD 转换器模块采样电路

短路、断路等故障，因此对于重要模拟信号的输入，控制器应采用双路冗余。例如，加速踏板传感器就是利用两路传感器输出的电压 0.5V 和 5V 互为补充，在检测到一路电压值超出正常误差时，利用另一路的电压值工作并作出警告信号动作，在两路信号均超出控制误差的情况下，采用默认值使车辆进入待机模式，这样大大提高了车辆的可靠性。当传感器出现故障时，传感器信号通过调理电路输入单片机的 AD 引脚，变为 0V 或 5V，软件会判断传感器的故障类型，并进行相应的故障排除。

在对模拟量输入信号的接口电路进行设计时，主要目标是提高信号的精度和稳定性。为了达到这一目标，可以使用运算放大器 LM224 作为电压跟随器 U1A，如图 5-9 所示。LM224 具有高输入阻抗和低输出阻抗的特性，能够减小对输入信号的影响，并提供更稳定的输出。为了进一步提高稳定性，电压跟随器的电源连接了吸收电容，以滤除电源中的噪声，保持电压的稳定性。此外，电路中还使用了电容 C3 来吸收电磁干扰引起的电压尖峰。电容 C3 能够起到降低干扰噪声的作用，提高信号的质量和稳定性。为了保护 MCU 免受传感器故障引起的过电压影响，电路中使用了 5V 稳压二极管 TVS1。TVS1 能够快速响应过电压情况，并将过电压引导到地，确保 MCU 安全运行。电路中的 $R2$、$R6$ 和 $C4$ 组成了一阶滤波电路，用于滤除高频噪声。这样可以进一步减小输入信号中的干扰，提高信号质量和精度。通过以上设计措施，接口电路能够有效提高模拟量输入信号的精度和稳定性，并提供良好的信号处理能力。这对于数据采集和控制系统等应用领域来说非常重要。

由 $R2$、$R6$、$C4$（其值分别为 R_2、R_6、C_4）组成的一阶滤波电路，可以滤除高频噪声，一阶滤波器的传递函数为

$$\frac{U_o(s)}{U_1(s)} = \frac{\dfrac{R_6 \times \dfrac{1}{sC_4}}{R_6 + \dfrac{1}{sC_4}}}{R_2 + \dfrac{R_6 \times \dfrac{1}{sC_4}}{R_6 + \dfrac{1}{sC_4}}} = \frac{\dfrac{R_6}{R_2 + R_6}}{\dfrac{R_2 R_6 R_4}{R_2 + R_6} s + 1} \tag{5-1}$$

式中，$U_o(s)$ 为一阶滤波器输出值的拉氏变换；$U_1(s)$ 为一阶滤波器输入值的拉氏变换。

得到截止频率为

$$f_H = \frac{1}{2\pi \dfrac{R_2 R_6 R_4}{R_2 + R_6}}$$

通过上式可以设置 $R2$、$R6$、$C4$ 三个参数，并在此基础上设计隔离区电压跟随器，一方面利用其高的输入阻抗，减小隔离区对其模拟信号的干扰；另一方面，利用电压跟随器的低输出阻抗与 MCU AD 转换模块中每个通道的采样电阻 R_{AIN}（图 5-9 中的 $R5$）进行阻抗匹配。

2. 数字量信号接口电路设计

高有效信号与低有效信号是两种常见的开关量信号类型。高有效信号是指在输入信号有效时，输入为 12V 高电平信号；在输入信号无效时，输入为悬空状态。低有效信号则相反，是指在输入信号有效时，输入为低电平信号；在输入信号无效时，输入也为悬空状态。为了

第 5 章　智能电动汽车的试验测试

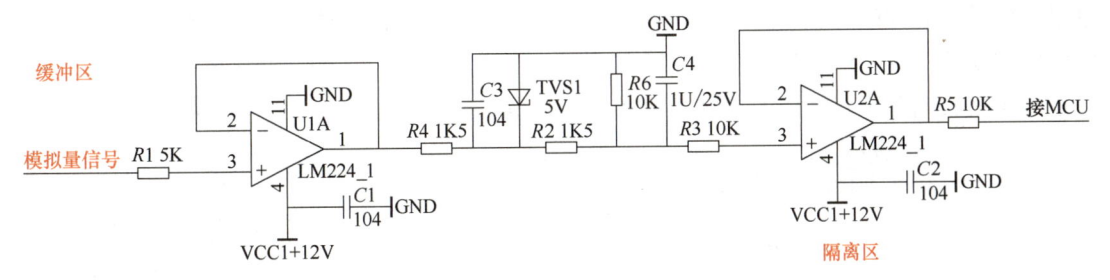

图 5-9　模拟量信号接口电路

保证接口电路的稳定性，需要进行抗干扰处理，包括对高频噪声、电磁干扰和开关抖动的处理。

这里设计了一阶滤波器来滤除高频噪声，通过设定滤波截止频率来实现。为了对抗由电磁干扰引起的尖峰或波动，添加了瞬态抑制电路，利用电压比较器和吸收电容，降低尖峰或波动对系统的影响。电压比较器的正端接收输入信号，负端接收由电阻分压得到的+6V 电平。当输入信号>+6V 时，电压比较器输出 VCC+5V；当输入信号<+6V 时，电压比较器输出 0V。为了处理开关量抖动，采用低速光耦隔离器，可以同时实现硬件的防抖、防悬空及滤除高频噪声的功能。

在高有效信号接口电路中，需要在输入信号有效时将+12V 信号转换为+5V 信号，并连接到 MCU 的 I/O 口；而在输入信号无效时，悬空输入信号需要转换为 MCU 输入的 0V 信号。如图 5-10 所示，当输入信号为+12V 时，先经过 $R1$、$R2$、$C1$ 组成的一阶滤波器滤除高频噪声，再经过电压比较器 LM393 转换为 VCC+5V 信号，最后经过 RC 滤波接到光耦隔离器 TCP521 的 2 引脚，TCP521 的 4 引脚输出 VCC+5V 信号，经过电容吸收电磁干扰引起的尖峰后，通过下拉电阻将信号接到 MCU 的 I/O 口。当输入信号悬空时，$R1$ 先将信号拉低，再通过电压比较器 LM393 转换为 0V 信号，同样接到 TCP521 的 2 引脚和 4 引脚，经过电容吸收电磁干扰造成的尖峰后，通过下拉电阻将信号接到 MCU 的 I/O 口。

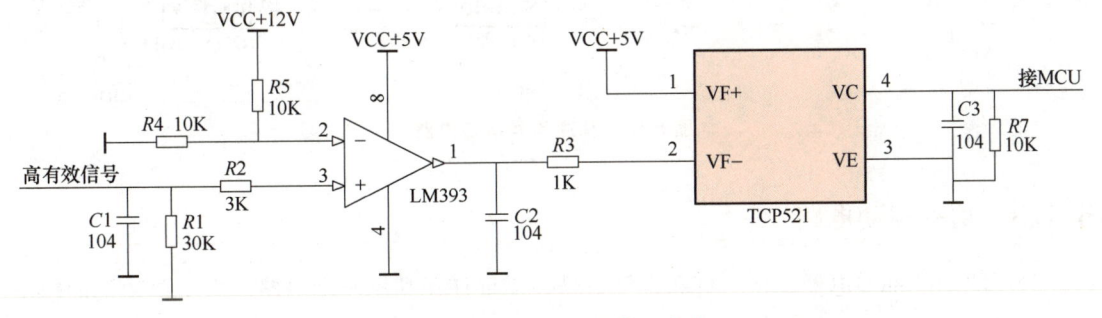

图 5-10　高有效信号接口电路

在低有效信号接口电路中，需要在输入信号有效时将 0V 信号经过抗干扰处理接到 MCU 的 I/O 口，而在输入信号无效时将悬空信号转换为 MCU 输入的 5V 信号接到 MCU 的 I/O 口。如图 5-11 所示，当输入信号为 0V 时，先经过 $R2$、$C1$ 组成的低通滤波器滤除高频噪声，再通过电压比较器 LM393 转换为 0V 信号，最后经过 $R3$ 滤波接到光耦隔离器 TCP521 的 2 引脚，TCP521 的 4 引脚输出 0V 信号，经过电容吸收电磁干扰造成的尖峰后，通过下拉电阻将信号接到 MCU 的 I/O 口。当输入信号悬空时，R1 先将信号拉高，再通过电压比较器 LM393 转换为 VCC+5V 信号接到 TCP521 的 2 引脚，TCP521 的 4 引脚输出 VCC+5V 信号，经过电容吸收电磁干扰造成的尖峰后，通过下拉电阻将信号接到 MCU 的 I/O 口。

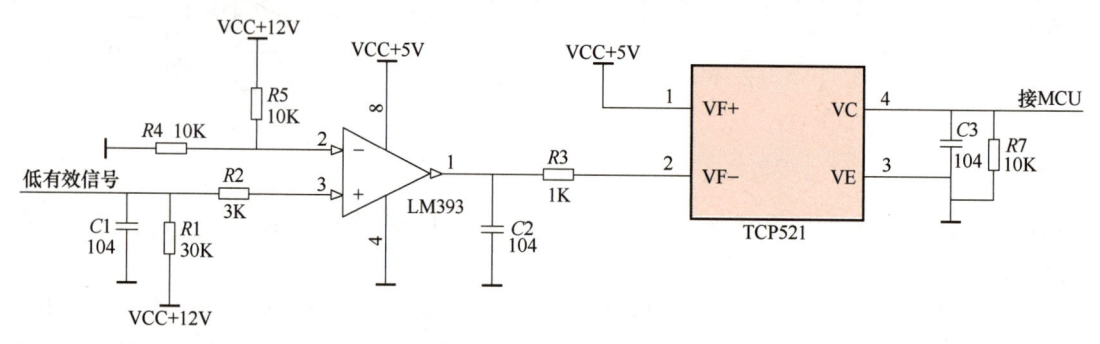

图 5-11　低有效信号接口电路

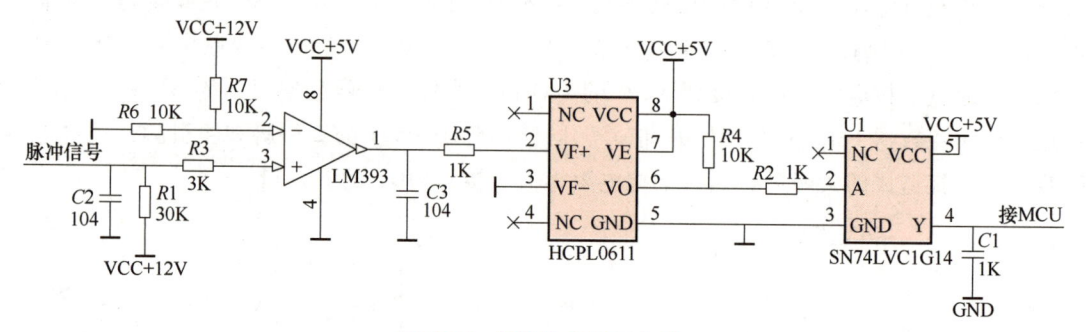

3. 脉冲信号接口电路设计

脉冲信号接口电路与开关量信号接口电路的基本原理相似，但在细节上有一些区别。对于脉冲信号接口电路，需要采用高速光耦隔离器，并在电路中添加施密特触发器以提高脉冲信号的上升和下降沿的陡度，确保脉冲信号的快速传输和准确检测。

在接口电路中，采用 HCPL0611 作为高速光耦隔离器，其传输速度可达 10Mbit/s。输出信号经过施密特触发器 SN74LVC1G14 的进一步处理，可以增强脉冲信号的稳定性和可靠性，如图 5-12 所示。

图 5-12　脉冲信号接口电路

5.1.8　功率驱动电路

为了驱动外部继电器、指示灯和告警信号，需要使用功率驱动电路。由于单片机的输出电流无法满足要求，需要采用功率驱动芯片来实现驱动功能。在汽车中，通常有三种功率驱动电路可以选择：桥式开关、高边开关（HSD）和低边开关（LSD）。桥式开关主要用于变频器上驱动 IGBT，HSD 和 LSD 则用于整车控制器上驱动输出信号，根据指示灯和告警信号的驱动电路类型，需要结合相应的智能仪表系统进行选择。

这里选择低边开关作为驱动芯片，采用英飞凌的 TLE8110 驱动芯片对外部设备进行驱动控制。该芯片具有以下特点：

1) 提供 10 路 LSD 输出,其中包括 4 路最大电流 1.5A、2 路最大电流 1.7A 和 4 路最大电流 0.75A 的功率驱动输出。

2) 支持两种控制信号输入方式:10 位并行输入控制或同步串行 SPI 控制。

3) 具备 10 位自诊断功能,能够通过 SPI 传输诊断结果给单片机,对控制器的故障诊断起到重要的优化作用。

4) 具备过流、过温和过压保护功能,能够保证功率驱动模块的安全性。

5) 已通过无铅认证和汽车电子协会(Automotive Electronics Council,AEC)认证。

通过使用这款驱动芯片,可以实现外部设备的稳定驱动,并确保驱动模块的安全性。

这里使用的是主从 MCU 通过 SPI 控制 TLE8110 输出的方法。主 MCU 和从 MCU 的 SPI 输出通过四通道 2 选 1 的模拟开关进行连接,模拟开关的输出与 TLE8110 的串口相连。同时,从单片机的两路 I/O 输出与模拟开关的配置引脚相连。

当主 MCU 正常工作时,从 MCU 配置模拟开关的输出与主单片机的串口相连,即主单片机控制驱动芯片的输出。一旦主单片机发生故障,从单片机配置模拟开关的输出就与从单片机的 SPI 引脚相连,即驱动芯片的输出改由从 MCU 控制。功率驱动模块电源电路如图 5-13 所示。

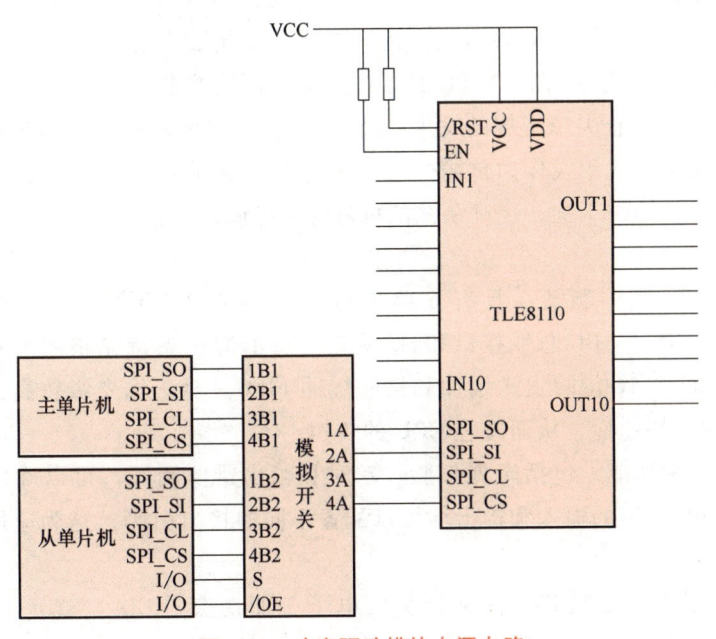

图 5-13 功率驱动模块电源电路

5.1.9 通信模块

1. 网络通信模块

在汽车中,整车控制器与其他子系统之间通过 CAN 网络进行通信,因此 CAN 网络准确稳定的传输对于汽车的安全性和可靠性非常重要。这里采用两路 CAN 总线的设计,如图 5-14 所示。

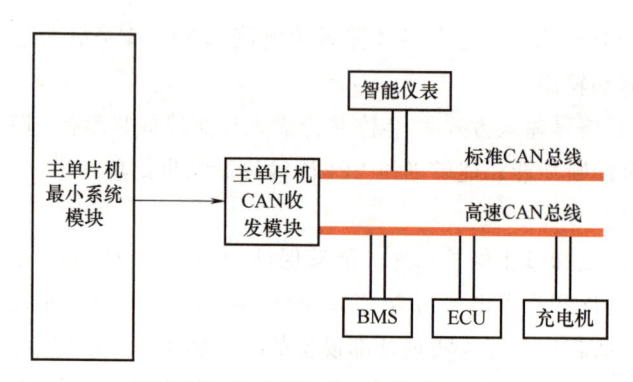

图 5-14 主 MCU 的 CAN 总线设计

标准 CAN 总线用于整车控制器与智能仪表之间的通信，并在必要时用于助力和车窗控制，同时还承担整车控制器程序升级更新的功能；高速 CAN 总线用于整车控制器与 BMS、ECU 和充电机等之间的通信。CAN 收发模块需要具备抗汽车环境下的瞬间干扰、总线保护和高可靠性的能力。因此，从单片机输出的 CAN 数据信号需要通过高速光耦进行隔离，以隔离外部 CAN 网络的干扰信号，并确保数据的稳定发送和接收。之后，信号经过英飞凌的 CAN 收发器 TLE6251DS，CAN 收发器后面采用共模扼流圈 B82793.S0513 来抑制对称和非对称耦合干扰，特别是对称信号中的高频干扰，以提高系统的电磁兼容性。同时，在 CAN-H 和 CAN-L 之间采用双向稳压管，并且设计了中间抽头接地的电路，从而可以保证 CAN-H 和 CAN-L 电平的稳定，防止尖峰干扰的发生。此外，由于 CAN 总线的布线较长，为了抑制电磁感应干扰，采用屏蔽双绞线作为传输介质。通过以上设计和措施，能够保证 CAN 网络在汽车中的稳定传输，抑制干扰，提高系统的可靠性和电磁兼容性。

2. 串口通信模块

XC2268N 是一款微控制器，具有 6 路串行接口通道（ASC），可以根据需求配置为 UART、LIN、SPI/QSPI、IIC 总线接口和 IIS 接口。每个通道支持完整的全双工操作，并能提供长度最大为 64 个 16 位的发送缓冲和接收缓冲 FIFO。对于优先级较高的数据，可以直接绕过 FIFO 来保证快速性，从而减轻 CPU 的负担。

ASC 还具备多种功能，包括奇偶校验、超时和帧出错监测等，可以确保数据的准确传输。对于每个 USIC 通道的输入和输出均可以配置不同的接口引脚，这为应用软件提供了灵活性。

本次设计采用全双工模式，并选择美国电子工业协会（EIA）规定的标准物理接口 RS.232 作为串口通信的接口，以及 MAX3232 作为串口通信的驱动芯片。

5.2 软件程序设计

5.2.1 上位机简介

上位机是调试程序和参数过程中非常重要的工具。智能汽车竞赛中常用的上位机有山外

第 5 章　智能电动汽车的试验测试

多功能调试助手和 FreeCars 智能车调试助手，山外上位机的调试界面如图 5-15 所示。上位机中使用功能较多的是调试助手中的虚拟示波器，虚拟示波器是虚拟仪器的一种。下位机通过蓝牙等通信工具，以 UART 的通信方式来传输数据。

下位机需要和上位机统一通信格式，也就是帧头和帧尾要统一。以山外的虚拟示波器为例，其帧头定义为两个连续的 8 位十六进制数"0x03"和"0xfc"，而帧尾是"0xfc"和"0x03"。

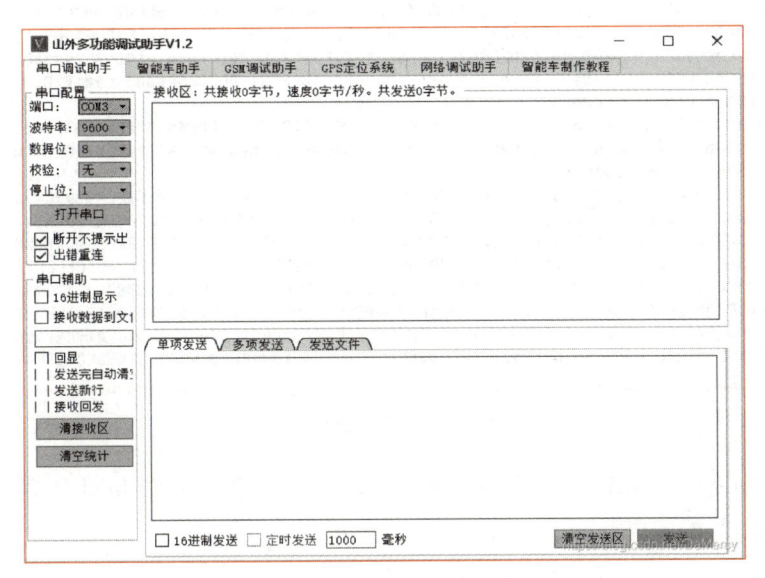

图 5-15　山外上位机的调试界面

山外的虚拟示波器可以选择通道的数据格式，包括 char 型和 unsigned char 型，在山外示波器上是"int8_t"和"uint8_t"；short 型和 unsigned short 型，在山外示波器上是"int16_t"和"uint16_t"；int 型和 unsigned int 型，在山外示波器上是"int32_t"和"uint32_t"；float 型，在山外示波器上是"float"，此处整型变量中的"t"代表"typedefine"。在大多数库中，为了方便定义所需的变量类型，用 typedef 方法将各种类型都定义为"int 变量位数_t"的形式。

通过上位机调试工具，可以将各种参数、状态标志位等输出到虚拟示波器上，以便于观察参数的变化情况。山外多功能调试助手提供了 8 个虚拟示波器通道，也就是说，通过该上位机可以实时比较 8 个通道的参数值变化，这对于一般模拟示波器只有 2~3 个通道来说，是非常突出的一个优势。

5.2.2　上位机 UARTBSL 设计

1. HEX 文件解析

HEX 文件是一种十六进制文本文件，常用于嵌入式系统、固件更新等领域，负责描述内存或设备的二进制数据。在微控制器编程等领域中，HEX 文件经常用于存储程序代码、数据和其他信息。

这里使用英飞凌单片机 XC2268N 作为整车控制器的主 MCU，软件开发环境采用 TASKING，可生成 HEX 文件用于程序下载和更新操作。图 5-16 所示为一个典型的 HEX 文件。

图 5-16 典型的 HEX 文件

如图 5-17 所示，以 HEX 文件的一行作为示例，下面重点介绍 Intel HEX 文件的格式规范和每个记录的含义。

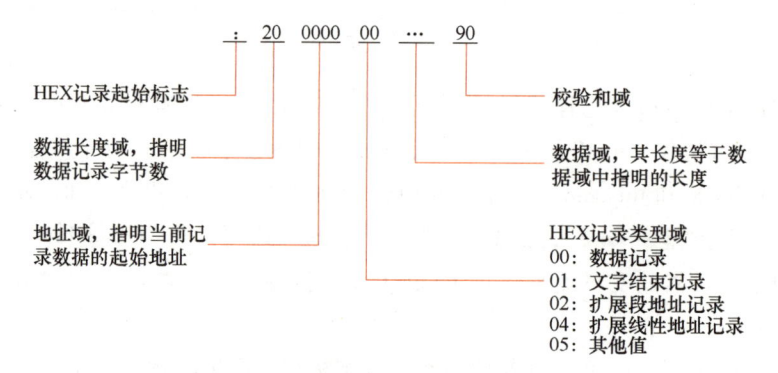

图 5-17 HEX 文件的格式示例

每个 HEX 记录最多包含 32 字节的数据。数据在 Flash 中的地址由地址域中的起始地址和相应的扩展线性地址记录决定。通过解析地址域和扩展线性地址记录，可以确定数据在 Flash 中的实际地址。这种方式允许将大量数据分布在多个记录中，以适应存储器空间的限制。通过合并和链接这些记录，可以恢复完整的程序或数据。校验和字段用于验证数据的完整性，以确保其能正确加载到目标设备的存储器中。因此，通过解析和处理 HEX 文件，可以实现对程序代码和数据在 Flash 中的编程和存储。

BSL 上位机程序按照 128 字节的数据页单位进行发送。F1 区（程序存储区）最多可包含 2048 页，即 2048×128 字节数据。F2 区（存储配置区）最多可包含 512 页，即 512×128 字节数据。如果某一页数据全为 0，则表示该页内容为空，在发送程序代码时将跳过该页。

根据 HEX 文件的特点和程序发送方式，BSL 上位机软件的文件解析需要实现以下功能：

（1）**读取 HEX 文件** 解析并读取提供的 HEX 文件，按照文件格式规范逐行处理每个记录。

（2）**跳过空白页** 当解析到数据记录时，需要检查该页数据是否全为 0。如果是，则跳过该页，不发送空白数据。

（3）**计算页数** 根据每页 128 字节的数据单位，计算实际需要发送的页数。

（4）**数据发送** 按照 128 字节的数据页单位发送程序代码，确保每页非空数据都被正确发送，以保证程序的完整性和正确性。

（5）**地址处理** 根据 HEX 文件中的地址信息，结合 F1 区和 F2 区的最大页数限制，将数据发送到相应的区域。

（6）**错误处理** 对于格式错误、数据不完整等情况，需要进行错误处理并及时通知用户，以确保发送的程序代码完整无误。

根据文件解析的需求，在程序设计过程中首先将 HEX 文件的各行读取到程序中，并存储各行的数据长度、起始地址、记录类型和数据域。在具体实现中，可以设计一个类（Class 1）来存储上述信息。

在解析 HEX 文件时，可以按行读取文件内容，并根据"："的位置来确定 HEX 文件行数，同时将其索引位置存储在 Class 1 的 start_index 中。之后，根据 HEX 文件的格式规范，逐行解析并提取数据长度、起始地址、记录类型和数据域等信息，并将它们存储在相应的 Class 对象的成员变量中。这样每个 Class 1 对象就代表了 HEX 文件中的一行记录，其中存储了该行的相关信息。

由于向下位机发送程序采用的是以 128 字节作为一个数据页的形式，而 HEX 文件没有直接按照这种方式存储数据，HEX 文件的下一步解析需要将各行数据按照 128 字节数据页的划分方式填充到各数据页中，并记录每一页数据在 Flash 中存储的地址（包括扩展线性地址和起始地址）。在具体实现中，可以创建另一个类（Class 2）来表示数据页，其中包含扩展线性地址、起始地址和 128 字节数据的成员变量。Class 1 中的一个成员变量可以存储 Class 2 的对象列表，代表所有数据页。在解析 HEX 文件的过程中，根据起始地址和扩展线性地址的变化，可以确定一个数据页的起始位置和扩展线性地址，并将该数据页填充到 Class 2 对象中。

解析完成后，可以根据规定的数据页格式和操作，对数据进行进一步处理。例如，可以检查数据页中的数据是否全为 0，如果是，则跳过该数据页；如果不是，则将该数据页标记为待发送的程序代码。此外，还可以进行其他相关数据的处理和校验，确保数据的准确性和完整性。

综上所述，HEX 文件解析涉及对 HEX 文件的逐行读取和解析，提取记录类型、起始地址、数据长度和数据等信息。之后，根据规定的数据页格式，将 HEX 文件中的数据按照 128 字节的数据页进行划分和填充，记录数据页的地址信息。最后，根据需求对数据进行进一步处理和校验，以获取有效的程序代码。通过这个过程，可以将 HEX 文件中存储的程序和数据准确地解析并转换为可执行的指令，用于下载和更新操作。

2. MCU 的 UART BSL

PC 通过串口与 MCU 的标准 RS232 接口连接，如图 5-18 所示，在 PC 上运行上位机程序，通过串口将程序机器代码烧写到 MCU 的 Flash 中。

UART BSL 的设计过程如图 5-19 所示，具体步骤如下：

（1）MCU 选择 UART BSL 启动方式 通过配置 MCU 相应引脚的电平来实现 UART BSL 启动方式。这通常需要根据具体的 MCU 和引导加载程序的要求，设置相应的引脚电平，以便启动引导加载程序。

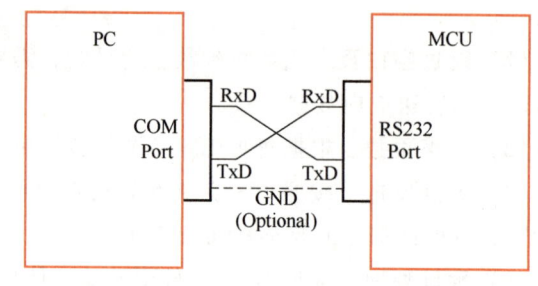

图 5-18 上位机与 MCU 的硬件连接方式

（2）上位机给 MCU 的 PSRAM 发送一个 BSLoader 程序 上位机通过 UART 或其他通信方式将 32 位 BSLoader 程序发送到 MCU 连接的 PSRAM 中，PSRAM 是用于临时存储该引导加载程序的设备。

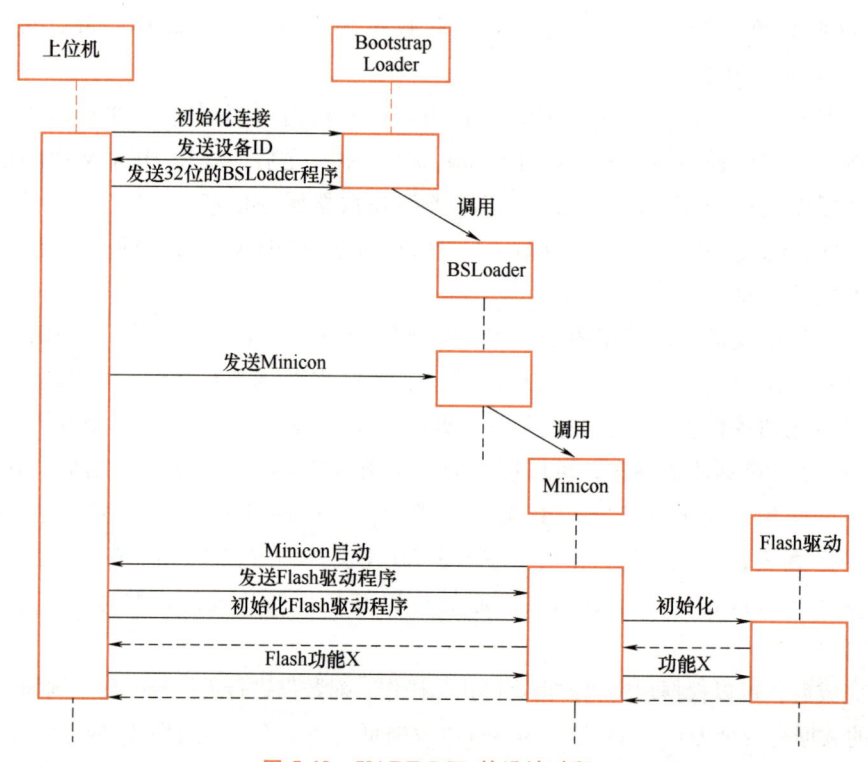

图 5-19 UART BSL 的设计过程

（3）BSLoader 程序在 PSRAM 中下载一个 Minicon 程序 MCU 在启动时从 PSRAM 中加载 32 位 BSLoader 程序并执行。BSLoader 程序在 PSRAM 中下载一个 Minicon 程序，该程序通常是一个用于诊断、配置和调试的小型监控程序。

（4）上位机通过 Minicon 程序下载一个 Flash 驱动程序 通过 Minicon 程序，上位机可以下载一个用于执行复杂功能的 Flash 驱动程序到 MCU 的 PSRAM 中。这个驱动程序可用于擦写、编程或执行其他与 Flash 存储器相关的功能。

完成以上步骤后，上位机就可以实现 Minicon 程序和 Flash 驱动程序的全部功能，从而实现对 MCU 的进一步配置和控制。UART BSL 软件流程图如图 5-20 所示。

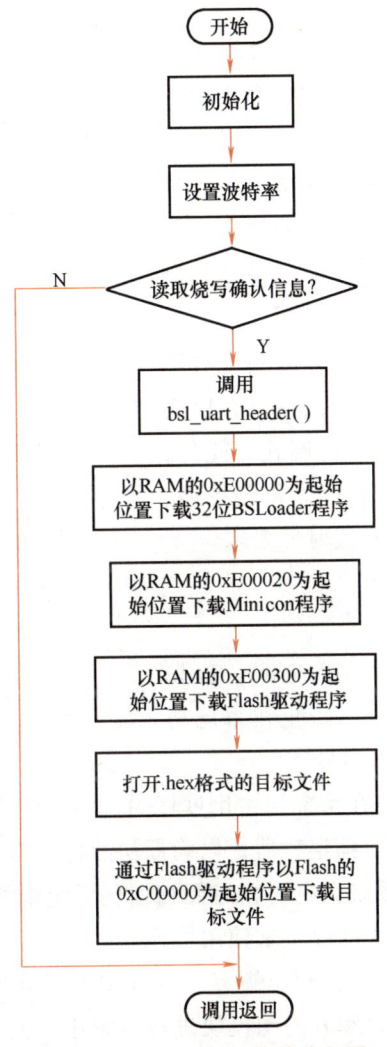

图 5-20 UART BSL 软件流程图

5.2.3 整车控制器程序设计

1. 主程序设计

整车控制器的主程序需要考虑的功能和逻辑如下：

（1）**上电初始化和系统自检** 在系统上电后，首先进行初始化操作，包括初始化各个子系统和接口，确保系统正常启动；然后进行系统自检，检查控制器自身的硬件和软件状态，确保系统能够正常工作。

（2）**信号采集** 通过各个传感器和设备采集驾驶信息和车辆状态信息，包括车速、加速度、制动状态、转向信号等。通过 CAN 总线或其他通信方式获取其他子系统的状态信息，如电池状态、电机状态等。

（3）**故障诊断与处理** 对采集到的信号进行故障诊断，检查是否存在异常或故障。如果发现异常或故障，须根据预定义的故障处理策略进行相应的处理，如发出警告信息、采取相应的安全措施或决策。

（4）工况判断与仪表显示　根据采集到的信号和故障诊断结果，判断当前的工况，并根据工况确定相应的控制策略。例如，在单一驱动模式下，根据车速和指定的速度要求来调节电机的转速和转矩。同时，根据当前工况和驾驶要求更新仪表显示，向驾驶人提供必要的信息。整车控制系统的主程序流程图如图5-21所示。

在主程序循环中，不断进行信号采集、故障诊断与处理、工况判断与仪表显示的循环，以实时响应并控制智能电动汽车的运行模式。此外，也可以根据具体需求对主程序进行优化和扩展，以满足整车控制器的功能要求和实时性要求。

2. 子程序设计

（1）初始化

1）封锁PWM输出。在系统上电时，首先需要封锁（禁止）PWM输出，以防止在系统初始化期间出现意外的PWM输出信号。

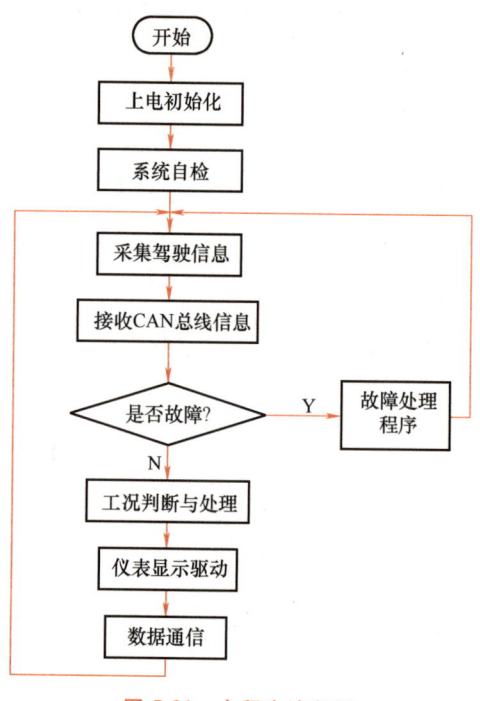

图5-21　主程序流程图

2）关闭总中断和看门狗。在系统初始化过程中，为了防止不必要的中断干扰和看门狗超时，可以先关闭总中断和看门狗定时器，以确保初始化过程的稳定性和可控性。

3）初始化系统堆栈。在系统上电时，需要初始化系统堆栈，确保栈指针等寄存器正确初始化，以便在程序执行过程中能够正常使用堆栈。

4）硬件模块初始化。对PLL（相位锁定环）、I/O口、定时器、A/D转换器模块、CAN总线模块、中断模块、串口模块和看门狗模块进行初始化，包括设置各种控制寄存器、中断优先级、时钟分频等参数，确保它们能够按照预期的方式工作。

5）初始化存储单元和变量值。对各种存储单元（包括内部/外部存储器、寄存器等）进行初始化，包括清零、设定默认值，或者根据需求自定义初始化。同时，对程序中的全局变量、静态变量等进行初值化，确保它们在程序运行之初具有合适的数值。

6）打开总中断和看门狗模块。在完成上述初始化之后，可以打开中断和看门狗模块，使系统能够正常响应中断，保证看门狗定时器在一定周期内得到复位。初始化程序流程图如图5-22所示。

（2）CAN报文接收　通过CAN总线接收来自电机控制器、BMS和智能充电机等子系统的工作状态信息，这些信息包括电机状态、电池状态、充电状态等。根据接收的CAN报文，进行相应的处理和解析。CAN报文接收程序流程图如图5-23所示。

（3）故障诊断与处理　通过对收集的信息进行故障诊断，判断系统是否存在故障或异常。根据预定义的故障诊断策略，对故障进行分类和处理。若为特级或一级故障，需要停止

第 5 章　智能电动汽车的试验测试

汽车运行，并关闭所有驱动信号，同时发出警告并显示故障信息。故障诊断与处理程序流程图如图 5-24 所示。

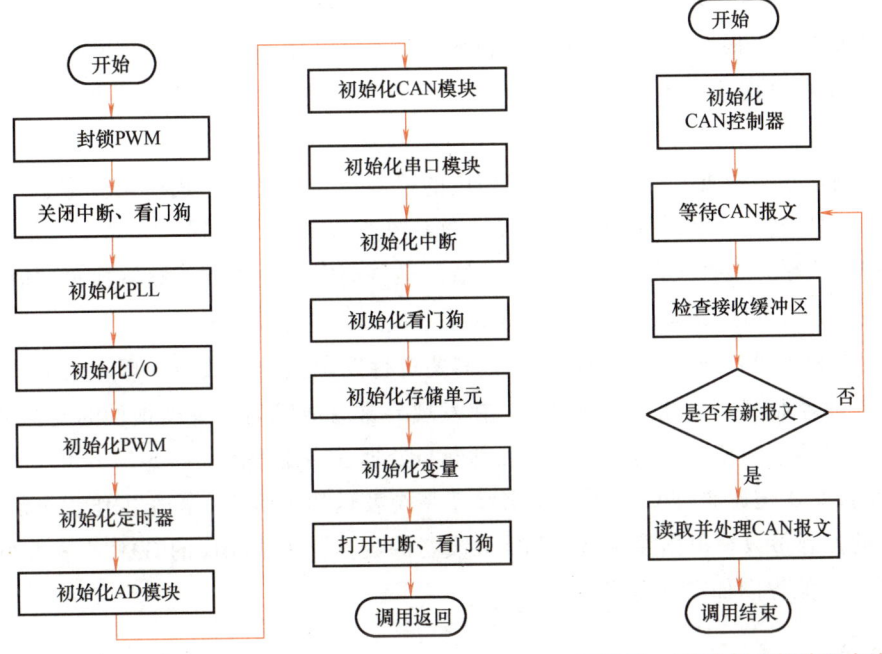

图 5-22　初始化程序流程图

图 5-23　CAN 报文接收程序流程图

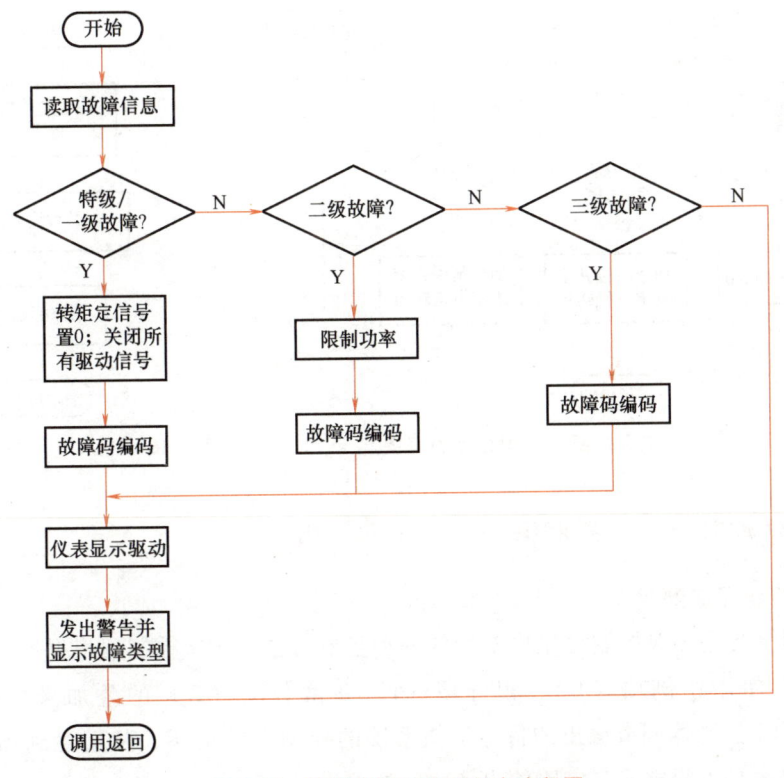

图 5-24　故障诊断与处理程序流程图

（4）工况判断与处理

1）收集驾驶信息和车辆状态。通过传感器或其他方式收集驾驶信息，如节气门开度、制动踏板信号、档位信号、转向信号等，同时获取车辆的运行状态和电机状态的数据。

2）判断当前工况。根据收集的驾驶信息和车辆状态，利用预设的工况判断算法进行判断，确定当前车辆所处的运行工况。例如，判断是否处于加速或减速状态，以及是否进行转向操作等。

3）发送控制指令。根据判断结果，生成相应的控制指令，确保车辆安全稳定运行。例如，控制电机的输出转矩、制动系统的压力及转向系统的角度等。

4）调整控制策略。根据实际运行情况和反馈信息，动态调整控制策略。通过实时监测车辆状态和评估工况，可以采取不同的控制方式来适应不同的工况变化。

5）安全监控和故障处理。在整个过程中，需要进行安全监控和故障处理，包括异常状态检测、传感器故障监测、系统错误处理等。在发现异常或故障时，根据预设的安全策略，采取应对措施，保障车辆和乘员的安全。工况判断与处理程序流程图如图 5-25 所示。

（5）CAN 报文发送　通过 CAN 总线向各个子系统发送驾驶信息、汽车工作状态信息及各个控制单元的控制参数。根据控制指令和需要发送的数据，生成相应的 CAN 报文并发送。CAN 报文发送程序流程图如图 5-26 所示。

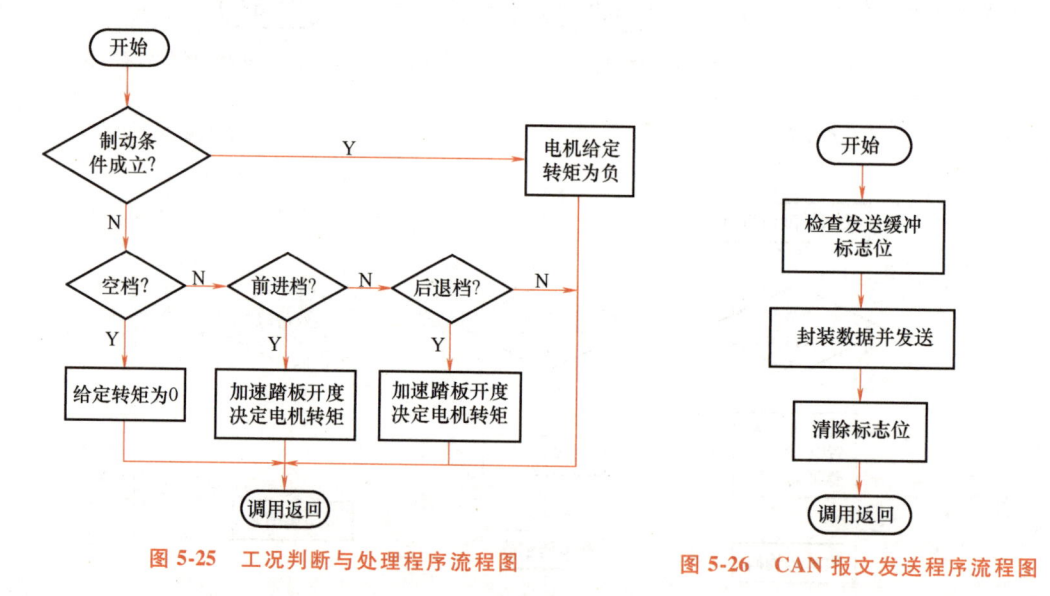

图 5-25　工况判断与处理程序流程图

图 5-26　CAN 报文发送程序流程图

5.2.4　PID 控制算法在智能电动汽车中的应用

1. PID 控制算法的定义

PID 控制算法是经典控制理论中常用的一种控制方法。PID 控制器根据给定值和系统反馈值的偏差，使用比例项（P）、积分项（I）和微分项（D）的叠加来生成控制输出（图 5-27）。PID 控制器调节输出的目标是使系统的控制误差为零，从而达到预期的稳定状态。这里的误差是指给定值与实际输出值之间的差异。

PID 控制算法一般分为位置式和增量式两种形式，尽管两者在原理上基本相同，但应用场合稍有区别。增量式 PID 控制器输出的是被控量的增量，相对位置式 PID 控制器来说，它受到系统参数和干扰的影响较小。

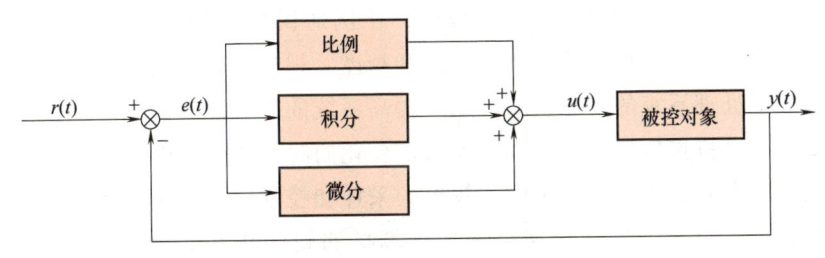

图 5-27 PID 控制框图

PID 控制算法可以表示为以下形式：

$$u(t) = K_p \cdot \text{error}(t) + K_i \cdot \int \text{error}(z) \mathrm{d}z + K_d \cdot \text{derror}(t)/\mathrm{d}t \tag{5-2}$$

式中，K_p、K_i 和 K_d 分别是比例项、积分项和微分项的比例常数；$\text{error}(t)$ 是当前的误差值；$\int \text{error}(z) \mathrm{d}z$ 是误差的累积和（积分项）；$\text{derror}(t)/\mathrm{d}t$ 是误差的变化率（微分项）。

为了让计算机能够处理 PID 控制算法，需要将连续算式离散化为周期采样偏差的算式，以便计算控制输出值。将积分项和微分项改写为差分方程后，假设采样间隔为 T，可以得到离散化的 PID 控制算法。

在离散化的算法中，积分项使用累加形式，即 $\sum \text{error}(k)$；微分项则使用差分形式，即 $[\text{error}(k) \cdot \text{error}(k-1)]/T$。具体离散化的 PID 控制算法可以表示为以下形式：

$$u(k) = K \cdot \{\text{error}(k) + (T/T_i) \cdot \sum \text{error}(k) + (T_d/T) \cdot [\text{error}(k) - \text{error}(k-1)]\} \tag{5-3}$$

从离散算式中可以看到，比例项是当前误差采样值的函数；积分项是从第一个采样周期到当前采样周期的所有误差项的累加；微分项是当前误差采样和前一次误差采样之间的差分。

需要注意的是，在积分项中可以仅保存前一次的误差项，而无须保存所有的误差项，因为保存所有的误差项会占用较大的计算机存储单元。因此，在实际应用中，一般从第一次误差采样开始，利用每次偏差采样计算控制输出的特点，只需保存前一次的偏差值和积分项的值。

(1) 比例（P）控制 比例控制是一种最简单的控制方式，其控制器的输出与输入误差信号成比例关系。比例项的值与比例系数 k 成比例关系。根据比例控制的原理，只要合理设定比例系数 k 的大小，就可以根据采样偏差值 $\text{err}(k)$ 的变化来影响控制器的输出，从而控制调节幅度。然而，需要注意的是，在仅使用比例控制的情况下，系统的输出会存在稳态误差。稳态误差是指系统达到稳态时，实际输出与期望输出之间的残差。这意味着比例控制无法完全消除稳态误差，因为它只能根据误差的大小来调整输出。为了解决稳态误差的问题，可以结合其他类型的控制器，如积分控制和微分控制，以形成更强的控制方式，如 PID 控制。PID 控制器结合了比例、积分和微分三个部分，可以更精确地调节系统的稳态和动态性能。

(2) 积分（I）控制 积分控制（I 控制）是控制系统中常用的一种控制方式。它通过使控制器的输出与输入误差信号的积分成正比关系对系统进行调节。当一个自动控制系统在进入稳态后存在稳态误差时，称为有稳态误差的系统（简称有差系统）。为了消除稳态误差，必须在控制器中引入积分项。积分项消除误差取决于时间的积分，随着时间的增加，积分项也会增大。这意味着即使误差很小，积分项也会随着时间的增加而推动控制器的输出增大，从而减小稳态误差，直到误差为零。因此，比例加积分（PI）控制器可以使系统在进入稳态后无稳态误差，从而提高系统的稳定性和精度。积分控制在实际控制系统中得到了广泛应用，能够有效处理系统的稳态误差问题，提高系统的鲁棒性和性能。

采样周期是计算机重新扫描各个现场参数值变化的时间间隔，而控制周期是重新计算输出的时间间隔。在实际工业过程控制中，较短的采样和控制周期通常会有更好的调节控制品质。然而，盲目追求过短的采样周期会增加计算机的硬件开支，如 A/D（模拟/数字）和 D/A（数字/模拟）转换速度及计算机 CPU 的运算速度。此外，由于现有执行机构（如电动类调节阀）的响应速度较低，过短的采样周期并不能有效提高系统的动态特性。因此，在选取采样周期时，应考虑以下因素：

1）系统动态特性。要考虑被控制对象的动态特性，也就是系统的响应速度和惯性。较快的动态特性要求较短的采样周期，以便更准确地捕捉系统的变化。但是如果系统的响应相对较慢，过短的采样周期就会导致数据噪声增加，从而影响控制精度。

2）控制系统要求。根据控制系统的性能要求和实际应用场景，确定合适的采样周期。一些需要高精度和快速响应的应用可能需要较短的采样周期，而对于一些要求较低的应用，可以使用较长的采样周期来减少计算负担。

3）硬件设备和计算资源。采样周期的选择还要考虑硬件设备和计算资源的限制。如果系统硬件能力有限，例如 A/D 和 D/A 转换较慢，或 CPU 运算速度较低，可能需要选择较长的采样周期以避免性能瓶颈。

4）网络延迟和通信带宽。如果在分布式控制系统中，控制信号需要通过网络传输，网络延迟和通信带宽必须考虑在内。较短的采样周期可能导致较高的数据量和传输负荷，而较长的采样周期可能会在控制响应上造成较大的延迟。

综合考虑以上因素，需要在准确性、性能要求和计算资源之间做出权衡，选择适当的采样周期，以满足控制系统的需求和可行性。常见的做法是进行系统建模和仿真，通过实际测试和调试来验证最佳采样周期。

（3）微分（D）控制　微分控制（D 控制）也是控制系统中常用的一种控制方式。在微分控制中，控制器的输出与输入误差信号的微分（误差的变化速率）成正比关系。微分控制器的引入可以有效处理具有抑制误差作用的惯性组件或滞后组件所带来的振荡和失稳问题。在自动控制系统中，某些受控对象的响应可能会滞后于误差的变化，导致系统出现振荡或失稳。为了提前使抑制误差的控制作用为零甚至为负，从而避免被控量的严重超调，需要引入微分项。微分项可以预测误差变化的趋势，进而实现对系统响应的调节和优化。相比于仅有比例项的控制器，具有比例加微分（PD）控制器可以改善系统在调节过程中的动态特性，特别适用于具有较大惯性或滞后的受控对象。通过合理地结合比例和微分控制，能够有效抑制系统的振荡现象，提高系统的响应速度和稳定性。

为了避免给定值变化引起的微分作用项的跳变，可以采用微分先行的方式，即假设给定值不变，只保留数值的微分。

为了计算第 n 次的微分项值，需要保存第 $n-1$ 次的实际输出数值，并将其用于下一次计算，而不是使用偏差。

微分项值的大小与微分系数 k 成比例关系，微分系数 k 位于微分算式的分子位置。微分系数 k 设置越大，微分项的作用输出值就越大；反之，如果微分系数设置较小，微分项的作用输出值也较小。因此，在设置微分系数时必须谨慎，如果设置不当，很容易引起输出值的跳变。

2. 控制器 PID 项的选择

选择合适的控制器或控制组合对于满足现场控制的需求至关重要。根据对 PID 控制算法的分析，下面介绍常用控制规律的特点。

(1) 比例（P）控制　比例控制是最基本的控制方式，其输出与误差成正比，具有简单、响应快的特点。然而，单独使用比例控制可能会导致静差存在，系统可能无法完全稳定在期望值附近。

(2) 积分（I）控制　积分控制可消除静差，使系统更加稳定。它可以持续地积累误差，逐渐将其减小到零。但是在实际应用中，积分控制可能会导致系统的响应速度变低，甚至产生超调问题。

(3) 微分（D）控制　微分控制可以预测误差变化趋势，有效抑制系统的振荡和失稳。然而，单独使用微分控制可能会对系统噪声非常敏感，引入不稳定因素。

(4) 组合控制　综合上述特点，常见的 PID 控制器将比例、积分、微分三个控制部分合理地组合，以充分发挥各自的优点，弥补各自的缺点。通过适当调节 PID 控制器的参数，可以实现快速响应、消除静差和抑制振荡的效果，使系统更加稳定、鲁棒和适应性更强。组合控制通过将多种控制算法或控制器结合在一起，可以充分发挥各自的优势，提高系统的控制性能。组合控制具有以下特点：

1）灵活性。组合控制可以根据不同的控制要求，选择和组合不同的控制算法或控制器，也可以根据具体的应用场景，使用适当的组合方式，以获得更好的控制性能。例如，可以将 PID 控制与模糊控制、模型预测控制等算法结合使用。

2）鲁棒性。组合控制可以通过结合多个控制器的输出，增加系统的鲁棒性。即使在面临扰动或参数变化时，组合控制也能更好地调节和适应系统，提高控制品质。

3）效果优化。组合控制可以从不同控制器中选择最佳输出，并进行优化调节。通过利用各个控制器的优势，组合控制可以在系统性能和稳定性之间找到最佳平衡点，最大限度地满足控制要求。

4）多目标控制。组合控制可以同时实现多个目标的控制。通过合理组合不同的控制算法或控制器，可以同时满足多个控制要求，如快速响应时间、抑制振荡、消除静差等。

5）高级控制能力。组合控制可以实现更高级的控制策略，如模型预测控制、优化控制等。这些复杂的控制算法可以通过组合控制的方式实现，以提高系统的控制性能和适应能力。

选择控制器或控制组合时，需要考虑以下因素：

(1) 过程特性　了解被控对象的动态响应特性，包括传递函数、时间常数、滞后等参数，根据这些特性选择合适的控制器或控制规律，使之能够有效控制和调节系统。

（2）控制要求 根据实际的控制要求确定所需的性能指标，如稳定性、快速性、精度等。对于不同的控制要求，需要选择不同的控制规律或进行控制组合，以满足系统行为和性能的要求。

（3）系统稳定性 考虑系统的稳定性要求，确定控制器的稳定性特性。根据系统的临界稳定性和稳定边界条件，选择合适的控制器参数，确保系统能够稳定运行，并对干扰和变化做出快速响应。

（4）增益整定 根据具体的工艺要求和控制对象的特性进行控制器增益的调整。增益的选择需要在系统的稳定性和性能指标之间进行平衡，并根据实际运行情况进行适时的调整和优化。

（5）可执行性和可调参数 考虑控制器的可执行性和可调参数的实际可行性，有些控制规律可能在某些特定场合下表现良好，但在其他场合下存在困难或不适用。因此要选择具有实际可行性的控制器或控制组合。

需要注意的是，控制器的选择并不是一成不变的，对于不同的应用场景和控制对象，需要进行不同的调整和优化。在实际应用中，经验和实践也是非常重要的，需要结合具体情况进行合理的选择和调整。

3. PID 最佳整定参数的设定

确定 PID 最佳整定参数是一个复杂的过程，它需要综合考虑控制系统的特性、稳定性要求、响应速度、抗干扰能力等因素。以下是一些常见的方法和技巧，可用于设定 PID 的最佳整定参数。

（1）Ziegler-Nichols 方法 这是一种经典的整定方法，通过逐步增加比例增益和积分时间常数来观察系统的反应，并确定最佳参数。该方法的具体步骤如下：

1）将整定器设置为 P 模式，关闭积分项和微分项。

2）逐渐增加比例增益，直到系统开始出现持续振荡。

3）记录系统的临界增益（K_u）和周期（T_u）。

4）根据系统类型选择最佳参数，即

P 控制（$K_p = 0.5K_u$，$T_i = \infty$，$T_d = 0$），适用于一阶系统。

PI 控制（$K_p = 0.45K_u$，$T_i = T_u/1.2$，$T_d = 0$），适用于带有较小惯性的二阶系统。

PID 控制（$K_p = 0.6K_u$，$T_i = T_u/2$，$T_d = T_u/8$），适用于带有较大惯性的二阶系统。

（2）经验法则 根据经验，某些特定类型的控制对象可以使用一些经验法则来设定参数。例如：

1）杰拉尔德法则。常用于温度和压力控制系统，它将比例增益设置为 lamda/τ，将积分时间常数设置为 $\theta\tau$。其中，lamda 和 θ 是系统的时间常数和时间延迟；τ 为系统的时间常数。

2）COHEN-COON 法则。适用于一般的过程控制系统，它将比例增益设置为 $(\tau/\theta) \cdot [0.83+(\tau/\theta)^{\wedge}0.1]$，将积分时间常数设置为 $\theta/[2.2+(\tau/\theta)^{\wedge}0.1]$。其中，$\tau$ 和 θ 是系统的时间常数。

（3）频率响应方法 该方法通过分析控制系统的频率响应曲线来设定参数。首先在控制系统中添加输入信号并测量系统的频率响应，然后根据频率响应曲线的特征，选择合适的参数。

(4) **模型调整方法** 如果有系统的数学模型可用,可以使用模型调整方法来设定参数。该方法通过数学建模和系统辨识技术,使用优化算法来寻找最佳参数。

需要强调的是,PID 控制器的整定是一个实践性的过程,需要根据具体的工艺和系统特性进行调整和优化。经验和实践在整定中起着重要的作用。在实际应用中,PID 最佳整定参数的确定涉及以下几方面:

1) 系统响应特性。了解被控对象的动态响应特性,包括传递函数、时间常数、滞后等参数。根据系统的特性选择合适的比例度、积分时间常数和微分时间常数。

2) 控制要求。根据具体的控制要求确定所需的性能指标,如快速响应、稳定性、功耗等。不同的应用场景和控制要求可能需要调整 PID 参数以达到所期望的性能。

3) 整定方法。除了经验法则,还有其他整定方法可以尝试,如动态特性参数法、稳定边界法、阻尼振荡法等。根据实际情况选择适合的整定方法,并在实验中进行反复凑试,直到获得满意的控制效果。

4) 反馈曲线分析。在整定过程中,密切观察反馈曲线的形态,判断其稳定性、振荡性和快速性等,并根据曲线的特点调整参数。可以根据曲线的衰减比例和周期来判断是否达到理想的控制效果。

5) 考虑系统的实际运行环境和条件。在确定最佳整定参数时,需要考虑系统的实际运行环境和条件,如负载变化、环境变化、干扰等因素。将系统的动态特性与实际运行情况相结合,进行适当的调整和优化。

需要注意的是,PID 控制器的整定是一个迭代的过程,可能需要多次尝试和调整才能找到最佳参数组合,并且不同的应用场景和控制对象需要不同的参数设置,因此整定过程需要根据具体情况进行个性化调整。

4. 电机 PID 控制

对于电机控制,常采用三闭环 PID 控制结构,包括电流环、速度环和位置环。但对于智能电动汽车的速度控制而言,只需要采用电流环和速度环。下面介绍电机 PID 控制的基本原理和策略。

(1) **电流环**(内环) 采用增量式 PI 控制策略。该环节的目标是根据速度环的输出,计算期望电流值。在实际电流值与期望电流值进行比较后,通过 PID 调节输出给电机。

(2) **速度环**(外环) 采用位置式 PID 控制策略。该环节的目标是将编码器反馈的实际速度作为速度环的反馈,计算期望电流值。利用期望电流值和编码器反馈值进行 PID 调节,输出差值给电流环。

对于直流电机而言,转矩与电流成正比,相当于对线性系统进行控制,因此可实现良好的控制效果。

在实际应用中,还需考虑电机的特性和响应时间等因素,以达到更好的控制效果。此外,还要结合具体应用场景对速度和电流的控制要求进行合理设置。

5. 舵机 PID 控制

在智能电动汽车中,舵机是调节方向的核心,舵机控制的效果直接决定了汽车转向的灵活性。舵机控制采用 PID 控制算法，输入为传感器采集的位置误差。对于摄像头来说，偏差为摄像头中道路中线偏高实际中心位置的值；对于电磁传感器来说，偏差为左右电感差值的正相关函数（取决于偏差的计算方式），输出为舵机的实际打角。舵机方向控制环节一般也采用 PID 控制。

6. 其他控制算法

在智能汽车控制领域，除了 PID 控制算法之外，还有多种其他控制算法被广泛应用，以适应不同的控制需求和提高系统的性能。以下是一些常见的控制算法：

（1）**模糊控制** 模糊控制（Fuzzy Control）是一种基于模糊逻辑的控制方法，它不依赖于精确的数学模型，而是通过模糊集合和规则来处理不确定性和模糊性。模糊控制在处理复杂系统和不确定性方面表现出色，尤其是在环境感知和决策支持方面。

（2）**自抗扰控制** 自抗扰控制（Active Disturbance Rejection Control，ADRC）是一种先进的控制策略，它通过估计和补偿系统中的扰动来提高控制性能。ADRC 特别适合存在未知扰动或模型不确定性的系统，如汽车的动态响应控制。

（3）**前馈控制** 前馈控制（Feedforward Control）是一种开环控制策略，它根据已知的输入和系统模型来预测输出，从而提前调整控制输入以减少系统响应时间。前馈控制常用于汽车的牵引力控制和稳定性控制。

（4）**模型预测控制** 模型预测控制（Model Predictive Control，MPC）是一种基于模型的控制策略，它通过优化未来一段时间内的控制输入来预测和控制系统行为。MPC 能够处理多变量系统和约束条件，适用于汽车的动力系统和底盘控制。

（5）**滑模控制** 滑模控制（Sliding Mode Control，SMC）是一种非线性控制方法，它通过设计一个滑模面来使系统状态快速达到并保持在该面上。滑模控制具有强大的鲁棒性，适用于汽车的路径跟踪和稳定性控制。

（6）**神经网络控制** 神经网络控制（Neural Network Control）利用人工神经网络来模拟人脑的处理方式，处理复杂的非线性关系。神经网络控制可以用于汽车的自动驾驶和智能决策系统。

（7）**自适应控制** 自适应控制（Adaptive Control）能够根据系统参数的变化自动调整控制策略，以维持系统性能。自适应控制在汽车的悬架系统和动力总成控制中有着广泛应用。

5.3 试验测试

持续测试平台的搭建需要遵循整车控制器相关测试理论，在持续测试平台开发过程中，要明确整车控制器软件测试目的、测试类型及测试所需的环境。本节围绕整车控制器软件测试理论进行介绍，为持续测试平台的设计和实现提供理论基础。

5.3.1 测试概述

1. 测试目的

整车控制器测试的主要目标是捕捉代码中的错误并解析这些错误，从而识别整车控制器软件中的潜在错误和问题。通过对各种错误和缺点的改进，可以保证软件的品质，减少软件出错的风险。此外，在整车控制器的测试过程中取得的试验成果，也可作为整车控制器软件开发与检测工作的主要改进基础，并防止在以后的项目研究和试验过程中重复出现同样的错误。综上所述，整车控制器测试的主要目的就是为了及时找到整车控制器代码中出现的问题，保证缺陷得到及时修补，提高整车控制器软件的可靠性与稳定性。

2. 测试分类

(1) 按测试阶段分类 按测试阶段可分为单元测试、集成测试、系统测试和验收测试。

1) 单元测试。根据整车控制器软件开发工程师编写的最小功能代码模块进行测试。为了验证每个最小功能代码模块的代码编写是否正确，根据特定的最小功能代码模块类型分为具体模块测试、具体类测试和具体函数测试。

2) 集成测试。单元测试结束后，将最小的单元代码集成到一个完整的系统中，主要测试单元模块接口之间的功能实现，模块接口之间是否成功连接，以及单元模块之间的数据传递精度等，以此验证系统单元组件之间是否协调。

3) 系统测试。根据整车控制器软件的需求文档，测试整车控制器软件系统的性能和功能，并检测系统是否存在问题。

4) 验收测试。模拟用户得到软件时，根据测试要求和制定的功能需求对整车控制器软件进行测试，确保整车控制器软件在正式发布前能够正常工作。

(2) 根据程序是否运行分类 根据程序是否运行，测试可以分为静态测试与动态测试。

1) 静态测试。该测试不需要运行被测试软件，而是借助专业软件对整车控制器软件的语法、结构、过程及接口进行检查，尝试在软件开发的初始阶段发现其存在的问题。通过静态测试可以减小软件开发后期遇到难以发现问题的概率。

2) 动态测试。在一定的测试环境下，被测整车控制器软件处于有控制的运行中。通过向软件中输入预期的测试数据，检查软件输出的结果与预期值是否相符，对整车控制器软件进行功能、结构、逻辑等方面的测试，以发现软件存在的问题。

(3) 按照是否查看代码分类 按照是否查看代码，测试可分为白盒测试、黑盒测试和灰盒测试。

1) 白盒测试。白盒测试中的测试工程师可以看到被测整车控制器软件的所有信息，测试主要针对被测整车控制器软件的语句、分支和路径等，以发现效率低下或不必要的代码，提高整车控制器软件的整体运行效率。

2) 黑盒测试。黑盒测试在一定条件下也可以认为是功能测试。它根据软件在需求设计阶段的用途及功能对整车控制器软件进行测试，测试时不需要依赖被测软件的代码，测试工程师也不需要考虑软件内部是否包含循环、条件或者赋值等结构。

3) 灰盒测试。灰盒测试是处于白盒测试和黑盒测试之间的一种测试形式。该测试预先假定测试工程师已知道软件中的部分代码内容，测试过程不仅要考虑测试数据的输入和输出之间的相关性，还要考虑被测软件的内部性能。

(4) 按照测试执行方式分类 按照测试执行方式，测试可分为手动测试和自动测试。

1) 手动测试。手动测试是指测试工程师不借助任何自动化工具，对软件进行测试。手动测试的测试效率极低,测试过程受到人为影响较大。在一些新领域的扩展中,手动测试仍然是主要的测试方式。

2)自动测试。自动测试与手动测试相反,需要在测试过程中使用自动化测试工具,快速完成测试过程,适用于已经形成明确测试流程的软件。这里提到的整车控制器持续测试平台根据软件在需求设计阶段的用途及功能,在特定的测试环境下运行整车控制器软件,对整车控制器软件进行自动化的系统测试。

3. 测试环境

测试环境是整车控制器软件开发与测试中非常重要的部分,整车控制器软件的开发和运行分别在宿主机和目标机上进行。宿主机是系统资源相对丰富的PC机,目标机是嵌入式软件运行的、资源相对稀缺的硬件系统。目前,整车控制器软件的测试环境一般包括全实物仿真测试、全数字仿真测试以及半实物仿真测试三种类型。

(1)全实物仿真测试 全实物仿真是一种有效的仿真测试方式,它通过物理或几何模型对嵌入式系统的实际运行环境进行仿真。在全实物仿真中,借助计算机建立数学模型来模拟实际运行情况,通过模拟计算机的电路动态过程或数字计算机的数字运算过程来描述各种过程的实际运行。相对于其他仿真方法,全实物仿真系统提供了更接近真实环境的运行环境,因为它能考虑更多的物理和几何特性。全实物仿真可以模拟各种复杂的物理现象,如元器件的电路特性、机械部件的运动特性、流体的流动特性等。此外,利用全实物仿真还可以模拟和分析不同环境条件对系统性能和行为的影响。

全实物仿真在嵌入式系统的开发和测试过程中广泛应用,它可以帮助工程师在实验室或计算机环境下进行系统的功能验证、性能评估和故障诊断等工作。通过全实物仿真,系统开发者可以更早地检测和纠正问题,提高系统设计的可靠性和稳定性。尽管全实物仿真能够提供接近真实环境的仿真体验,但需要进行实际测试和验证以确保系统在实际环境中的性能和可靠性。因此,在进行全实物仿真测试时,需要将结果与实际环境测试结果进行比较和验证。只有在充分验证的基础上,才能确保系统在实际环境中正常运行。

(2)全数字仿真测试 全数字仿真利用数学模型对整车控制器软件进行测试。整车控制器软件与支持其运行的硬件具有很强的耦合性,硬件测试环境不如软件测试环境灵活,并且很难记录故障的过程,而全数字仿真测试技术就是解决嵌入式环境软件测试所带来的测试问题的解决方案。通过虚拟外围硬件环境的设计,将整车控制器软件测试过程与实际车辆环境分离,可以实现整车的全数字仿真测试。全数字仿真测试的可控性、整车控制器软件的透明性、易于构建软件仿真测试环境,以及不受硬件和外部设备限制等优点,在嵌入式软件开发的早期阶段非常受欢迎。全数字仿真测试平台为整车控制器软件提供了完整的仿真测试环境模型,被测整车控制器件可以在宿主机上全面灵活地进行测试。图5-28所示为全数字仿真测试架构图。

(3)半实物仿真测试 半实物仿真测试是一种用于测试和评估汽车性能、操控稳定性的方式。它结合使用虚拟仿真和实物部件,可以模拟真实的驾驶场景和车辆行为,以进行不同情况下的测试和验证。半实物仿真测试系统通常由虚拟仿真平台、实物部件和数据采集与分析系统组成。虚拟仿真平台基于计算机的虚拟驾驶环境,可以模拟各种道路条件、天气情况和交通情景,以及与其他车辆和行人的互动。它使用先进的计算模型和物理发动机来模拟车辆的动力学和操纵特性,能够准确地预测车辆的行为和响应。实物部件是为了增加真实感和驾驶体验而配备的,通常是真实的汽车部件,如转向板、踏板、座椅和仪表板。通过与虚拟仿真平台相连接,驾驶者可以通过这些实物部件来模拟真实的驾驶操作。数据采集与分析系统用于记录和分析测试过程中的数据,包括车辆的动力学参数、驾驶人的输入、车辆响应和各种传感器数据。通过对这些数据的分析,可以评估车辆在不同情况下的性能表现和操控稳定性,并进行改进和优化。汽车半实物仿真测试系统的优势在于它能够提供安全、可控和重复性好的测试环境,并具备较高的成本效益;可以帮助汽车制造商和研发机构在早期阶段评估车辆的性能和操控稳定性,减少开发时间和成本,并提高产品质量和安全性。半实物仿真测试流程如图 5-29 所示。

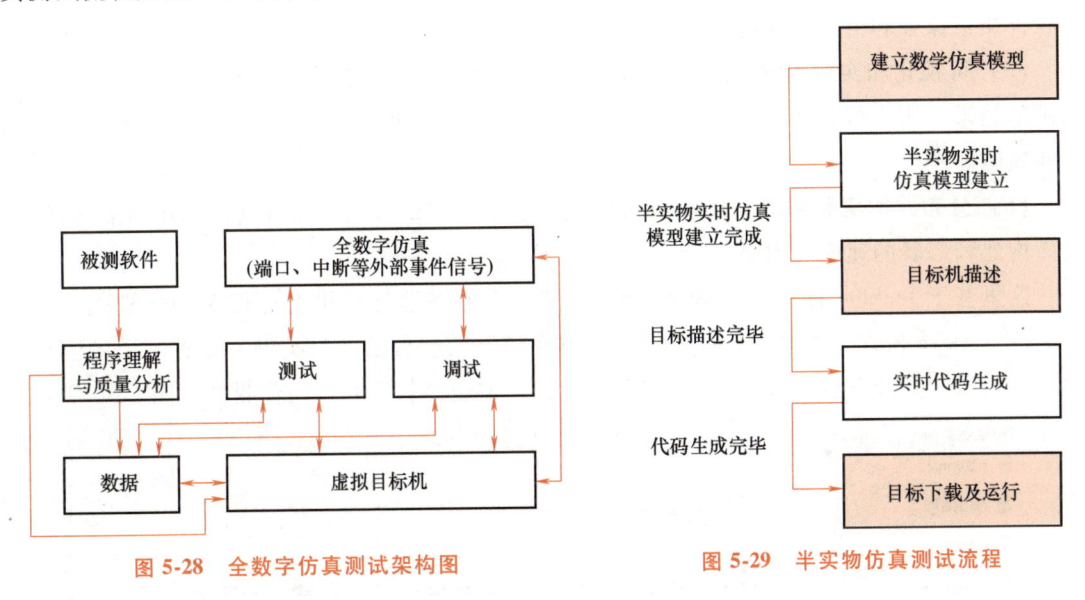

图 5-28 全数字仿真测试架构图

图 5-29 半实物仿真测试流程

5.3.2 持续测试工具

在持续测试平台中需要整合多种工具才能完成从测试任务触发到测试报告发送的整个流程。持续测试常用工具有持续测试服务器、测试脚本版本管理、测试用例质量管理、整车控制器软件标定、硬件在环仿真测试环境、自动化测试软件等。这些工具可以整合在持续测试平台中,通过协同工作,实现测试任务的触发、测试脚本的管理、整车控制器软件标定参数的改写、硬件在环仿真环境的提供和自动化测试的执行,从而可以提高测试效率、减少测试成本,并确保整车控制器软件的质量和可靠性。但需要根据具体情况选择合适的工具,并进行定制和集成。下面对上述六种工具选型进行详细介绍。

1. 持续测试服务器

持续测试服务器用于掌控整个测试流程,包括触发测试任务、分配资源、监控测试进度和结果等。

Jenkins 是一个开源的自动化构建和持续集成工具,能提供广泛的插件来支持不同的开发、构建和部署技术，如 Java、NET、PHP、Android 等。Jenkins 的主要功能是根据预定的规则和触发器，自动构建、测试和部署软件。Jenkins 具有以下特点：

（1）**开源和活跃的社区支持** Jenkins 是一个开源项目，拥有广泛的用户社区。社区不断提供新的插件和功能，保持 Jenkins 的持续改进和更新。

（2）**灵活和可扩展性** 由于 Jenkins 的插件架构使其非常灵活和可扩展，用户可以根据自己的需求选择合适的插件，以满足不同项目和环境的要求。

（3）**容易配置和使用** Jenkins 为用户提供了友好的 Web 界面，使得配置和使用变得简单和直观。通过简单的设置，用户可以定义构建和测试的规则，创建任务和构建流水线。

（4）**强大的构建和测试功能** Jenkins 支持各种构建和测试工具，如 Maven、Gradle、Ant、JUnit、TestNG 等，能够执行各种构建任务，如自动化测试、代码静态分析、部署等，为软件质量保证和持续集成提供了强大的支持。

（5）**可视化和实时反馈** Jenkins 提供了丰富的图表和报表功能，能够实时显示构建和测试的结果。用户可以通过图表和报表来监控软件的构建和测试进度，并及时了解潜在的问题和缺陷。

（6）**分布式构建和部署** Jenkins 可以很容易地在多个节点上并行执行构建和部署任务，提高构建和部署的速度和效率。

这里基于 Jenkins 的 Master&Slave 运行模式，在服务器计算机上运行 Master 模式，在客户端运行 Slave 模式。通过 Master 检测待测整车控制器软件的项目类型，设置不同的测试方案，将测试方案分发至合适的 Slave 节点进行整车控制器软件的自动化测试。图 5-30 所示为

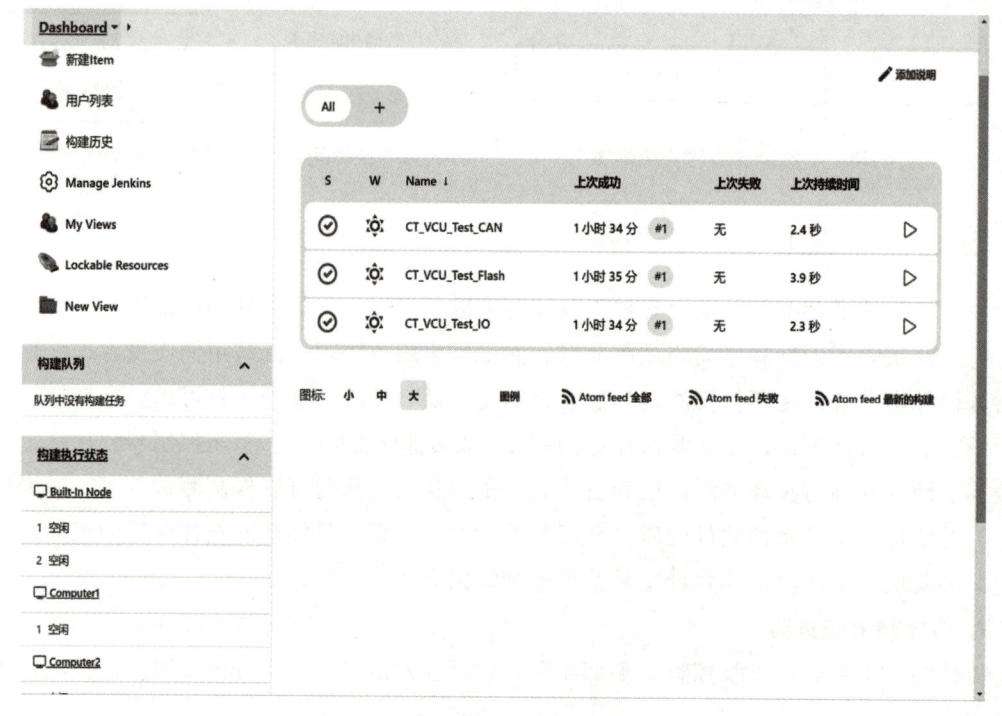

图 5-30 Jenkins 主界面

本次使用的Jenkins主界面。

2. 测试脚本版本管理工具

测试脚本版本管理用于管理测试脚本，包括版本控制、存储和检索，确保测试脚本的一致性和可重用性。

（1）测试脚本版本管理工具的主要用途 测试脚本版本管理工具的主要用途是管理和跟踪测试脚本的变更，以及确保团队在测试脚本开发过程中的协作和版本控制，具体如下：

1）版本控制。测试脚本版本管理工具可以为每个测试脚本维护一个历史版本记录，从而跟踪脚本的变更和修订情况。此举有助于团队了解测试脚本的演变路径，并能够回溯到之前的特定版本，尤其是在需要分析问题或恢复旧版本时非常有用。

2）协作开发。测试脚本版本管理工具允许多个团队成员同时对测试脚本进行修改、更新和扩展，无须担心相互之间的冲突，从而使测试团队能够协作开发和维护测试脚本，为测试流程的顺利进行提供保障。

3）冲突解决。如同软件开发中的版本控制，测试脚本版本管理工具确保团队能够高效解决不同版本测试脚本之间的冲突。此外，它还允许团队成员提交并审查测试脚本的更改，因而可以通过更严格的流程来确保测试脚本的质量和一致性。

（2）常见的测试脚本版本管理工具 常见的测试脚本版本管理工具主要有SVN和Git。

1）SVN。SVN（Subversion）是一个集中式版本控制系统，可以用于管理测试脚本的版本。它提供了版本控制、文件共享、权限管理等功能，适用于小型团队或项目。

2）Git。Git是一个分布式版本控制系统，广泛用于软件开发中的源代码管理，也可以用于管理测试脚本的版本。Git提供了版本控制、分支管理、冲突解决等功能，能够方便地跟踪和管理测试脚本的变更。

考虑到实际需求，对SVN和Git的优缺点进行比较，见表5-1。SVN具有较为成熟的权限管理和安全机制，能够满足测试脚本管理过程中需要特定权限的测试工程师的需求。相较于Git，SVN可以帮助没有相关经验的工程师快速入门，因为其操作相对简单，所以这里选择SVN作为测试脚本版本管理工具。图5-31所示为SVN界面。

表5-1 SVN与Git的对比

管理工具	优点	缺点
SVN	容易上手，适合新手学习；使用集中式服务器，安全性高；有良好的目录级权限控制系统	对服务器性能要求高；必须联网才能正常工作；不适合开源开发
Git	适合分布式开发，强调个体；公共服务器压力和数据量不会过大；快速、灵活，可以离线工作	学习难度大，学习周期相对较长；不符合常规思维；代码保密性差

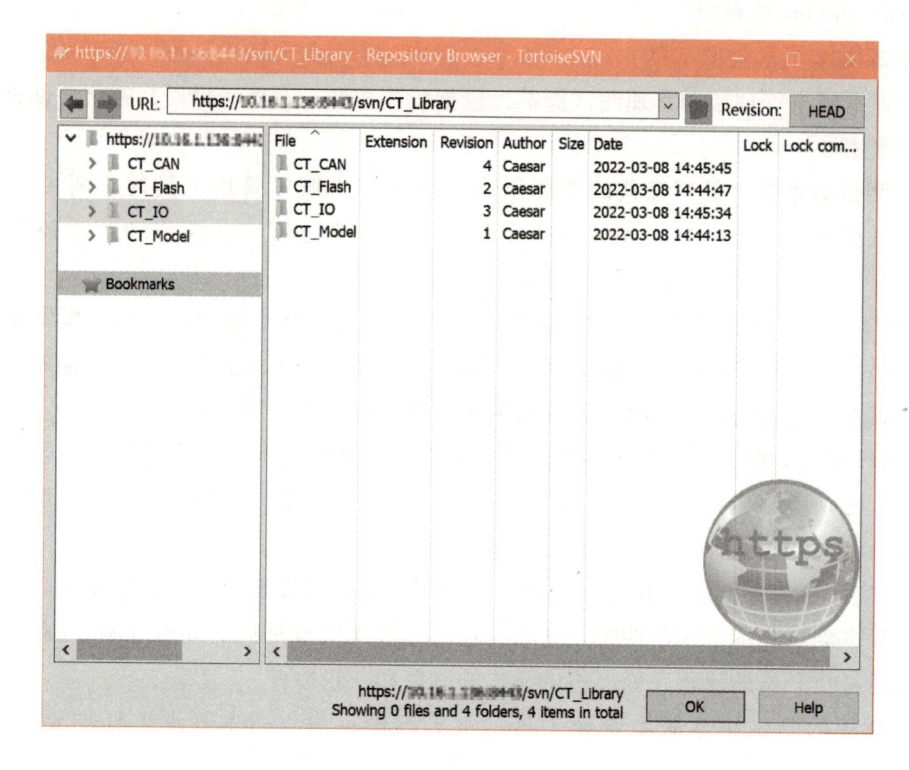

图 5-31　SVN 界面

3. 测试用例质量管理

测试用例质量管理负责记录测试脚本的路径，以便跟踪和管理测试用例的执行情况、覆盖率和缺陷等。

Rational Quality Manager（RQM）是 IBM 公司开发的一款质量管理工具，它为软件开发团队提供了一种集成的解决方案，旨在帮助团队管理测试流程、制订测试计划、执行测试、跟踪缺陷和生成报告。

RQM 具有以下主要特性和功能：

（1）**测试计划和测试用例管理**　RQM 允许用户创建和管理测试计划、测试用例和测试脚本，以便全面规划和管理测试活动。

（2）**测试执行**　团队可以使用 RQM 执行测试用例，并记录测试结果和相关的测试数据，同时还可以生成测试报告。

（3）**缺陷跟踪**　RQM 提供了缺陷管理功能，允许用户创建、分配、跟踪和解决软件缺陷，以便在整个开发周期中确保问题得到及时修复。

（4）**集成协作**　RQM 可以与其他 Rational 系列工具（如 Rational Team Concert 和 Rational DOORS Next Generation）无缝集成，支持团队成员之间的协作与信息共享。

（5）**报告和度量**　RQM 提供了丰富的报告和度量功能，用于跟踪测试覆盖率、执行结果、缺陷趋势等信息，以支持项目管理和决策。RQM 界面如图 5-32 所示。

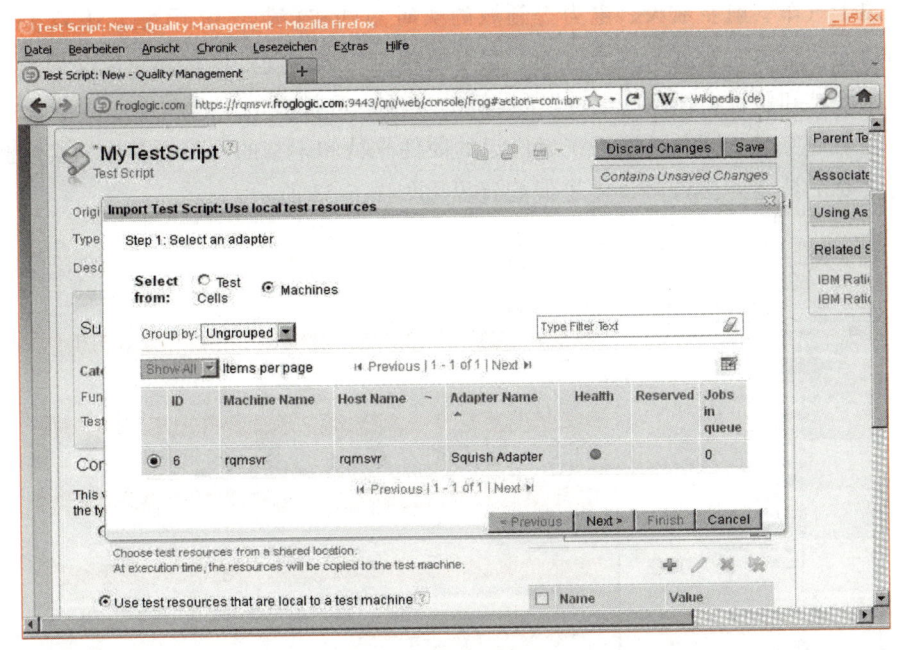

图 5-32　RQM 界面

4. 整车控制器软件标定

整车控制器软件标定用于改写整车控制器中的参数，通过调整参数来优化控制器的性能和适应实际环境。

INCA 是 ETAS（Engineering Tool Supplier）公司开发的一款用于汽车电子系统开发和测试的工具。它是一套全面的工具链，为汽车制造商和汽车电子系统供应商提供了诸多功能和解决方案，用于开发、调试、测试和验证车辆控制系统。INCA 的主要特点和功能如下：

（1）**数据采集和测量**　INCA 具有强大的数据采集和测量功能，可以实时记录和监控各种传感器和 ECU 的数据，并将其保存为文件以供后续分析和诊断使用。

（2）**校准和调试**　INCA 提供了丰富的校准和调试工具，使工程师能够访问和修改 ECU 的参数，以优化车辆性能、燃油经济性和排放等的表现。

（3）**故障诊断和调试**　INCA 支持汽车故障诊断过程，可以与车辆诊断接口连接，读取故障码和实时数据，帮助工程师分析和解决车辆问题。

（4）**自动化测量和测试**　INCA 允许用户创建和执行自动化测量和测试脚本，以提高测试效率和一致性，并支持与其他测试工具和系统集成。

（5）**统计和分析**　INCA 提供了丰富的统计和分析工具，用于对测量数据进行处理、建立模型和结果分析，以支持系统优化和故障排除。

5. 硬件在环仿真测试环境

硬件在环仿真测试环境可以提供整车环境的硬件设备，以便对整车控制器软件进行真实环境下的测试。

NI VeriStand 是由美国国家仪器公司（National Instruments）开发的实时测试和仿真软件平台。它提供了一个可配置的软件环境，用于进行实时数据采集、控制、仿真和数据分析，可广泛应用于汽车、航空航天、电力等领域的实时测试和控制系统开发。NI VeriStand 的主要特点和功能包括实时数据采集与监测、实时控制与仿真、硬件连接和集成、用户自定义界面及自动化测试和验证。NI VeriStand 所提供的灵活、可扩展的平台，使工程师能够快速构建和部署复杂的实时测试和控制系统，广泛的硬件支持和丰富的功能使其成为实时测试和控制领域的重要工具之一。VeriStand 资源配置界面如图 5-33 所示。

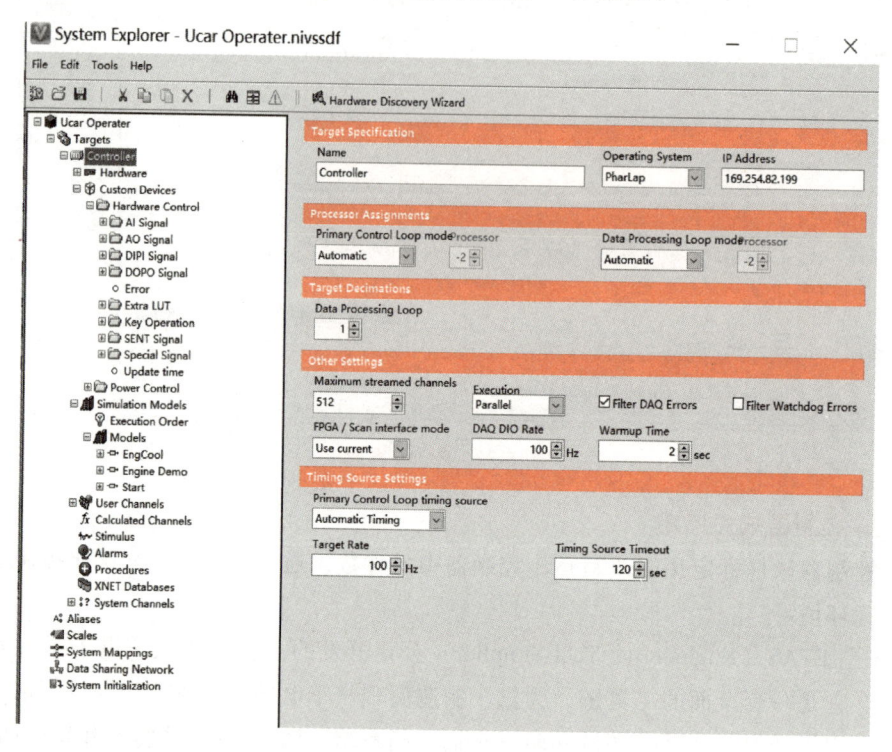

图 5-33　VeriStand 资源配置界面

6. 自动化测试软件

自动化测试软件用于控制测试脚本按照预定的测试逻辑自动执行整车控制器软件的性能测试，并可以监控测试结果、生成测试报告等。

ECU-TEST 是 TraceTronic 开发的一款专业汽车电子单元测试工具，被广泛应用于汽车电子系统的开发和测试过程中，具有以下主要特点和功能：

ECU-TEST 可以进行功能测试、性能测试、验证和诊断等多种测试任务。它提供了设计和管理测试用例的工具，用户可以根据需求创建和编辑测试用例，定义测试步骤、期望结果和测试数据等；它支持与汽车的 ECU 进行通信，获取实时数据并进行监测，也可以模拟 ECU 的行为，进行功能测试和系统验证。ECU-TEST 具有自动化测试执行的功能，可以自动运行预定义的测试用例，并比较实际结果与期望结果，以验证系统的正确性和稳定性。此外，它还提供了故障分析和诊断工具，帮助工程师快速定位和解决电子系统的故障。ECU-TEST 能生成详细的测试报告，展示测试结果和测试步骤的状态，这些报告可以帮助工程师进行数据分析和问题排查。图 5-34 所示为 ECU-TEST 调用 VeriStand 资源的界面。

第 5 章　智能电动汽车的试验测试

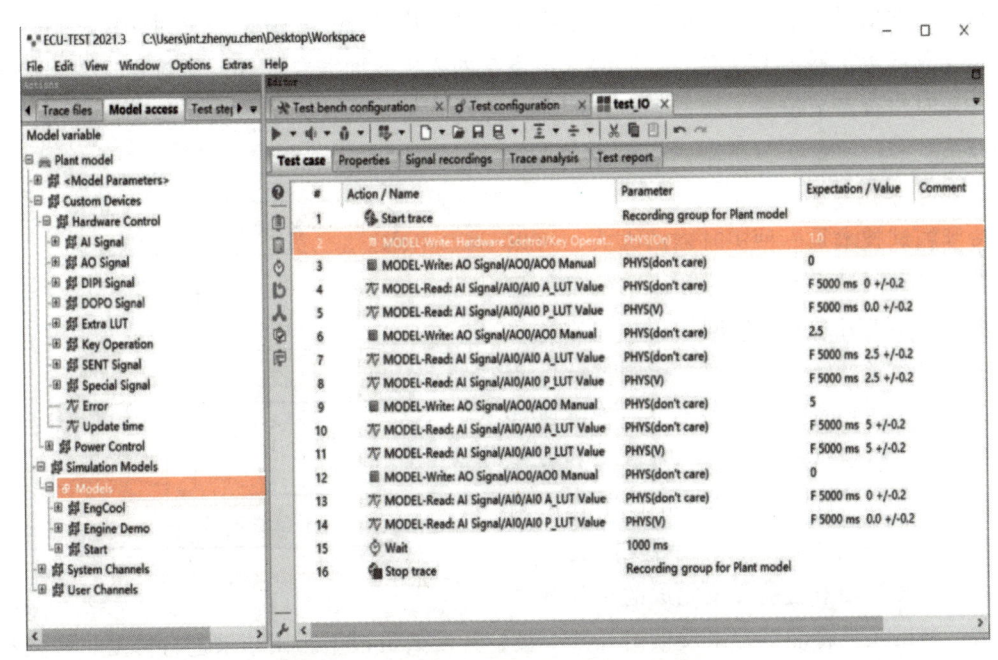

图 5-34　ECU-TEST 调用 VeriStand 资源界面

除此之外，还有一些常用的自动化测试软件，包括 Selenium、Appium、JUnit、TestComplete 和 Cucumber。它们各自针对不同类型的应用程序和测试需求，提供了各种功能和工具来支持自动化测试工作。

5.3.3　持续测试平台技术

1. 整车控制器的工作原理

整车控制器作为新能源汽车不可或缺的一个核心部分，其系统结构如图 5-35 所示，主要包括电源模块、低速总线接口、高速总线接口、继电器驱动接口、模拟量输入/输出和开关量输入/输出等部件。整车控制器负责监测车辆各种传感器的输入信息，包括发动机转速、车速、加速踏板位置、制动状态、转向角等，并对这些数据进行处理和分析。基于这些数据，整车控制器使用预先设定的算法做出决策，并生成输出信号控制车辆的各种功能，如控制电机转矩输出、制动能量回收和整车能量管理等任务。此外，整车控制器还负责监控车辆各个系统的工作状态并进行故障诊断，必要时会进行故障隔离，以确保车辆的安全和稳定运行。

整车控制器在硬件在环仿真系统中大多是以软件测试为目标、以实时硬件测试的形式进行实时硬件仿真。整车控制器具

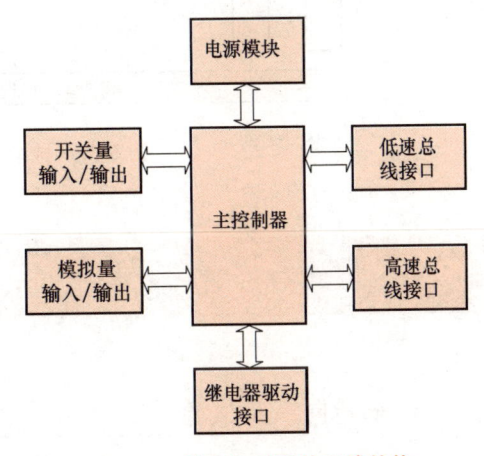

图 5-35　整车控制器的系统结构

121

有复杂多变的信号特点,包括电压量、数字量、脉冲信号量、电流量等,因此要求硬件在环仿真系统具备可扩展的 I/O 接口。同时,该系统的人机界面需要友好,能够实现数据传输处理,并实时检查整个控制系统。整车控制器硬件在环仿真系统通常包括新能源汽车模型、信号接口系统和待测整车控制器,如图 5-36 所示。

2. 持续测试技术

持续测试技术是一种实时测试方式,可以使软件开发和测试活动保持一致。它的目的是在软件开发早期发现和解决问题,从而避免软件出现难以察觉的错误。在整车控制器软件的开发和测试中应用持续测试技术,通常需要进行任务分解,将测试任务分解为具体的开发任务,开发人员和测试人员可以并行工作。例如,开发人员开始进行第一个子任务的开发,测试人员同时开始对之前开发完成的子任务进行测试。测试人员将测试结果反馈给开发人员,开发人员根据测试结果进行修复。开发和测试团队继续进行下一个子任务的开发和测试,直到所有的子任务都完成并通过测试。持续测试技术能够保证软件开发和测试活动的一致性,帮助软件开发者在早期发现和解决问题,提高软件质量和开发效率。持续测试技术的原理如图 5-37 所示。

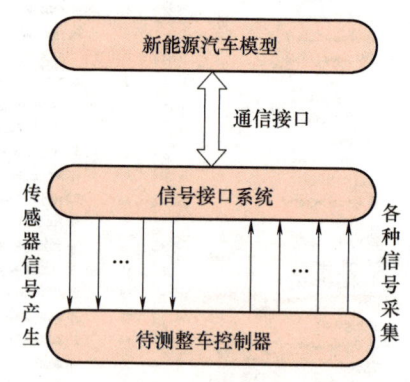

图 5-36 整车控制器硬件在环仿真系统

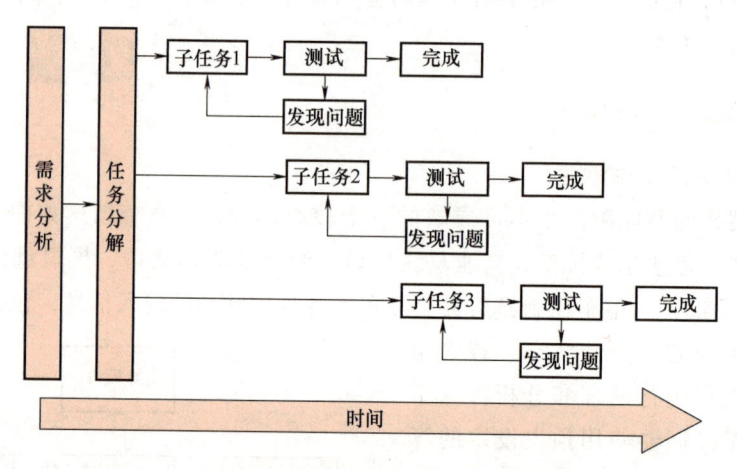

图 5-37 持续测试技术的原理

5.4 汽车转向系统测试示例

5.4.1 汽车转向系统试验

目前,有关汽车转向系统性能要求与试验的国家标准主要有 GB 7258—2017《机动车运行安全技术条件》、GB 17675—2021《汽车转向系　基本要求》、GB/T 6323—2014《汽车操纵稳定性试验方法》等，它们的主要区别见表 5-2。

表 5-2　不同国家标准适用范围的区别

序号	标准	适用范围
1	GB 7258—2017	该标准是针对道路上行驶的所有机动车（个别除外）的技术要求，对机动车的整车及发动机、转向系统、制动系统、行驶系统、传动系统、照明装置、安全防护装置等都有明确规定。它仅是进行注册登记检验和在用机动车检验、机动车查验、机动车运行安全管理及事故车检验最基本的技术标准，也是我国机动车新车定型强制性检验、新车出厂检验和进口机动车检验的重要技术依据之一
2	GB 17675—2021	该标准规定了 GB/T 15089—2001 中 M 类、N 类车辆和 O 类挂车转向系统的技术要求和试验方法，是汽车制造商和零部件厂家进行转向系统设计、试验的参考依据
3	GB/T 6323—2014	该标准规定了适用于 M 类、N 类、G 类车辆的汽车操纵稳定性试验方法，包括蛇形试验、转向瞬态响应试验（如转向盘转角阶跃输入和脉冲输入）、转向回正性能试验、转向轻便性试验。该标准还适用于二轴 M 类、N 类、G 类车辆的稳态转向试验，以及 M 类、N 类车辆的转向盘中心区方向稳定性试验

下面主要针对上述标准中对转向系统的测试要求进行介绍。

1. 汽车操纵稳定性概述

（1）定义　汽车的操纵稳定性是指车辆在各种行驶条件下的稳定性能，即车辆在转向、加速、制动等操作时的稳定性和可控性。操纵稳定性包括车辆的悬架系统、转向系统、制动系统及车辆结构的设计，它们共同影响车辆在各种行驶状态下的稳定性和操纵性能。一个操纵稳定性较好的汽车，能够在高速行驶时保持车辆的平稳性，在紧急避险时具有良好的操控性，从而保证了行车安全性和驾驶舒适性。汽车的操纵稳定性主要体现在以下几方面：

1）转向响应。良好的操纵稳定性意味着车辆能够快速而准确地响应驾驶人的转向指令，驾驶人转动转向盘后，车辆能够立即转向并沿着预期的轨迹行驶。

2）平顺性。操纵稳定性好的车辆能够保持平稳的驾驶感受，不会出现剧烈的抖动、震动或摇晃，驾驶者能够放松而不会感到不适。

3）抗干扰能力。汽车在行驶过程中可能会遇到各种外部干扰，如路面不平、弯道、侧风等，稳定的车辆能够减小这些干扰对行驶产生的影响，保持较好的车辆控制性。

4）制动稳定性。在制动过程中，车辆应能够保持稳定，不会发生侧滑或失控的情况，同时能够保持预期的制动距离和准确的制动力度。

5）加速稳定性。加速时，良好的操纵稳定性能够确保车辆保持良好的牵引力，防止轮胎打滑或失去牵引力，从而保证车辆加速时的稳定性。

（2）转向系统与操纵稳定性　在研究汽车的操纵稳定性时，常把汽车看作一个控制系统。控制系统在人们的生活中是很常见的。例如，家用电冰箱的温度控制系统，用户在温控器上设置自己需要的冰箱温度，即设置控制系统的给定值。安装在冰箱内的感温元件将测出的温度与给定温度进行比较，控制器根据偏差，按冰箱温控特性曲线通过继电器控制压缩机停止或工作，从而使冰箱温度得到控制。对于这样一个控制系统，可以用图 5-38 所示的框图表示其控制原理。

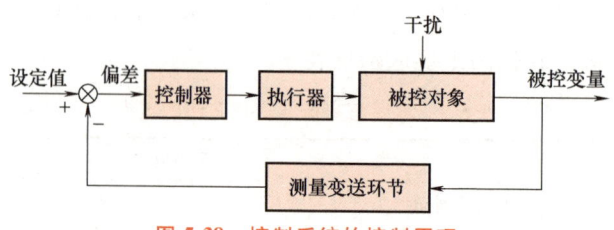

图 5-38 控制系统的控制原理

当把汽车看作一个控制系统时，驾驶人对转向盘的操作就是该系统的输入。转向盘输入有角位移输入和力矩输入，在实际驾驶车辆时，这两种输入是同时叠加的，研究的内容也变成了控制系统。研究转向盘在不同输入下汽车行驶曲线的时域响应与频域响应，并用它们来表征汽车的操纵稳定性。此外，操纵稳定性还与悬架、传动系统等密切相关。图 5-39 所示为人-汽车组成的系统示意图。

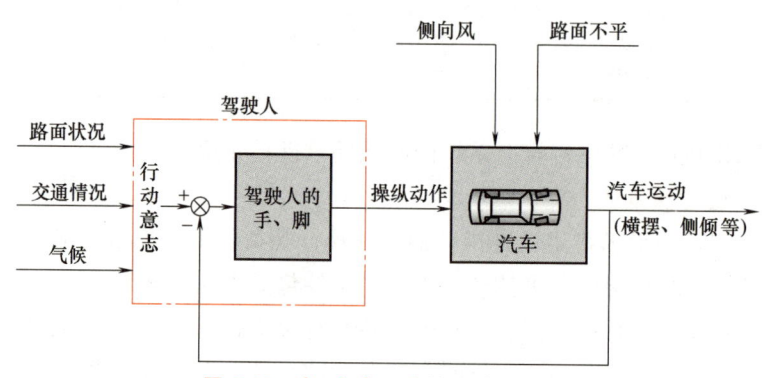

图 5-39 人-汽车组成的系统示意图

1）定义汽车的坐标系。如图 5-40 所示，汽车的坐标系是一种用于描述和定位汽车在空间中位置和方向的参考系。通常汽车的坐标系基于车身的几何形状和运动特性进行定义。在常见的定义中，X 轴沿着车辆的纵向中心线，指向车辆的前方，被视为正方向；相反方向，即车尾方向，被视为负方向。Y 轴垂直于车辆的纵向中心线，从车辆中心线向右延伸为正方向；向左延伸则为负方向。Z 轴垂直于车辆的底面，向上延伸为正方向，指向天空；向下延伸为负方向，指向地面。通过这种坐标系，可以描述车辆在空间中的位置和方向。

图 5-40 汽车坐标系与汽车的主要运动形式

2) 稳态响应与瞬态响应。汽车的稳态响应和瞬态响应描述了车辆在不同驾驶条件下对输入信号（如加速度、制动力等）的响应特性。稳态响应涉及汽车行驶时的持续状态。例如，当驾驶人给汽车加速或制动时，汽车经过一段时间的调整和变化后，在稳定工作状态下达到新的速度或停止。稳态响应的重要特性包括汽车的稳定速度、行驶稳定性、悬架系统的调整及其他动力特性。瞬态响应则关注汽车在输入信号变化瞬间的响应过程。例如，当驾驶人突然加速或制动时，汽车会迅速调整其系统来适应输入的变化。瞬态响应的重要特性包括汽车的加速性能、制动性能、转向响应和悬架系统的动态调整。稳态响应和瞬态响应对汽车性能和驾驶体验都有重要影响。稳态响应主要关乎舒适性、稳定性和燃油经济性，瞬态响应则涉及汽车的敏捷性、安全性和驾驶者对车辆的控制感。因此，在汽车设计和调校中，稳态响应和瞬态响应都是需要考虑的重要因素，以提供符合驾驶人期望的驾驶体验。

如图 5-41 所示，汽车的稳态转向特性可以分为三种：不足转向、中性转向和过度转向。其中，稳定性因数 K 和上述三种转向特性有以下关系：$K=0$，表示中性转向；$K>0$，表示不足转向；$K<0$，表示过度转向。δ_{sw} 为转角。

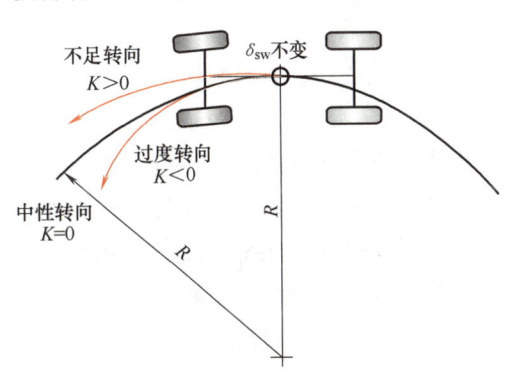

图 5-41 汽车的三种稳态转向特性

2. 性能测试的条件与要求

性能测试对于汽车的开发和验证非常重要，它可以帮助制造商评估车辆在不同条件下的性能和安全性。下面分别从路试场地与环境条件及汽车试验场两个角度来表述性能测试的条件与要求。

（1）路试场地与环境条件要求

1）公路道路测试。在真实道路条件下进行测试，以评估车辆在日常行驶中的性能，包括加速、制动、悬架系统调校等。

2）不同路况测试。参与测试的路况包括但不限于平整路面、颠簸路面、湿滑路面，以测试车辆在不同路况下的性能表现。

3）高海拔地区测试。测试车辆在高海拔地区的动力性和燃油经济性表现，以及对高海拔的适应能力。

4）炎热/寒冷条件测试。在极端温度条件下对车辆的起动、空调系统、电池管理等性能进行测试。

5）高速公路测试。在高速公路上进行加速、稳定性和燃油经济性测试。

6）动力性测试。通过加速测试、动力输出测试，确保车辆在不同速度下的动力性能可以达到设计要求。

7）制动性测试。通过紧急制动测试、湿地制动测试，验证车辆制动系统的性能和安全性。

8）悬架调校。通过各类减振器、弹簧等调校设备进行悬架系统性能测试，确保车辆在不同路况下的操控性和舒适性。

9）安全辅助系统测试。通过对 ABS、ESP 等安全辅助系统进行测试，验证其在紧急情况下的可靠性。

10）环保性能测试。通过排放测试和燃油经济性测试，确保车辆符合当地的排放标准和燃油经济性要求。

（2）汽车试验场的类型 现有的汽车试验场主要分为汽车厂自建的综合试验场、第三方专业公司建设的服务型试验场和零部件厂商建设的匹配类试验场。

1）汽车厂自建的综合试验场。

① 奔驰-奥迪-保时捷综合试验场（德国）。它是由奔驰、奥迪和保时捷等德国汽车厂共同投资兴建的综合试验场，涵盖了动态性能测试、制动测试、悬架系统测试等方面的测试设施。

② 丰田丰泽综合试验场（日本）。它是丰田汽车公司自己的综合试验场，配备了各种路面条件的测试道路，以及独特的模拟道路条件的设施，用于测试丰田车辆的性能。

2）第三方专业公司建设的服务型试验场。

① 阿尔卑斯试验场（法国）。它是由专业的第三方公司建设和运营的汽车试验场，为汽车制造商和其他客户提供各种与汽车相关的测试服务，包括动力性测试、悬架系统测试等。

② Millbrook 试验场（英国）。Millbrook 是一家独立的汽车测试和工程解决方案供应商，其试验场能提供全面的汽车测试服务，包括动态性能、安全性能等方面的测试。

3）零部件厂商建设的匹配类试验场。

① 博世试验场（德国）。博世是知名的汽车零部件供应商，拥有自己的试验场，用于测试其所提供的零部件的性能和匹配性。

② 德尔福匹配类试验场（美国）。德尔福也是一家知名的汽车零部件供应商，其匹配类试验场专门用于测试汽车电子系统的性能和匹配性。

3. 汽车操纵稳定性测试设备

汽车台架试验采用的设备包括操纵台架、车辆模拟器、转向架和测力传感器。操纵台架通过电机模拟车辆在不同速度下的行驶状态，以评估车辆的操纵性能和稳定性。车辆模拟器用于模拟车辆的质量特性和惯性特性，以便更真实地模拟实际驾驶情况。转向架用于模拟车辆转向时的力和角度，以评估车辆的转向特性。测力传感器用于实时监测车辆轮胎与道路之间的摩擦力，并提供数据支持。

汽车道路试验采用的设备包括惯性测量单元（IMU）、车载摄像头、惯性导航系统和实时数据采集系统。IMU 用于测量车辆运动时的加速度、角速度和方向，提供车辆姿态和运动状态数据。车载摄像头用于记录车辆行驶时的实时影像，以供后续分析和验证。惯性导航系统用于实时跟踪车辆的运动轨迹和位置信息，为道路试验提供准确的数据支持。实时数据采集系统用于采集车辆各种传感器和设备的实时数据并进行监测和分析。

下面主要介绍陀螺仪、转向盘力矩转角传感器和试验车辆三种测试设备。

（1）陀螺仪 汽车陀螺仪的主要功能是提高车辆的稳定性、辅助导航、检测车辆姿态和控制安全系统等，可以根据其应用和工作原理分为以下五种：

1）基于旋转陀螺效应的机械陀螺仪。这种陀螺仪利用旋转陀螺体的转动来测量角速度

第5章 智能电动汽车的试验测试

和姿态,通常由旋转的陀螺体和相关机械部件组成,如光纤陀螺仪和旋转质量陀螺仪。

2) 电子陀螺仪。这种陀螺仪使用微电子机械系统(MEMS)技术制造,通过微小的传感器来感知车辆的姿态和角速度。MEMS陀螺仪通常使用微机电系统中的微机电传感器或微电子元器件,如微加速度计和微陀螺仪。图5-42所示为耐欧电气生产的电子陀螺仪。

图 5-42 电子陀螺仪

3) 全惯性导航系统(INS)。全惯性导航系统结合了陀螺仪和加速度计等传感器,以提供车辆的导航和定位功能。它通过测量车辆的加速度和角速度来计算车辆的位置、速度和方向,并在车辆行驶过程中实时更新。

4) 光纤陀螺仪。光纤陀螺仪利用光的干涉原理来检测旋转运动,并转换为电信号。它使用光纤作为传感器,通过测量光纤中光束的干涉变化来确定车辆的姿态和角速度。

5) 真空陀螺仪。真空陀螺仪是一种高精度的陀螺仪,利用基于原子物理学原理的技术来测量车辆的旋转运动。它使用高精度的激光装置和原子束来探测旋转运动,可提供非常精确的姿态和角速度测量结果。

(2) 转向盘力矩转角传感器 转向盘力矩转角传感器是一种用于感知车辆转向操作的传感器。它主要用来测量转向盘的转动力矩和转角,以便车辆系统能够对驾驶人的转向操作作出响应,并实现相关的车辆控制功能。该传感器通常由力矩传感器和角度传感器组成。力矩传感器用于测量施加在转向盘上的力矩(驾驶人施加在转向盘上的力),角度传感器用于感知转向盘的转动角度。通过实时检测和识别转向盘的力矩和转角,车辆系统可以对车辆的转向行为进行监测,并提供相关的驾驶辅助与安全功能。例如,基于转向盘力矩和转角信息,车辆可以实现电动助力转向、车道保持、自动驾驶等功能。图5-43所示为耐欧电气生产的转向盘力矩转角传感器。

(3) 试验车辆 试验车辆是指用于进行各种类型测试和试验的专用车辆。这些车辆通常被用于测试新车的性能、安全性和可靠性,以及进行工程验证、车辆改进和研究等方面的试验。下面介绍试验车辆需要满足的一些条件和要求。

图 5-43 转向盘力矩转角传感器

1) 测试设备。试验车辆应配备必要的测试设备,以便对车辆的各项性能和参数进行准确监测。这些设备一般包括数据记录仪、传感器、监控系统及特殊的测试设备,如制动测试台、悬架测试台等。

2) 安全装备。试验车辆应配备必要的安全装备,以保证测试人员和车辆的安全。这些安全装备一般包括防护结构、碰撞保护装置、安全带、灭火器等。此外,试验车辆还应符合相关的安全标准和法规要求。

3) 车辆外观和标识。试验车辆的外观和标识应与普通车辆有所区别，以便于其他道路使用者能够正确识别。通常会在车辆上添加特殊的标识、标志或亮色涂装。

4) 负载和载荷。试验车辆可能需要根据不同的测试要求加装额外的负载或载荷，以模拟实际使用情况。例如，通过添加沙袋、液体负载或者其他特殊载荷，测试车辆的承载能力和性能。

5) 环境测试条件。试验车辆可能需要在不同的环境条件下进行测试，如极端温度、高海拔、湿度和恶劣天气等。因此，车辆的设计和装备应能够适应不同的环境条件，并能够正常运行和测试。

4. 汽车性能评价方法

在汽车试验中，性能评价通常包括主观评价和客观评价两种方法。

(1) 主观评价 主观评价是指基于试验员或驾驶人的主观感受和经验，对汽车的性能进行评价。主观评价通常包括以下方面。

1) 操控感受。试验员根据自身的感受和反馈来评价车辆的操控性能，包括车辆的操纵性、悬架舒适性、转向精度等。

2) 舒适性。试验员根据自身的感受来评价车辆在不同路况下的舒适性表现，包括车辆座舱的舒适性、噪声振动性能、座椅舒适性等。

3) 动力性能。试验员根据自身的感觉和反馈来评价车辆的动力性能，包括车辆的加速、动力输出、换档顺畅性等。

主观评价的优点是能够直观反映试验员的真实感受和使用体验，但因个体差异和主观因素的影响，存在一定的主观性和不确定性。

(2) 客观评价 客观评价是指通过使用各种科学和技术手段对车辆性能进行客观分析和评价。客观评价通常包括以下方面。

1) 数据采集。使用各种传感器和测试设备对车辆的各项性能参数进行准确测量和采集，如加速度、转向角度、制动性能等。

2) 数据分析。对采集的数据进行分析和处理，得出客观的性能评价指标，如加速时间、制动距离、侧倾角等。

3) 仿真模拟。通过计算机仿真和模拟技术对车辆各项性能进行客观评价。例如，使用多体动力学模型对悬架系统进行仿真测试。

客观评价的优点是具有较高的客观性和可重复性，能够提供比较准确的性能评价结果。然而，客观评价往往需要专业的设备和技术支持，成本较高且可能无法全面覆盖所有的实际使用情况。

5.4.2 线控转向系统性能测试

1. 转向系统性能测试

(1) 汽车操纵稳定性试验 汽车操纵稳定性试验通过不同的项目模拟不同的驾驶场景，评估汽车的操纵稳定性和操控性能。它作为关键测试，常用的方法有两种，即台架试验和道路试验。

在室内台架试验中，汽车操纵稳定性可通过模拟和记录各种路况和驾驶情况来进行评估。通过使用专用的台架设备和传感器，可以进行车辆稳定性测试、制动性能测试和悬架系统测试等。台架试验的优点是在受控环境下进行，可以提供更准确的数据和结果。室内台架试验能够模拟不同的驾驶情况，包括转弯、制动、加速等，以评估车辆在各种条件下的操纵稳定性和操控性能。

道路试验更加真实地模拟实际驾驶条件下的汽车操纵稳定性。通过在真实道路环境中进行测试，可以评估车辆在实际使用情况下的性能表现。道路试验包括直线行驶稳定性、转弯稳定性、急制动稳定性和突破障碍物稳定性等试验项目。这种试验方法可以更准确地反映汽车在真实道路状况下的操纵稳定性和操控性能。关于汽车操纵稳定性道路试验，根据我国现行的国家标准 GB/T 6323—2014，主要包括七项，见表 5-3。

表 5-3　汽车操纵稳定性道路试验的主要项目

序号	试验项目	适用范围	试验汽车载荷状态
1	蛇行试验	M 类、N 类、G 类车辆	额定最大装载质量
2	转向瞬态响应试验（转向盘转角阶跃输入）		额定最大装载质量和轻载两种状态
3	转向瞬态响应试验（转向盘转角脉冲输入）		
4	转向回正性能试验		额定最大装载质量
5	转向轻便性试验		
6	稳态回转试验	两轴的 M 类、N 类、G 类车辆	额定最大装载质量和轻载两种状态
7	转向盘中心区操纵稳定性试验	M_1 类和 N_1 类车辆	

（2）转向系统性能测试道路试验　针对 M 类和 N 类车辆的转向系统，应实施以下测试项目。

1）汽车驶离转向圆时异常振动的测试。

2）汽车不足转向的测试。

3）汽车转向系统完好时转向操纵力的测量。

4）汽车转向系统出现故障时转向操纵力的测量。

（3）转向系统台架试验　转向系统台架试验主要包括功能试验、空载转动试验、助力电流特性试验输入/输出特性试验、反向冲击试验、回正试验及正向阶跃/脉冲特性、反向阶跃/脉冲特性等项目。此外，该试验还包括可靠性、耐久性、电磁兼容性等项目。

2. 蛇行试验

蛇行试验是一种用于评估汽车横向稳定性和转向盘回正性能的试验方法。在蛇行试验中，车辆在一条预定的路径上进行快速直线行驶，同时实施频繁的左右转向操作。该试验的目的是评估车辆在高速行驶中能否保持稳定，并检测转向盘回正是否准确和及时。试验结果可以提供关于车辆操纵性、舒适性和安全性的重要信息，同时也是评估车辆悬架系统、转向系统和操纵系统等关键部件性能的重要指标。

在汽车蛇行试验中，通常需要测量车辆侧倾角、转向盘转角、车辆横向加速度和车辆横向位移等变量。

(1) 试验方法 按照图5-44所示及表5-4中的规定，在试验场上布置10根标桩，用于标记试验路线或者其他需要标记的位置。之后，启动相关测试设备并接通电源，确保设备能够正常运行，并使其预热到设计工作温度，确保测试数据的准确性。试验驾驶员需要具有较丰富的驾驶经验，熟悉相关驾驶技术和操作要求，以保证试验安全进行和数据采集有效。在正式试验之前，应按照标记的路线往返进行练习，重复5次。这有助于试验驾驶员熟悉驾驶路线和操作要求，从而更好地完成后续正式试验工作。

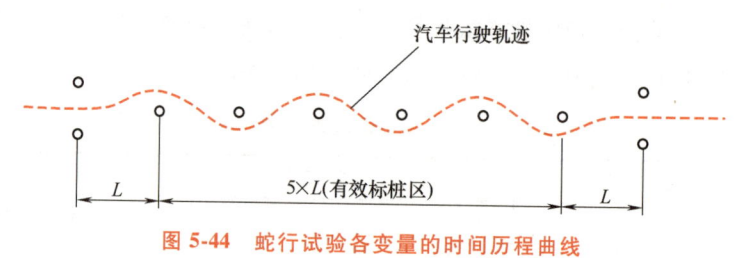

图5-44 蛇行试验各变量的时间历程曲线

表5-4 蛇行试验中不同车型的标桩间距及基准车速

汽车类型	标桩间距 L/m	基准车速/(km·h^{-1})
M_1类、N_1类和M_1G类、N_1G类车辆	30	65
M_2类、N_2类和M_2G类、N_2G类车辆		50
M_3类及最大总质量=15t的N_3类和M_3G类、N_3G类车辆	50	60
M_3类（较接近客车）及最大总质量>15t的N_3类和M_3G类、N_3G类车辆		50

(2) 试验过程

1) 选择一个近似基准车速1/2的稳定车速，让汽车直线行驶。在进入试验区段之前，记录各测量变量的零线，包括侧倾角、转向盘转角、横向加速度和横向位移等。

2) 开始蛇行通过试验路段，同时记录各测量变量的时间-历程曲线，以及通过有效标桩区的时间。

3) 逐步提高车速（车速调整增量自行选择），重复上述过程，共进行10次。在每次试验后，记录各测量变量的时间-历程曲线及通过有效标桩区的时间。

4) 最高车速不得超过80km/h，确保试验的安全性。

(3) 试验数据处理及评价指标 试验数据处理及评价指标主要涉及以下两方面。

1) 试验数据处理。试验数据需要经过整理和分析，以获取有用的信息。常见的数据处理方法包括数据清洗、数据归一化、数据平滑、数据插值等，也可以通过数据统计分析、回归分析、频谱分析等方法对数据做进一步处理。

2) 评价指标。

① 侧倾角。侧倾角代表车辆在横向运动中的倾斜程度，是评估车辆稳定性的一个重要指标。较小的侧倾角表示车辆的横向稳定性较好。

② 转向盘转角。转向盘转角反映驾驶人对车辆横向运动的控制程度。较小的转向盘转角表示驾驶人对车辆的控制精准度较高。

③ 横向加速度。横向加速度是车辆在横向运动中受到的加速度，其大小反映了车辆的横向稳定性和操控性能。

④ 横向位移。横向位移代表车辆在横向运动中相对于初始位置的偏移情况，较小的横向位移表示车辆的横向稳定性较好。

⑤ 通过有效标桩区的时间。通过有效标桩区的时间可以反映车辆在蛇行试验中的稳定性和操控能力，较短的时间表示车辆的操纵稳定性较好。

3. 转向瞬态响应试验（转向盘转角阶跃输入）

（1）试验目的与待测变量

1）试验目的。转向瞬态响应试验的主要目的是评估车辆的转向系统在紧急情况下的性能，包括转向响应速度、横摆稳定性和侧倾控制特性。通过试验可以了解车辆的转向系统是否能够快速响应驾驶人的转向输入、保持稳定的横摆角度，并有效控制车辆的侧倾。

2）待测变量。转向瞬态响应试验中有以下四个关键的待测变量：

① 转向盘转角。记录驾驶人施加的转向输入量，即转向盘的转角。

② 车辆横摆角度。记录车辆在转向过程中的横摆角度，即车身相对于正常行驶方向的旋转角度。

③ 侧倾角度。记录车辆在转向过程中的侧倾角度，即车身相对于水平面的倾斜角度。

④ 转向响应时间。记录转向系统从接收驾驶人的转向输入到开始响应的时间，即转向响应的时间间隔。

通过对上述待测变量进行测量和分析，可以对车辆转向系统的性能进行评估，了解其在紧急情况下的表现，这有助于改进转向系统的设计和优化车辆的操纵性能。

（2）试验方法 在车辆准备就绪后，进行以下操作：

1）让车辆以试验车速行驶 10km，以使轮胎升温。根据被试汽车的最高车速为 100km/h，计算出试验车速为 70km/h。

2）接通设备电源，以使其达到正常工作温度，具体包括各种测量设备和记录设备，如惯性测量单元、传感器和数据采集系统。

3）试验时，车辆以试验车速直线行驶。首先，轻轻转动转向盘，以消除转向盘的自由行程，并开始记录各测量变量的零线。这样做的目的是确保后续转向动作的准确度。之后，尽快转动转向盘，使其达到预选的位置，并将转向盘保持固定数秒，以记录各测量变量达到新稳态值的情况。在这个过程中，需要保持试验车速不变。

注意，在试验中，应根据稳态侧向加速度值设定转向盘转角的预选位置（输入角）。从侧向加速度为 $1m/s^2$ 的情况开始，每隔 $0.5m/s^2$ 进行一次试验，以评估不同侧向加速度下车辆的转向响应性能。

4）试验包括向左转和向右转两个方向，既可以交替进行，也可以独立连续进行。

（3）试验数据处理及评价指标 在处理转向瞬态响应试验的数据时，应注意以下方面：

1）收集涉及转向盘角度、侧向加速度、车速等参数的原始数据。

2）对原始数据进行清洗和滤波处理，以去除噪声和异常值，确保数据的准确性和可靠性。

3）计算转向角度响应时间和侧向加速度响应时间，分析侧向加速度的稳定性，计算最大侧倾角，并分析转向盘角度的转动幅度和稳定性。

4）评估试验过程中车速的稳定性，以确定巡航稳定度。

5）将试验数据和评价指标与标准值或其他车辆进行比较，从而评估车辆转向瞬态响应的性能。通过数据处理和评价结果，可以有效分析车辆的转向性能，并提出改进和优化的建议。

6）评价指标。根据 QC/T 480—1999《汽车操纵稳定性指标限值与评价方法》，本次试验按侧向加速度为 $2m/s^2$ 时的汽车横摆角速度响应时间 T 进行评价计分。

4. 其他线控转向系统性能测试简介

（1）转向瞬态响应试验（转向盘转角脉冲输入） 转向瞬态响应试验是一种用于评估车辆操纵稳定性的试验，通过给转向系统施加转向盘转角脉冲输入，模拟真实操控过程中的转向动作，并测量相关变量以评估车辆的转向性能。

（2）转向回正性能试验 转向回正性能试验是一种用于评估车辆转向系统回正性能的试验，通过评估车辆在转向操作后自动回正的效果和速度，衡量转向系统的准确性和稳定性。

（3）转向轻便性试验 转向轻便性试验的主要目的是评估车辆转向系统的轻便性能，即驾驶人在操纵转向盘时所需的力量和灵敏度，以提供良好的驾驶操纵感受，减轻驾驶人的疲劳并提高车辆的操纵安全性。

（4）稳态回转试验 稳态回转试验的主要目的是评估车辆在回转操作中的操纵稳定性，即评价车辆转向性能在回转过程中的稳定性和可控性，以确保车辆能够保持稳定的操纵性能，提供良好的车辆响应和操纵安全性。

（5）转向盘中心区操纵稳定性试验 转向盘中心区操纵稳定性试验的主要目的是评估车辆在直线行驶过程中的操纵稳定性，从而判断车辆在正常驾驶情况下的操纵表现和稳定性能。

5.4.3 转向系统性能测试道路试验

（1）汽车驶离转向圆时异常振动的测试

1）试验方法。汽车在下述车速下，沿切线方向离开半径为 50m 圆周：M 类车辆为 50km/h；N 类车辆为 40km/h，当设计的最高车速低于 40km/h 时，以设计最高车速为准。

2）判断依据。转向系统不能有异常振动。

（2）汽车不足转向测试

1）试验方法。当车辆转向轮转到约最大转向角的一半且车速不低于 10km/h 时，立即放开转向操纵装置输入。

2）判断依据。车辆应维持在原来的转向半径轨迹上或使转向半径变大。

（3）汽车转向系统完好时的转向操纵力测量

1）试验方法。汽车以 10km/h 的车速从直线行驶进入转向行驶状态,对转向盘在转向操纵输入有效半径上的转向操纵力进行测试,记录转向操纵力输入。转向操纵力测量应分左右各做一次。

2）判断依据。汽车在转向半径达到表 5-5 中规定的数值时,其转向时间和施加的转向操纵力应满足表 5-5 中的要求。

表 5-5 转向系统完好时转向操纵力的要求

车辆类别	转向操纵力/N	转向时间/s	转向半径/m
M_1 和 M_2	≤150	≤4	12
M_2、N_1 和 N_2	≤200	≤4	12
N_2	≤250	≤4	12

(4) 汽车转向系统出现故障时的转向操纵力测量

1）试验方法。参照汽车转向系统完好时转向操纵力测量的试验方法。

2）判断依据。汽车在转向半径达到表 5-6 中规定的数值时,其转向时间和施加的转向操纵力应满足表 5-6 中的要求。

表 5-6 转向系统出现故障时转向操纵力的要求

车辆类别	转向操纵力/N	转向时间/s	转向半径/m
M_1 和 M_2、N_2	≤300	≤4	20
M_2 和 N_2	≤450	≤6	20
N_2	≤400	≤4	20

5.4.4 转向系统性能测试台架试验

台架试验主要用来验证转向系统自身的性能和指标,下面以电动助力转向为例介绍台架试验的主要内容。

(1) 功能试验 功能试验用来验证转向系统自身的工作情况是否正常,评价的依据如下:

1）转动转向盘,全程感觉平滑、无卡滞现象。

2）转向盘无明显振动。

3）转动转向盘至某一角度停下时,输出端无惯性延时动作。

(2) 空载转动试验 空载转动试验用来验证汽车点火前后的机械摩擦阻力和输入/输出轴的力及力矩,评价的主要依据是测得的数据满足相关设计要求。

(3) 助力电流特性试验 助力电流特性试验用来验证不同车速下输入力矩与电动机助力电流之间的关系,评价的主要依据是测得的数据满足相关设计要求。

(4) 输入/输出特性试验 输出转矩对应输入转矩特性是电动助力的主要表现特性。该试验的目的是得到输入与输出转矩的关系,评价的主要依据是满足相关设计要求。

(5) 反向冲击试验 反向冲击试验的目的是评估转向系统在受到意外反向冲击时的性

能表现,以验证转向系统的安全性和可靠性。通过该试验可以了解转向系统在受到反向冲击时的承受能力和恢复能力。

在试验过程中,试验台架施加反向冲击力,模拟意外情况下车辆受到的反向冲击,以便记录和分析转向系统的反应。通过分析转向系统对反向冲击的响应和恢复过程,评估其性能和安全性能。

(6) 回正试验 回正试验的目的是评估转向系统在完成转向操作后能否自动回正,以及回正过程中的稳定性和表现。通过该试验可以验证转向系统的回正功能是否符合相关设计要求,保证车辆操纵的准确性和安全性。

在试验过程中,试验台架施加转向力或角度,模拟驾驶人操控转向后的车辆回正过程,以便记录和分析转向系统的回正行为。通过分析转向系统回正的时间、稳定性和准确性,评估其回正功能是否符合相关设计要求。

思考与练习

1. 在进行智能电动汽车的试验测试时,最关键的测试指标是什么?
2. 除了基本的功能测试,还有哪些方面的测试是必不可少的?为什么?
3. 对未来智能电动汽车试验测试的发展有何期待?如何提高测试效率和准确性?
4. 智能电动汽车试验测试中的哪些因素会影响整车控制器的性能?
5. 在持续测试平台开发过程中,如何选择合适的工具进行测试?
6. 在智能电动汽车的试验测试中,如何评估整车控制器的安全性和可靠性?

第 6 章 / Chapter 6

智能电动汽车发展目标

学习目标

- 了解全工况无人驾驶智能电动汽车的技术特点。
- 了解智能电动汽车面临的挑战和需要解决的问题。
- 思考智能电动汽车未来发展中的关键问题。

6.1 人机交互的智能电动汽车

目前，座舱的语音识别已经基本普及，语音识别主流厂商主要使用端到端算法，理想试验环境下的语音识别准确率可达 98% 以上。

驾驶人监控系统（Driver Monitor System，DMS）正在迅速普及。2018 年起，陆续有本土品牌车型开始配置车内摄像头。该设备除了具备监测驾驶人疲劳状态、驾驶人面部识别等基础功能，还具备账号登录、车辆个性化配置等辅助功能，以及车内拍照、视频录制等娱乐功能。随着国外部分高档品牌车型开始配置 DMS，内置摄像头的车型占比不断增长，预计 2030 年装备车内摄像头的车型占比将超过 50%，如图 6-1 所示。

图 6-1 DMS 普及趋势预测

由于 DMS 普及势头迅猛，下一步将是语音+手势+眼球跟踪+AR-HUD 交互界面的组合，这是对应 L3+级别自动驾驶的智能交互方式。业内领先的车企已经开始布局，如图 6-2 所示。

人机自然交互成为车企的竞争热点。中国自主品牌在这一领域的实践基本跟国外领先品牌并驾齐驱，甚至从迭代速度上看还要更快。2020 年，长安推出 UNI-T 车型，包含多项 AI 主动服务。例如，在人们接听电话时，系统会自动降低多媒体音量；当车机中控屏处于熄屏状态时，注视屏幕 1s 即可唤醒屏幕；通过语音指令，即刻开启拍照功能，若检测到有人闭眼，还可以主动提醒重拍。

UNI-T 智能座舱中，配制了由地平线公司提供的 Halo 智能交互解决方案。这一方案基于地平线征程 2 芯片，深度融合了视觉、语音等多种感知数据，能够通过语音、动作姿态、面部表情等指令进行交互，为用户提供更加安全、智能的驾乘体验。Horizon Halo™ 2 车载智能交互解决方案专注于快速迭代的能力，以月度为频次进行算法更新，不断推出新的功能应用创新，如儿童模式、手势控制等，以及计划中的老人模式、声纹识别、多情绪识别等

第 6 章 智能电动汽车发展目标

奔驰MBUX人机交互系统	宝马Interaction EASE	长安UNI-K智能座舱
仪表板双摄像头+车内摄像头	多舱内摄像头	管柱摄像头+车内摄像头
面部识别	视线追踪	动作姿态，手势
人体动作控制	人体动作控制	面部表情，年龄，性别
乘员意图	解决能力	多模语音

图 6-2 典型车企的人机交互方式

功能。

理想中的自然交互目标是从用户体验出发，旨在提供稳定、流畅、可预期的交互体验。

当前自然交互的误识别情况依然严峻，全工况、全天候的可靠性和准确率还不够。例如，基于视觉的手势识别率仍偏低，需要研究各种算法来改善识别的精度和速度。人们不经意的一个手势，就会被误识别为一个命令动作，而这只是无数种误识别情况之一。在移动状态下，光照、振动、遮挡等都是巨大的工程挑战，因此需要有各种技术手段综合加持来确保准确性。例如，结合驾驶场景，采用多传感器融合验证、语音确认等方式，降低误识别率。

自然交互的流畅度也是亟待解决的问题，但需要借助更高性能的传感器、更强大的算力和高效算法进行改善。目前，自然语言理解（NLP）和意图理解仍处于早期阶段，还需要算法理论作为支撑。

未来座舱人机交互将走向虚拟世界与情感连接。随着座舱内传感器的增加，人机交互服务的对象从以驾驶人为中心转向为全车乘员服务为中心成为一个确定性的趋势。例如，主动关怀、无麦K歌、视线随动、短视频制作等的转变对于增强消费者吸引力非常有效。图 6-3 所示为蔚来 NOMI 车载人工智能系统。

图 6-3 蔚来 NOMI 车载人工智能系统

智能座舱打造了一个虚拟空间，人机自然交互将带来全新的沉浸式增强现实娱乐体验。根据相关媒体的报道，特斯拉开始生产配备 AMD Ryzen 处理器的 Model3 和 ModelY 车型，借助高级别的配置结合座舱强大的交互设备，可以打造一个车内的元宇宙，以提供各种沉浸式的游戏，这样智能座舱将成为元宇宙一个不错的载体。人机自然交互也将带来情感连接，座舱将成为人们的智能伙伴，除了学习车主行为、习惯和喜好，感知座舱内环境，还能结合车辆当前位置，及时主动提供信息和功能提示。

随着人工通用智能（AGI）的发展，未来有望看到人机情感连接逐渐渗透个人生活，确保技术完善可能成为需要考虑的另一个重大问题。

随着科技的不断进步和人们对环境保护的日益关注，电动汽车已经成为汽车行业发展的重要方向。而在电动汽车的未来发展中，人机交互技术将起到至关重要的作用。下面主要探讨人机交互在电动汽车领域的发展方向，以期为读者展示电动汽车智能化、人性化的发展前景。

1. 提升驾驶体验的人机交互设计

（1）**超级智能助理** 人工智能助理将得到进一步完善，不仅能协助驾驶，更能帮助用户实现个性化需求，包括预测和优化行车路线、提供娱乐项目及健康管理服务等。

（2）**自然语言交互** 电动汽车内部系统将更加智能化，能够理解和回应自然语言，并根据用户的指令执行操作，使驾驶操作变得更加便捷。

（3）**触觉反馈技术** 引入触觉反馈技术，使驾驶人能够通过触摸、振动等方式与电动汽车进行更直观、更自然的交互。

2. 自主驾驶与人机交互的创新结合

（1）**先进驾驶辅助系统**（ADAS） 结合人机交互技术，实现电动汽车对周围环境的实时感知和自主决策，提高行车安全性和驾驶舒适性。

（2）**手势识别技术** 通过摄像头等传感器感知驾驶人的手势，实现与自动驾驶系统的直接交互，提高驾驶人对自动驾驶的信任度和操作便利性。

3. 个性化的人机交互界面设计

（1）**虚拟现实（VR）和增强现实（AR）技术** 结合 VR 和 AR 两种技术，创造沉浸式的驾驶体验，为用户提供丰富的个性化信息交互方式。

（2）**定制的交互界面** 根据不同用户的喜好和需求，提供可定制的交互界面，使驾驶人可以根据自己的习惯和喜好进行个性化设置。

4. 车联网技术与人机交互的融合

（1）**智能家居对接** 电动汽车与智能家居系统连接，使驾驶人能够通过车载系统控制家用设备，实现智能生活的全面互联。

（2）**与其他车辆交互** 车联网技术使得电动汽车能够与其他车辆进行实时通信，通过合作与协同驾驶，提高行车安全性和效率。

人机交互技术将为电动汽车的发展带来全新的可能性。通过提升驾驶体验、结合自主驾驶技术、个性化界面设计及与车联网融合，电动汽车将产生更加智能、便捷的驾驶体验，进一步推动电动汽车行业的可持续发展。通过不断创新和技术进步，人机交互将成为电动汽车发展的方向之一。

6.2　高效分析路况的智能电动汽车

环境感知系统作为自动驾驶系统的"眼睛",具有十分重要的作用和地位,需要具备较高的准确性、灵敏度、实时性、鲁棒性。传感器的选择不仅对环境数据的完整性与准确度至关重要,对于自动驾驶汽车后续的路径规划、行驶状态、车辆状态等也有决定性的作用。

智能汽车视觉感知关键技术是无人驾驶汽车研究的重点和难点。智能汽车需要处理大量的图像信息,包括图像的采集、增强、降噪和特征提取等。图像处理技术的效率和准确性对于视觉感知的结果具有重要影响。智能汽车需要准确检测和跟踪道路上的物体,包括车辆、行人、交通标志等,这需要具备高性能的目标检测与跟踪算法,从而在复杂的环境中实时地准确定位和追踪目标。为了做出正确的决策和规划,智能汽车需要对整个场景进行理解,包括道路结构、交通规则、行人动作等,这需要结合计算机视觉、机器学习和深度学习等技术,对场景信息进行分析和解读。

如何在有限的计算资源和时间窗口内,快速、准确地进行环境感知和决策,仍然需要进一步的研究和技术创新。高效分析路况的智能电动汽车作为解决城市交通问题的方案之一,在未来的发展中应继续提升其分析能力与效率。下面重点探讨高效分析路况的智能电动汽车的发展方向,以体现智能车辆技术在交通领域的巨大潜力和可持续发展的前景。

1. 强化数据收集与处理能力

(1) **多源数据集成**　智能电动汽车将整合不同来源的数据,包括车载传感器、交通摄像头、卫星导航系统等,以获取全面、准确的路况数据。

(2) **实时数据处理与更新**　通过快速、高效的数据处理算法和实时更新机制,智能电动汽车能够快速分析和反馈路况信息,及时为驾驶人提供导航和交通优化建议。

2. 人工智能与机器学习的应用

(1) **高级智能分析算法**　结合人工智能和机器学习技术,智能电动汽车能够自动学习和适应交通模式的变化,提升对路况数据的精确分析和预测能力。

(2) **预测性维护与保养**　通过对车辆传感器数据的分析和比对,智能电动汽车可以预测潜在故障并提前进行保养,降低车辆故障率,提高运营效率。

3. 车联网与云计算的整合

(1) **实时数据共享和交流**　高效分析路况的智能电动汽车可以与其他车辆及交通管理中心实时共享数据,实现车辆之间的协同行驶和交通优化。

(2) **云计算平台支持**　通过依托云计算平台,智能电动汽车能够充分利用大数据分析和存储能力,提高数据处理效率和精确度,为驾驶人提供更准确、实时的路况信息。

4. 交通管理整合与智慧城市发展

(1) **与交通管理的协同**　高效分析路况的智能电动汽车将与交通管理部门进行紧密合作,通过实时数据共享和协作驾驶,实现交通信号的智能化控制和优化调度,提升交通流畅度和安全性。

（2）**智慧城市整合**　智能电动汽车作为智慧城市的一部分，将与其他智能设施和服务实现互联互通，如智能停车场、智能公共交通等，共同推动城市交通的智慧化和可持续发展。

5. 基于大数据分析的交通预测与优化

智能电动汽车将利用大数据分析交通模式和历史数据，实时预测交通拥堵情况和行车时间，为驾驶人提供最佳路线规划和出行建议；实现交通信号灯的智能控制和车辆的优化调度，减少交通拥堵和行车时间。

6. 自动路线规划与导航

（1）**智能路线规划**　通过综合考虑交通状况、驾驶人偏好和环境因素，智能电动汽车可以自动规划最佳路线，以提供高效的出行方案。

（2）**增强实境导航**　结合增强现实技术，智能电动汽车可以在驾驶过程中为驾驶人提供实时导航指示，并显示相关的交通和道路信息，提高驾驶安全性和导航体验。

7. 智能充电与能源管理

（1）**充电站智能分配**　智能电动汽车可以通过与充电站的连接，实时了解充电站中充电桩的使用情况，智能调配充电需求，最大限度地减少排队等待和充电时间。

（2）**能源管理优化**　通过智能电池管理系统和能源优化算法，智能电动汽车可以根据实时路况和能源需求，智能控制电池的使用和更改充电策略，实现能源的最佳利用和延长续驶里程。

8. 车辆互联与无人协同行驶

（1）**车辆即时通信**　智能电动汽车之间可以通过车辆的通信系统实现实时沟通和信息共享，如交通流量、车速等，以促进协同行驶和交通流畅。

（2）**无人车队协作**　智能电动汽车可以通过无人车队协作技术实现车辆之间的协同行驶和自组织，提高道路交通的效率和安全性。

随着技术的不断发展和应用，高效分析路况的智能电动汽车有望成为未来城市交通的核心组成部分，为人们创造更加智慧、绿色和可持续的出行环境，凭借巨大的发展潜力，它也将推动交通领域的变革。

6.3　全工况无人驾驶智能电动汽车

全工况无人驾驶智能电动汽车是能够在各种道路和驾驶条件下自主行驶的电动汽车。这种汽车通常配备先进的传感器、计算机视觉系统、雷达和高精度地图等技术，以实现自主感知、决策和控制。在全工况下，智能电动汽车能够适应不同的路况、天气条件和交通状况，实现安全、高效的自动驾驶。它可以通过感知周围环境来识别道路标志、行人、车辆和障碍物，并根据实时情况做出相应的驾驶决策，如制动、加速、转向等。智能电动汽车还可以通过先进的通信技术与其他车辆和基础设施进行互联，实现信息共享和协调，提高交通流量的效率和安全性。由于全工况无人驾驶智能电动汽车在减少交通事故、缓解交通拥堵、提高交通效率和节约能源等方面具有巨大潜力，已受到更多汽车制造商和科技公司的关注和投资。它将为出行方式带来新的变革，并为未来的城市交通提供更智能、环保的解决方案。

下面介绍全工况无人驾驶智能电动汽车（以下简称无人驾驶汽车）发展的几个重要目标。

1. 安全性

无人驾驶汽车的首要目标是确保乘员和行人的安全。其未来发展的重点是进一步提升自动驾驶系统的感知和决策能力，以可靠地识别和应对各种复杂交通状况，最大限度地减少交通事故的发生。为了确保乘员和行人的安全，无人驾驶汽车的技术需要不断提升和完善，下面列出具体的发展目标。

（1）提升传感器的感知能力　超声波传感器，用于实时感知周围的道路、行人、车辆和障碍物，通过进一步提高传感器的分辨率、范围和准确性，更精确地识别和跟踪目标，并减少误报和漏报的情况。

（2）改进决策和控制系统　无人驾驶汽车需要根据传感器提供的信息做出准确的驾驶决策，如与其他车辆协同行驶、避让障碍物、适当加速或制动等。通过深度学习、人工智能和模型预测等技术，提高自动驾驶系统的智能化程度，使其能够根据实时情况做出更加智能和适应性强的驾驶决策。

（3）加强系统的可靠性和容错能力　无人驾驶汽车需要具备自动监测和故障检测的功能，以便在系统出现故障时能够及时采取措施，如切换到手动驾驶模式或找到安全地带停车。通过构建冗余系统和自监测机制，提高整个系统的可靠性和容错能力，确保在系统出现故障时能够做出安全的响应和处理。

（4）完善安全性测试和认证　制定严格的安全标准和规范，确保无人驾驶汽车在各种环境和情况下都能够安全行驶。

2. 可靠性

无人驾驶汽车需要打造可靠的无人驾驶系统，确保其在各种道路和气候条件下稳定运行。这需要进一步的技术创新和测试，以验证系统在不同情况下的可靠性。可靠性是无人驾驶汽车发展的关键目标之一。在实现真正全面的自动驾驶过程中，确保系统的可靠性至关重要，下面列出具体的发展目标。

（1）硬件方面　无人驾驶汽车需要可靠的传感器和计算系统，以及高精度的地图数据。通过进一步提高传感器和计算系统的质量及可靠性，确保汽车在各种环境和条件下正常运行。同时，高精度的地图数据也需要不断更新和验证，确保其与真实道路环境的一致性。

（2）软件方面　无人驾驶系统的软件需要具备稳定、高效、精准的算法和逻辑，能够准确识别和预测道路上的情况，并做出相应的决策和控制。通过不断的算法优化、模型训练和实际测试，提高软件系统的可靠性，降低错误率和误判的风险。

（3）系统的验证和测试　无人驾驶汽车需要经过严格的验证和测试过程，包括在实验室和真实道路环境中进行模拟和实际测试。通过建立更完善的测试流程和标准，确保系统在各种场景和情况下的可靠性和稳定性。

（4）完善的错误监测和容错机制　确保系统能够及时检测和纠正错误，并在系统出现故障或异常时安全地切换到备用控制模式或手动驾驶模式。

综上所述，无人驾驶汽车发展的可靠性目标是通过提高硬件和软件的质量及可靠性、建立严格的验证和测试机制，以及完善的错误监测和容错机制，实现更高水平的可靠性，确保系统在各种情况下都能够稳定、可靠地运行。

3. 适应性

无人驾驶汽车应能适应各种复杂的道路和交通环境，包括城市道路、高速公路、乡村道路及恶劣天气条件等。其发展目标是实现更全面的自动化，包括规划和执行复杂的路线选择、道路变道及停车等操作。在不同环境下，无人驾驶的发展目标是确保无人驾驶汽车能够适应各种复杂的道路和交通条件，以保证安全、高效的自动驾驶，下面列出具体的发展目标。

（1）城市道路　城市道路是无人驾驶汽车最常见的行驶环境之一，无人驾驶汽车应能够在密集的交通状况下行驶，包括处理十字路口、交通信号灯、行人穿过等复杂情况。这需要具备精确的感知能力和智能决策系统，以便快速、准确地识别交通情况并做出适应性的驾驶决策。

（2）高速公路　对于在高速公路上实现高速自动驾驶的目标，无人驾驶汽车需要具备高速行驶、安全变道、跟车行驶及规避道路障碍物等能力。通过车辆之间的协同行驶和通信，实现高速公路上的车辆自动编队，提高交通的效率和安全性。

（3）乡村道路　乡村道路通常具有复杂的路况和条件，如狭窄的道路、曲线和不规则路面等。无人驾驶汽车若想适应这些条件，包括遵守道路标志、辨识道路标线、与来车和行人共享道路等，需要具备高度的环境感知和决策能力，以应对各种状况。

（4）恶劣天气条件　无人驾驶汽车需要能够适应雨天、雪天、雾天等低能见度条件的影响。通过先进的传感器和感知技术，以及准确的环境建模和预测能力，确保其在恶劣天气条件下的安全行驶。

4. 能源效率

无人驾驶汽车可以通过优化路线、选择加速和制动控制等方式，进一步提高能源效率，降低油耗和排放。其发展目标是开发更智能的能源管理系统，以实现更高效的能源利用和更长的续驶里程，下面列出无人驾驶汽车能源节约的发展目标。

（1）优化能源利用　相比燃油汽车，电动汽车的动力系统更加高效，能够将大部分电能转化为动力输出，减少能量浪费。通过进一步提升电动汽车的能源利用效率，包括优化动力系统的能量转换效率，减少电能的损耗和浪费。

（2）优化路线选择和驾驶策略　无人驾驶汽车具备智能的导航系统和感知能力，可以通过实时分析路况信息、交通状况和能源消耗模型等，选择最合理的驾驶路线和速度，以最小化能源消耗，实现更高效的能源利用。

（3）利用再生能源　无人驾驶电动汽车可以利用太阳能、风能或其他可再生能源进行充电，减少对传统能源的依赖。通过进一步推进充电设施和可再生能源技术的发展，无人驾驶汽车能够更方便地获取清洁能源。

（4）节能措施和能量回收技术　采用先进的制动能量回收系统，将制动过程中产生的能量转化为电能存储起来，减少能量的浪费。通过车辆设计和技术创新，进一步提高车辆的能量回收效率和能源利用效率。

5. 用户体验

作为无人驾驶汽车的用户，希望获得更舒适、便捷的出行体验。无人驾驶汽车可以成为移动办公室、娱乐中心或休息空间，为用户提供更多的选择和个性化服务，将其从驾驶活动中解放出来。

思考与练习

1. 全工况无人驾驶智能电动汽车对未来城市交通会产生什么影响？
2. 在全工况无人驾驶智能电动汽车的发展过程中，最大的挑战是什么？
3. 如何促进全工况无人驾驶智能电动汽车的发展和推广？
4. 在无人驾驶汽车的发展目标中，如何实现更高级别的自动化？
5. 为什么无人驾驶汽车需要改善用户体验？
6. 无人驾驶汽车如何与智慧城市整合？
7. 如何利用大数据分析来实现交通预测与优化？
8. 思考全工况无人驾驶智能电动汽车的发展方向。

参 考 文 献

[1] 孙彪，郑佳琪. 探究智能化背景下汽车内饰设计语言的变革［J］. 艺术与设计：理论版，2019（7）：107-109.

[2] 薄悦. 智能车辆横纵向耦合的运动规划研究［D］. 长春：吉林大学，2022.

[3] 闫建来. 中国汽车产业基地发展报告［M］. 北京：北京理工大学出版社，2016.

[4] 陈嘉颖. 无人驾驶条件下沥青路面纹理识别和制动策略研究［D］. 南京：东南大学，2019.

[5] 朱盛镭. 未来智能汽车产业发展趋势［J］. 上海汽车，2015（8）：1，13.

[6] 高继东，颜培硕，王静静. 我国智能车辆技术发展研究［J］. 时代汽车，2016（9）：19-22.

[7] 陈涛. 汽车动力学性能主观评价试验的方法和指标权重分析［D］. 长沙：湖南大学，2009.

[8] 张宇. 车辆驾驶员数据采集与模式分析［D］. 长春：吉林大学，2018.

[9] 金娇荣. 智能汽车及其后市场数字化人才需求分析［J］. 汽车维护与修理，2023，(5)：1-10.

[10] 张英杰. 基于专利的智能电动汽车应用态势分析［J］. 科技成果管理与研究，2017（1）：43-48.

[11] 赵世佳，徐楠，陈全思. 加州自动驾驶汽车道路测试管理的特点及启示［J］. 科技管理研究，2020，40（4）：220-225.

[12] 刘永启，应达先，王延遐. 电子控制技术在汽车上的应用［J］. 重型汽车，2000（2）：30-31.

[13] 梁晓亮. 基于应用技术型的汽车服务工程专业教学体系建设［J］. 中文科技期刊数据库（引文版）教育科学，2017，12：00003.

[14] 李刚. 家庭汽车顾问手册［M］. 北京：人民交通出版社，2004.

[15] 李军，黎兆衡，张世艺. 电子信息与智能化技术在汽车上的应用［J］. 重庆交通学院学报，2006，25（4）：122-123.

[16] 缪明月，巩建国，盛娟. 自动驾驶汽车时代到来与道路交通事故认定规则的发展［J］. 汽车与安全，2024．（1）：17-18.

[17] 马维嘉. 电动汽车和混合动力汽车［J］. 内燃机，2003（5）：25-26.

[18] 黄远辉. 基于专利地图的混合动力电动汽车竞争情报研究［J］. 现代情报，2010，30（11）：53-58.

[19] 赵龙涛，王青，万艳. 新能源动力电池性能测试误差分析及改善对策［J］. 新能源科技，2022（4）：27-28.

[20] 崔胜民. 新能源汽车技术［M］. 2版. 北京：北京大学出版社，2014.

[21] 曹爱君. 汽车自动驾驶原理及关键技术分析［J］. 时代汽车，2020（3）：10-11.

[22] 李润柯. 汽车无人驾驶技术的发展现状与研究趋势［J］. 通信世界，2018（8）：251-252.

[23] 曲金玉，任国军. 汽车文化［M］. 北京：机械工业出版社，2006.

[24] 毛峰. 汽车车身电控技术［M］. 北京：机械工业出版社，2009.

[25] 尹彦秋，张俊深. 纯电动汽车驱动系统的技术现状与发展趋势［J］. 内燃机与配件，2021（17）：215-217.

[26] 孙强，李创举. 纯电动汽车控制系统唤醒休眠设计［J］. 时代汽车，2023（17）：116-118.

[27] 曹铭. 电池管理系统关键技术研究及测试系统构建［D］. 南昌：南昌大学，2020.

[28] 周荔丹，蔡东鹏，姚钢，等. 电池管理系统关键技术综述［J］. 电池，2019，49（4）：338-341.

[29] 谭泽富，彭涛，代妮娜，等. 电动汽车BMS关键技术研究进展［J］. 电源技术，2022，46（9）：954-957.

[30] 贾瑞, 潘秉钰, 王金鑫. 电动汽车控制系统研究 [J]. 时代汽车, 2023, (18): 106-108.

[31] 徐子为. 基于ADVISOR的纯电动汽车动力系统参数匹配与优化分析 [D]. 合肥: 合肥工业大学, 2022.

[32] 杨京晶. 智能汽车环境感知技术研究 [J]. 内燃机与配件, 2023 (9): 97-99.

[33] 刘忠强, 倪勇. 智能电动汽车转向避撞轨迹跟踪控制 [J]. 机电技术, 2022 (4): 76-79.

[34] 郭景华, 李文昌, 王靖瑶, 等. 智能电动汽车自适应巡航与再生制动多目标协同控制 [J]. 汽车工程, 2020, 42 (12): 1638-1646.

[35] 李泽田. 智能分布式驱动电动汽车主动避撞控制研究 [D]. 西安: 长安大学, 2022.

[36] 解梦秋. 智能汽车关键技术及应用分析 [J]. 时代汽车, 2023 (12): 16-19.

[37] 何毅. 汽车自动驾驶技术原理及应用研究 [J]. 汽车与配件, 2023 (1): 64-66.

[38] 程晨. 基于纯电动汽车追尾碰撞的主动断电保护系统研究 [D]. 南昌: 南昌大学, 2020.

[39] 路莹. 新能源汽车电池管理系统设计与优化 [J]. 农机使用与维修, 2023 (9): 64-67.

[40] 张伟, 李宇星, 张东辉. "新四化"变革对汽车安全技术的挑战和思考 [J]. 汽车工业研究, 2023 (2): 12-15.

[41] 孙宝良. 智能汽车避障轨迹规划与跟踪控制研究 [D]. 哈尔滨: 哈尔滨工业大学, 2022.

[42] 赵天亮. 智能汽车路径规划与轨迹跟踪控制方法研究 [D]. 天津: 河北工业大学, 2022.

[43] 廖道争, 刘孝楠, 程俊, 等. 智能汽车匝道合流区域紧急避障综合运动控制 [J]. 控制理论与应用, 2024.

[44] 满金. 智能汽车路径跟踪控制的研究 [D]. 杭州: 浙江大学, 2021.

[45] 刘春晖. 浅谈电动汽车驱动系统的结构及分类 [J]. 汽车实用技术, 2021, 46 (16): 11-13.

[46] LI A, JIANG Y, SUN X, et al. Research status of intelligent electric vehicle trajectory planning and its key technologies: a review [J]. Electrochem 2022, 3: 688-698.

[47] WANG B Y, HAN Y, TIAN D, et al. Sensor-based environmental perception technology for intelligent vehicles [J]. Journal of Sensors, 2021 (5): 8199361-1-8199361-14.

[48] 王兆, 杜志彬, 等. 智能网联汽车信息安全测试与评价技术 [M]. 北京: 机械工业出版社, 2021.

[49] 北京五一视界数字孪生科技股份有限公司 (51WORLD). 汽车自动驾驶仿真测试蓝皮书 [M]. 北京: 电子工业出版社, 2020.

[50] 吴华伟, 聂金泉. 电动汽车测试技术及传感器 [M]. 南京: 南京大学出版社, 2017.

[51] 工业和信息化部装备工业发展中心, 浙江吉利控股集团有限公司. 中国汽车产业与技术发展报告 [M]. 北京: 电子工业出版社, 2021.

[52] 仇成群, 胡天云. 新能源汽车创新创业基础 [M]. 南京: 南京大学出版社, 2020.

[53] 中国汽车技术研究中心. 汽车行业绿色发展报告 [M]. 北京: 人民邮电出版社, 2017.

[54] 新华社瞭望智库. 汽车强国之路2017 [M]. 北京: 新华出版社, 2017.

[55] 程振彪. 燃料电池汽车 [M]. 北京: 机械工业出版社, 2016.

[56] 中国汽车工程学会. 世界氢能与燃料电池汽车产业发展报告 [M]. 北京: 机械工业出版社, 2019.

[57] 张志强, 程绪德, 闫正冰, 等. 汽车文化 [M]. 重庆: 重庆大学出版社, 2016.

[58] 李俨, 曹一卿, 陈书平, 等. 5G与车联网 [M]. 北京: 电子工业出版社, 2019.

[59] 王艾萌. 新能源汽车新型电机的设计及弱磁控制 [M]. 北京: 机械工业出版社. 2014.

[60] LIN H, JIAN O, JING H, et al. A review of research on traffic conflicts based on intelligent vehicles [J]. IEEE Access, 2020: 824471-24483.

[61] WU X, YAN L, LI H, et al. Forward collision warning system using multi-modal trajectory prediction of the intelligent vehicle [J]. Proceedings of the Institution of Mechanical Engineers, Part D：Journal of Automobile Engineering, 2024, 238 (2-3)：358-373.

[62] HE F, GUAN X, JIN H, et al. Intelligent vehicle longitudinal acceleration control method based on feedforward and feedback combination [J]. Proceedings of the Institution of Mechanical Engineers, 2023, 237 (5)：1065-1081.

[63] ARENA F, PAU G, SEVERINO A. An overview on the current status and future perspectives of smart cars [J]. Infrastructures, 2020, 5 (7)：53.

[64] SERBAN A, POLL E, VISSER J. A standard driven software architecture for fully autonomous vehicles [J]. Journal of Automotive Software Engineering, 2020, 1 (1)：20-33.

[65] YANG F. Research and application of control algorithm based on intelligent vehicle [J]. Procedia Computer Science, 2019, 154 (C)：221-225.